TERAPIA COGNITIVO CONDUCTUAL

GUÍA COMPLETA PARA TERAPEUTAS

Título original: THE COMPREHENSIVE CLINICIAN'S GUIDE
TO COGNITIVE BEHAVIORAL THERAPY
Traducido del inglés por Francesc Prims Terradas
Diseño de portada: Editorial Sirio, S.A.
Maquetación: Toñi F. Castellón

© de la edición original
2019 Leslie Sokol y Marci G. Fox

Edición publicada con autorización de Susan Schulman Literary Agency LLC, Nueva York

© de la presente edición
EDITORIAL SIRIO, S.A.
C/ Rosa de los Vientos, 64
Pol. Ind. El Viso
29006-Málaga
España

www.editorialsirio.com
sirio@editorialsirio.com

I.S.B.N.: 978-84-10335-08-0
Depósito Legal: MA-2437-2024

Impreso en Imagraf Impresores, S. A.
c/ Nabucco, 14 D - Pol. Alameda
29006 - Málaga

Impreso en España

Puedes seguirnos en Facebook, X, YouTube e Instagram.

Dra. Leslie Sokol & Dra. Marci G. Fox

TERAPIA COGNITIVO CONDUCTUAL

GUÍA COMPLETA PARA TERAPEUTAS

EDITORIAL
SIRIO

DEDICATORIA

Al doctor Aaron T. Beck, pionero y defensor de la terapia cognitivo-conductual, y querido mentor nuestro.

ÍNDICE

AGRADECIMIENTOS

Empezamos expresando un gran agradecimiento a nuestros lectores. Nos apasiona la terapia cognitivo-conductual (TCC) y hemos sido testigos del impacto significativo que ha tenido en la vida de nuestros clientes y de los clientes de los profesionales de la salud mental a quienes formamos y asesoramos en todo el mundo. ¡La TCC funciona!

Estaremos eternamente agradecidas al doctor Aaron T. Beck, pionero de la terapia cognitiva, fallecido en 2021. Nos sentimos afortunadas por haberlo tenido como mentor y habernos permitido trabajar en un contacto tan estrecho con él durante varias décadas. Estamos especialmente agradecidas por las contribuciones del doctor Beck al campo de la psicosis, que han mejorado la calidad de vida de muchas personas. (En el capítulo diez hablamos de sus últimas reflexiones sobre la psicosis y de sus intervenciones validadas en este campo). También estamos agradecidas por haber tenido la suerte de contar con la significativa contribución de Aaron P. Brinen —psicólogo clínico y colaborador en el trabajo y la visión del doctor Beck—, relativa a la novedosa TC-R (terapia cognitiva orientada a la recuperación), en el capítulo dedicado a la psicosis. Mandamos un gran agradecimiento asimismo a Greg K. Brown, psicólogo clínico, por compartir su trabajo más actual sobre el suicidio, incluido su plan de intervención de seguridad.

Además, queremos dar las gracias a nuestras respectivas familias por apoyarnos durante el proceso de escritura. Agradecemos a nuestros hijos —Chad, Alex, Max, Jesse, Ethan y Carly— por su apoyo entusiasta, la diversión que nos han proporcionado en los descansos y sus risas. ¡Os adoramos! Y damos las gracias a nuestros increíbles maridos, Bob y Stu. Hacéis que todo sea mejor y que el mundo sea un lugar más luminoso.

Damos las gracias a Emily Krumenauer por promocionar la TCC, volver a conectarnos con la editorial PESI y presentarnos a Karsyn Morse, quien creyó en este libro y contribuyó a mejorarlo con sus sugerencias editoriales. También se las damos a Jenessa Jackson, psicóloga: eres la editora más talentosa, diligente y atenta con la que hemos tenido el placer de trabajar. ¡Te expresamos un enorme agradecimiento por tu meticuloso trabajo! Finalmente, estamos agradecidas a PESI por brindarnos esta plataforma y al entusiasmo de Valerie Whitehead, que es nuestra nueva defensora de la TCC en PESI.

INTRODUCCIÓN

POR QUÉ HEMOS ESCRITO ESTE LIBRO

Terapia cognitivo-conductual, guía completa para terapeutas proporciona un marco cognitivo para una multitud de trastornos psicológicos sobre la base de los principios de la terapia cognitivo-conductual (TCC), así como una diversidad de intervenciones basadas en la TCC para abordar estas dificultades en concreto. Nuestra experiencia con los clientes y como formadoras y supervisoras en proyectos de difusión de la TCC a gran escala nos ha permitido elaborar un libro que puede satisfacer las necesidades de los terapeutas en los ámbitos de la salud mental comunitaria, la práctica privada y los entornos hospitalarios y organizacionales; también hemos tenido en cuenta las necesidades que tienen los supervisores, los formadores y los docentes en los programas de formación, los entornos de práctica y el aula. Los principios de este libro se basan únicamente en los principios de la TCC según lo concebido por el doctor Aaron T. Beck. Al haber gozado del privilegio de tener al doctor Beck como mentor y de haber trabajado en colaboración con él durante más de treinta años, podemos presentar sus ideas a los profesionales de la salud mental con un enfoque accesible y práctico.

QUÉ CONTIENE ESTE VOLUMEN

Este libro combina los principios más actuales de la TCC para la depresión y proporciona un marco para aplicar estos principios a una variedad de problemas y diagnósticos clínicos. El capítulo uno ofrece una introducción exhaustiva a los principios de la TCC, a la que sigue una exposición sobre el modelo de conceptualización de inseguridades, en el capítulo dos. El capítulo tres analiza la estructura estándar de la terapia orientada a objetivos; el contenido incluye cómo identificar problemas, establecer metas para el tratamiento y estructurar sesiones de TCC convencionales. El capítulo cuatro presenta las pautas y el formato para elaborar una formulación del caso y un informe del caso, según las líneas generales definidas por la Academy of Cognitive and Behavioral Therapies ('academia de terapias cognitivas y conductuales'); se incluye un ejemplo de informe del caso.

A partir del capítulo cinco se proporciona un marco para entender los principios de la TCC aplicados a la depresión, el trastorno bipolar, la ansiedad, la ira, el abuso de sustancias, los trastornos de la personalidad, la autoagresión, las tendencias suicidas y la psicosis. En particular, cada capítulo aborda la cuestión de cómo se puede entender cada uno de estos problemas clínicos a través del modelo cognitivo, según el cual los patrones de pensamiento distorsionados llevan al desarrollo de conductas disfuncionales. A continuación presentamos estrategias de tratamiento específicamente adaptadas a cada uno de estos problemas dentro del marco de la TCC; aquí se incluyen varios planes paso a paso, ejercicios interactivos para realizar en el contexto de la sesión y fuera de ella, y tarjetas de afrontamiento, para mostrar claramente cómo poner en práctica la teoría. El pilar central de cada una de estas intervenciones es ayudar a los clientes a confiar más en sí mismos. Desarrollar confianza y acabar con la inseguridad es la base del tratamiento y un punto focal de las intervenciones que presentamos para cada diagnóstico y dificultad. Nuestra intención no es que este libro se siga como un guion, sino que sirva como una guía basada en la conceptualización de casos que puede adaptarse, con creatividad y flexibilidad, a las necesidades específicas de cada individuo.

¿A QUIÉN VA DIRIGIDA ESTA OBRA?

Este libro está concebido para ayudar a los profesionales que dominan la TCC en cualquier grado a ofrecer una atención mejor a sus clientes al dominar en mayor medida la aplicación de los principios de la TCC de eficacia comprobada. Está destinado a profesionales de la salud mental, estudiantes, formadores, supervisores, docentes y terapeutas que están buscando una guía que les ayude a consolidar y ampliar sus conocimientos clínicos sobre la TCC. Este manual completo proporciona a los profesionales de la salud mental las herramientas necesarias para enseñar a sus clientes a ser sus propios terapeutas de TCC. De hecho, la contribución más potente de esta terapia a la recuperación de la salud mental es el poder que le da al cliente para prevenir las recaídas y mantener la recuperación. Al ayudar a los clientes a aprender habilidades de afrontamiento efectivas y a cultivar la confianza en sí mismos, la TCC les proporciona herramientas para que se hagan terapia y se orienten a sí mismos en el viaje de la vida. Por lo tanto, este libro es un recurso versátil para cualquier lector* que quiera obtener una comprensión explícita de los problemas psicológicos, ya que capacita a las personas para tomar el control de su forma de pensar, sentir y comportarse.

---

* N. del T.: Por razones prácticas, se ha utilizado el masculino genérico en la traducción del libro. Dada la cantidad de información y datos que contiene, la prioridad al traducir ha sido que la lectora y el lector la reciban de la manera más clara y directa posible.

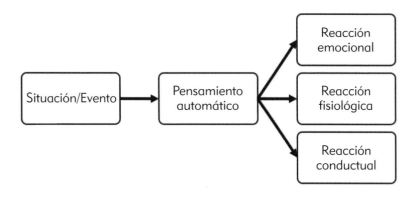

1

EL MODELO COGNITIVO

EL MODELO COGNITIVO

La terapia cognitivo-conductual se basa en el modelo cognitivo de la psicopatología, que postula que nuestras emociones, respuestas corporales y conductas están influidas por la percepción que tenemos de los eventos (Beck, 1964). Según este modelo, las situaciones en sí no determinan lo que sentimos o cómo nos comportamos; es nuestra forma de *percibir* las situaciones lo que determina cómo reaccionamos y respondemos (Beck, 1964; Ellis, 1962). Por lo tanto, una situación dada no puede causar angustia *per se*. Es la interpretación que se hace de esa situación lo que da lugar a la angustia. Aquí tienes una representación esquemática simple del modelo cognitivo:

Para entender mejor el modelo cognitivo, veámoslo en la práctica con un ejemplo hipotético. Imagina que se envía una invitación de boda a una familia de tres miembros. El padre abre la invitación y piensa: «¡Esto es genial!; podré ver a gente a la que no he visto en mucho tiempo. ¡Será muy divertido!». Se siente feliz y lleno de energía y marca la fecha en su agenda. La madre, por otro lado, piensa: «No quiero ir. He ganado mucho peso. Me juzgarán. No tengo energía. Nunca podré estar a la altura de este evento. No puedo ir». Se siente triste y deprimida, nota que a su cuerpo le falta vitalidad y esconde la invitación en un cajón. Su hijo encuentra la invitación en el cajón y piensa: «Mis padres me obligarán a ir, y esta es la peor fecha posible. Tendré que perderme la gran sesión de reclutamiento de la fraternidad. Si no aparezco y causo una buena impresión, lo más probable será que no me inviten a unirme. Seré el único de mis amigos que no esté en la vida griega.* ¡Menudo desastre!». Experimenta ansiedad; nota que su corazón late fuerte mientras el sudor empieza a bajar por su rostro y comienza a caminar de un lado a otro tratando de encontrar la mejor excusa para no asistir.

En este ejemplo, la invitación es un desencadenante *externo* que hace que la madre, el padre y el hijo tengan sus propios pensamientos automáticos respecto a la situación. A la vez, cada uno experimenta unas emociones y respuestas corporales diferentes, que influyen en su comportamiento. Sin embargo, los desencadenantes *internos* también influyen en nuestras emociones y comportamientos. Por ejemplo, el hijo podría empezar a enfocarse en su frecuencia cardíaca, falta de aire y sensaciones de hormigueo en las manos, que podrían llevarlo a pensar que está sufriendo un ataque cardíaco y a llamar a emergencias presa del pánico. Tanto los desencadenantes internos como los

---

* N. del T.: «La vida griega» hace referencia a la cultura de las fraternidades y hermandades estudiantiles de las universidades estadounidenses. Estas organizaciones a menudo utilizan letras griegas para identificarse y promueven una diversidad de actividades y rituales dentro de la vida universitaria, como eventos sociales, programas de liderazgo y procesos de reclutamiento.

externos pueden provocar pensamientos automáticos negativos que generen angustia y elecciones conductuales problemáticas.

Existen varias formas de enseñar a los clientes el modelo cognitivo y hacer que comprendan mejor cómo sus pensamientos influyen en sus emociones, respuestas corporales y conductas. Por ejemplo, puedes plantear una situación inocua, como entrar en una cafetería o entregar una tarea, y ayudar al cliente a determinar varios pensamientos automáticos posibles que alguien podría tener en esa situación. Seguidamente, indícale que imagine las posibles reacciones emocionales, fisiológicas y conductuales que podría tener alguien ante esos pensamientos automáticos. Alternativamente, puedes usar un ejemplo de la vida del cliente, como un automóvil que frena bruscamente delante de él o ella o una ocasión en la que iba con retraso, y pedirle que defina sus pensamientos automáticos sobre la situación. Luego, puedes ayudarlo a ver la conexión entre estos pensamientos y sus reacciones emocionales, fisiológicas y conductuales subsiguientes. Incluso podrías mencionar cualquier pensamiento y reacción automáticos que hayas experimentado tú. El objetivo no es otro que ayudar a los clientes a entender la relación existente entre la percepción y la reacción.

Al principio de la terapia, se pueden utilizar hojas de trabajo para ayudar a los clientes a identificar sus pensamientos, emociones y conductas, para que aprehendan mejor el modelo cognitivo. Las páginas siguientes contienen varios ejercicios que puedes emplear con ellos para guiarlos en este proceso. Siempre que sea posible, es mejor que los hagan en el contexto de la sesión antes de pedirles que prueben a realizarlos por su cuenta.

Hoja de trabajo para el cliente

EL FUNCIONAMIENTO DEL MODELO COGNITIVO

• • • • • •

Según el modelo cognitivo, en relación con cada situación que experimentamos en la vida tenemos unos pensamientos automáticos que influyen en cómo nos sentimos, cómo responde nuestro cuerpo y cómo nos comportamos. El modelo cognitivo sigue este esquema:

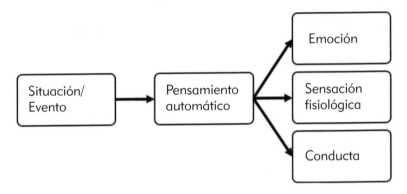

Los pensamientos automáticos son potentes porque la manera en que interpretamos una situación condiciona la forma en que reaccionamos ante esa situación. Por ejemplo, supongamos que un perro se acerca corriendo hacia ti en la calle (*situación/evento*). Si piensas «¡este perro me va a morder!», probablemente sentirás miedo (*emoción*), tu corazón empezará a latir rápido (*respuesta fisiológica*) y te alejarás corriendo (*comportamiento o conducta*). Sin embargo, si en la misma situación exactamente piensas «¡qué perro tan lindo!», podrías sentirte feliz (*emoción*), sonreír (*sensación fisiológica*) y acercarte al perro para acariciarlo (*comportamiento*).

Examinemos otro ejemplo. Supongamos que has quedado con una amiga para cenar, pero ya pasan treinta minutos de la hora y aún no ha llegado (*situación/evento*). Si piensas «no va a venir», probablemente te sentirás decepcionado (*emoción*), una lágrima podría asomar en tus ojos (*respuesta fisiológica*) y podrías decidir irte a casa (*comportamiento*). Alternativamente, en la misma situación podrías pensar «probablemente llegará tarde, como siempre, o debe de haberse encontrado con un buen atasco». A partir de aquí podrías sentir aceptación (*emoción*), estar relajado (*sensación fisiológica*) y decidir sentarte en la barra y tomar alguna bebida mientras la esperas (*comportamiento*).

Por lo tanto, la misma situación puede dar lugar a diferentes reacciones emocionales, fisiológicas y conductuales, según los pensamientos automáticos que surjan a partir de la situación. Vamos a practicar. A continuación, se van a plantear tres situaciones. Debes intentar interpretar cada una desde dos perspectivas diferentes. Se te tienen que ocurrir dos pensamientos automáticos distintos que podría tener una persona ante la situación; seguidamente, piensa qué emociones, sensaciones corporales y comportamientos podrían derivar de cada uno de los pensamientos automáticos.

Situación 1. Envías un mensaje de texto a un amigo y dos días después aún no has obtenido respuesta.

Interpretación 1:

    Pensamiento automático: _____

    Emoción: _____

    Sensación o sensaciones fisiológicas: _____

    Comportamiento(s): _____

Interpretación 2:

    Pensamiento automático: _____

    Emoción: _____

    Sensación o sensaciones fisiológicas: _____

    Comportamiento(s): _____

TERAPIA COGNITIVO-CONDUCTUAL – GUÍA COMPLETA PARA TERAPEUTAS

Situación 2. Tu jefe te pide que acudas a su despacho.

Interpretación 1:

    Pensamiento automático: _____

    Emoción: _____

    Sensación o sensaciones fisiológicas: _____

    Comportamiento(s): _____

Interpretación 2:

    Pensamiento automático: _____

    Emoción: _____

    Sensación o sensaciones fisiológicas: _____

    Comportamiento(s): _____

Situación 3. Llegas a casa y ves muchos coches que no reconoces aparcados en el camino de acceso al garaje.

Interpretación 1:

    Pensamiento automático: _____

    Emoción: _____

    Sensación o sensaciones fisiológicas: _____

    Comportamiento(s): _____

Interpretación 2:

    Pensamiento automático: _____

    Emoción: _____

    Sensación o sensaciones fisiológicas: _____

    Comportamiento(s): _____

CONCIENCIA DE LOS PENSAMIENTOS

● ● ● ● ● ●

No paramos de pensar a lo largo del día. Nuestro cerebro está activo todo el tiempo, por lo que no dejan de aparecer pensamientos en nuestra mente. A la mayoría de las personas nunca se les ocurre cuestionar sus pensamientos, por lo que se limitan a aceptarlos como verdaderos. Pero nuestras percepciones no siempre son precisas. Cometemos errores, y esos errores de pensamiento afectan nuestro estado de ánimo, nuestro cuerpo y nuestras acciones. El primer paso para abordar los errores de pensamiento es tomar conciencia de nuestros pensamientos. Al prestar atención a lo que estamos pensando, podemos comenzar a evaluar y, en última instancia, cambiar cualquier pensamiento incorrecto o que no nos sea útil. La siguiente actividad tiene por objeto ayudarte a ser más consciente de tus pensamientos para que puedas iniciar este proceso.

Siéntate en silencio durante los próximos dos minutos. Mira alrededor o cierra los ojos. Intenta tomar conciencia de los pensamientos que aparecen en tu mente o que cruzan por tu espacio mental. Anota lo que observes.

_____

_____

Siéntate en silencio durante otros dos minutos. Piensa en un momento que encontraste perturbador. ¿Qué pensamientos pasan por tu mente?

_____

_____

Siéntate en silencio durante otros dos minutos. Piensa en un momento que te hizo sentir feliz. Recuerda los pensamientos que tuviste en relación con esta situación. La próxima vez que te sientas abatido, intenta reflexionar sobre este recuerdo feliz.

RECUÉRDALES ESTO A TUS CLIENTES:

Los pensamientos no siempre son verdaderos.

Los pensamientos no son hechos.

Los pensamientos pueden ser subjetivos.

Los pensamientos pueden estar condicionados por experiencias pasadas o por lo que oímos, leemos o vemos.

Una vez que los clientes hayan hecho los ejercicios correspondientes a las dos hojas de trabajo anteriores en el curso de la sesión, pídeles que apliquen el modelo cognitivo a una situación personal que hayan vivido. Primero, indícales que identifiquen un momento en el que experimentaron una fuerte reacción negativa ante una situación o evento, como tristeza, enojo, miedo u otra emoción desagradable. Seguidamente, entrégales la siguiente hoja de trabajo para que narren la situación desencadenante y anoten los pensamientos y reacciones que tuvieron ante esa situación (emociones, respuestas corporales, comportamientos). Al hacer este ejercicio, los clientes se darán cuenta de que sus pensamientos influyen en su estado de ánimo y sus conductas.

Atención: Pedir a los clientes que se enfoquen en pensamientos angustiosos puede hacer que se sientan aún más angustiados. Para evitar que experimenten una ansiedad innecesaria con este ejercicio, asegúrate de que comprendan bien la idea de que los pensamientos no son hechos. Un pensamiento no tiene por qué corresponderse con la realidad. Los clientes deben aceptar completamente esta idea antes de abordar el ejercicio. Además, practica esta hoja de trabajo con ellos en el contexto de la sesión antes de hacer que exploren sus pensamientos automáticos negativos como tarea.

APLICA EL MODELO COGNITIVO:
Conecta pensamientos y reacciones

• • • • • •

Ahora ya sabes que la percepción que tienes de una situación influye en tu reacción ante ella. Por tanto, se trata de que adquieras el hábito de conectar tus pensamientos automáticos con tus reacciones. Este ejercicio te ayudará a hacerlo. Piensa en una situación reciente (acontecida hoy mismo o hace pocos días) que conllevó un cambio en tu estado de ánimo o en tus sensaciones corporales.

Paso 1. Identifica el desencadenante
Identifica el factor desencadenante específico que te causó malestar. Si no tienes claro cuál fue, busca qué fue exactamente lo que te «activó». Es decir, piensa en el evento que ocasionó un cambio en tu estado de ánimo o en tu experiencia corporal. Por ejemplo, si alguien canceló un plan que había hecho contigo, no tienes por qué contar toda la historia; limítate a anotar el desencadenante específico. (Por ejemplo: «Recibí un mensaje de texto de mi amigo en el que me decía que cancelaba el plan, pero más tarde vi en las redes sociales que había salido con otros amigos»).

_____

_____

_____

Paso 2. Identifica el pensamiento automático
Cuando ocurrió eso, ¿qué pasó por tu mente? Este es el pensamiento automático.

_____

_____

_____

Paso 3. Registra tu reacción

Anota las reacciones emocionales, fisiológicas y conductuales que tuviste en respuesta al pensamiento automático.

1. Emoción. ¿Cómo te hizo sentir el pensamiento?

_____

_____

2. Respuesta fisiológica. ¿Qué sensaciones corporales experimentaste?

_____

_____

3. Comportamiento. ¿Qué acciones llevaste a cabo?

_____

_____

LAS CREENCIAS NEGATIVAS SUBYACENTES

Aunque el modelo cognitivo sostiene que los pensamientos automáticos influyen en cómo reaccionamos y respondemos a las situaciones, hay otra capa importante que se suma al modelo: las creencias negativas subyacentes relacionadas con nuestras inseguridades. La forma en que percibimos las situaciones específicas está moldeada por las creencias que albergamos sobre nosotros mismos, el mundo y los demás. Estas creencias subyacentes también influyen en los pensamientos automáticos que tenemos en relación con estas situaciones (Beck, 2011; Dobson, 2012). Cuando estas creencias están permeadas por la inseguridad personal, puede ser que creemos *etiquetas de inseguridad* que actúan como un filtro que distorsiona la forma en que vemos e interpretamos las situaciones.

Las etiquetas de inseguridad son calificativos negativos que nos dedicamos cuando dudamos de nosotros mismos (Sokol y Fox, 2009) y reflejan una creencia central negativa. Por ejemplo, piensa en un estudiante que está confundido con la materia que se está impartiendo en clase. Aunque quiere preguntarle al maestro para aclararse, se abstiene de levantar la mano porque cree que es la única persona confundida y está convencido de que el hecho de hacer una pregunta demostraría aún más lo estúpido que es a toda la clase. En este caso, la etiqueta de inseguridad del estudiante es que es «estúpido», y es esta etiqueta la que le hace pensar que es el único confundido. En lugar de considerar otras posibilidades, como que otros alumnos no se están aclarando tampoco, que el maestro no está explicando bien la materia o que el contenido es realmente difícil, el estudiante da por sentado que la culpa es suya. Es su creencia de que es estúpido la que lo ha llevado a esta conclusión. Si el alumno la acepta, se abstendrá de pedir aclaraciones, lo que hará que tenga un rendimiento deficiente en la clase, lo cual le confirmará aún más que es una persona estúpida.

Por lo tanto, para reducir los pensamientos y conductas disfuncionales, es importante no limitarse a identificar y evaluar los pensamientos automáticos negativos, sino que también conviene identificar y revisar las etiquetas de inseguridad que impulsan estos pensamientos. Por ejemplo, si el estudiante del ejemplo anterior no albergara la creencia subyacente de que es estúpido, no supondría automáticamente que es el único alumno confundido por el contenido impartido. A la vez, se atrevería a preguntarle al profesor para aclararse, lo que incrementaría sus probabilidades de desempeñarse bien en clase, lo cual alentaría en él un concepto positivo de sí mismo. En el capítulo dos profundizaremos en las etiquetas de inseguridad y lo que las motiva, para que puedas comenzar a entender mejor cómo las creencias personales de tus clientes dan forma a sus pensamientos, emociones y conductas.

2

LA CONCEPTUALIZACIÓN COGNITIVA: ENTENDER AL CLIENTE

A partir de la primera conversación con tu cliente, tienes que obtener información que te permita entender cómo ve sus experiencias y qué opinión tiene de sí mismo. Es relativamente fácil obtener información sobre los pensamientos automáticos, las emociones y los comportamientos asociados a una situación específica; más difícil resulta descubrir las etiquetas de inseguridad subyacentes del cliente y las suposiciones relacionadas con ellas. Sin embargo, hacerlo es vital para comprender qué puede angustiarlo. Por lo tanto, este capítulo se centra en ayudarte a desarrollar una conceptualización cognitiva integral de tus clientes para que puedas descubrir y abordar más fácilmente estas creencias centrales subyacentes.

LA PERSONALIDAD: LO QUE VALORAMOS

La sociotropía y la autonomía son dos tipos de personalidad que hacen que el individuo esté en riesgo de sufrir depresión (Beck, 1983). La **sociotropía** refleja un deseo de conexión social y se caracteriza por una inversión excesiva en las relaciones interpersonales. Los sociotrópicos buscan comentarios sociales positivos, quieren ver confirmado que son amados y aceptados, y valoran significativamente las relaciones cercanas. En cambio, la **autonomía** refleja un deseo de independencia y de libertad respecto de los demás; también afirma los derechos personales. Quienes tienen una personalidad autónoma valoran la consecución de metas y las actividades significativas, y tienen un fuerte deseo de conseguir logros y tener el control.

Aunque la sociotropía y la autonomía reflejan estilos de personalidad opuestos, estas dos dimensiones no son dicotómicas. Más bien se inscriben en un continuo; las personas tienen posturas distintas con el tiempo, a lo que contribuyen determinadas circunstancias externas, como pueden ser contraer matrimonio, el nacimiento de hijos, los estudios, el primer trabajo y la carrera profesional. Aunque la mayoría de los individuos se ubican más cerca de la zona central del continuo con el tiempo, algunos desarrollan actitudes aún más extremas.

Incluso si una persona dada valora mucho ambos dominios, es probable que predomine en ella uno de los dos estilos. Esta preferencia se expresa desde la infancia. Por ejemplo, el bebé que quiere que lo sostengan todo el tiempo y necesita la presencia de un ser querido para dormirse es sociotrópico, mientras que el bebé que puede calmarse por sí solo y puede permanecer sentado durante horas entretenido con una pantalla o un acuario es más autónomo. De manera similar, la actitud de un niño sociotrópico de cuatro años que se niega a participar en una actividad en la que lo han inscrito sus padres a menos que sus amigos también se inscriban contrasta con la actitud del niño autónomo que está más que dispuesto a participar en esa actividad aunque no se haya apuntado ninguno de sus amigos. Tenemos también el caso del adolescente sociotrópico que espera a ver a qué se inscriben sus amigos antes de apuntarse a una actividad y el del adolescente autónomo que se inscribe en la actividad de su elección independientemente de lo que hagan los demás.

Estos estilos de personalidad continúan desarrollándose en la edad adulta, donde nuestros valores juegan un papel significativo en las decisiones que entrañan un compromiso. Por ejemplo, nuestros valores guían nuestras elecciones cuando debemos elegir entre una opción que tiene que ver con las relaciones interpersonales (como puede ser asistir a una boda, ir a la celebración de un cumpleaños o acudir a la actuación musical de un hijo o a un evento deportivo) frente a otra que tiene que ver con algún logro (por ejemplo, ocuparse del trabajo, asistir a una conferencia, ir a una clase de gimnasia, cultivar una afición o aprender una nueva habilidad). Cuando una persona está ubicada en un extremo del continuo, no experimenta un gran conflicto interno, porque tiene muy claro qué es lo que prefiere. Sin embargo, cuando está situada en la zona media, en la que se valoran tanto los objetivos sociales como los relativos a los logros, la elección se vuelve más difícil, lo que desencadena sentimientos de angustia.

Por lo tanto, identificar lo que valoran los clientes puede ayudarnos a entender qué tipo de situaciones contribuyen más a su angustia probablemente y el papel que juega el procesamiento de estas situaciones en la conformación de sus creencias, suposiciones y conductas. Imagina a una persona que ha pasado por una intervención quirúrgica importante, que está implicando unas restricciones temporales significativas en su movilidad. Al principio, todos la visitan, le traen regalos y la colman de atenciones. Si tiene una personalidad sociotrópica se siente querida e importante y está feliz, mientras que si es más autónoma se siente desgraciada porque su movilidad está muy limitada y debe depender de la ayuda de los demás. Semanas después, cuando las visitas cesan y la persona recupera la movilidad, se siente triste si tiene una personalidad sociotrópica, pero rejuvenecida si tiene un perfil autónomo, al haber recuperado su independencia.

De manera similar, imagina a un grupo de alumnos de segundo de primaria que acaban de recibir sus notas en una prueba de lectura. El estudiante A obtiene un noventa y siete por ciento y se ubica así en el grupo de lectura superior, el estudiante B obtiene un ochenta y siete por ciento y queda ubicado en el segundo grupo, mientras que el estudiante C obtiene un setenta por ciento y queda ubicado en el grupo de menor rendimiento, lo cual hace necesario que reciba lecciones de refuerzo. Según el tipo de personalidad de estos alumnos, podrían verse afectados por sus calificaciones o no verse afectados en absoluto. Por ejemplo, si son muy sociables, es posible que no les importen sus notas; incluso puede ser que los que han obtenido unas notas más bajas estén contentos si muchos de sus amigos han obtenido unas calificaciones similares. Por otro lado, si estos alumnos tienen un perfil más autónomo, el estudiante A podría estar satisfecho con su calificación del noventa y siete por ciento (o estar molesto por no haber sacado un diez), el estudiante B podría estar decepcionado o incluso desolado por no encontrarse en el grupo superior y el estudiante C podría estar destrozado en relación con su desempeño.

En resumen, las conclusiones a las que llegamos sobre nosotros mismos están moldeadas por la manera en que procesamos estas experiencias tempranas. La forma en que procesamos nuestros conflictos, decepciones y dificultades configura el desarrollo de la imagen que tenemos de nosotros mismos. Cuando las personas experimentan decepciones constantemente o siempre parecen tener conflictos en las áreas que valoran, ello tiene un impacto negativo en sus creencias centrales y hace que duden de sí mismas y estén más expuestas a sufrir angustia. Por lo tanto, para tener éxito con la TCC es fundamental que sepas qué etiquetas de inseguridad subyacentes albergan tus clientes.

Para determinar dónde están ubicados tus clientes en el continuo de la sociotropía y la autonomía, utiliza las tres hojas de trabajo que siguen para evaluar su tipo de personalidad y determinar cómo ha afectado a su autoimagen.

Hoja de trabajo para el cliente

CUESTIONARIO DE SENSIBILIDADES

• • • • • •

Esta herramienta tiene como objetivo ayudarte a identificar qué es lo que valoras en la vida, al determinar qué te molesta (y también qué es lo que no te molesta). Lee cada una de las afirmaciones siguientes y rodea con un círculo el SÍ o el NO según si te incomoda o no cada una de las situaciones planteadas.

Te molesta(n)...

1. Las críticas, reales o imaginarias, sobre tu desempeño o rendimiento.	SÍ NO
2. El rechazo, real o imaginario.	SÍ NO
3. Sentir que no controlas los planes.	SÍ NO
4. Estar en desacuerdo con otra persona.	SÍ NO
5. La pérdida de movilidad.	SÍ NO
6. Que te dejen de lado o te excluyan.	SÍ NO
7. Ver frustrados tus objetivos.	SÍ NO
8. Que alguien esté disgustado contigo.	SÍ NO
9. Que te digan que hagas algo en lugar de pedírtelo.	SÍ NO
10. Sentirte incómodo en una situación social.	SÍ NO
11. No estar a la altura de tus propias expectativas.	SÍ NO
12. La crítica, real o imaginaria, con relación a una interacción social.	SÍ NO
13. La dificultad para llevar a cabo lo que quieres hacer.	SÍ NO
14. Que no te devuelvan las llamadas o los mensajes de texto.	SÍ NO
15. No tener ni voz ni voto en un asunto.	SÍ NO
16. Que te rechacen.	SÍ NO
17. Ser incapaz de realizar lo que deseas.	SÍ NO

18. Sentirte distante respecto a otra persona.	SÍ NO
19. No hacer el mejor trabajo del que eres capaz.	SÍ NO
20. No lucir tu mejor aspecto.	SÍ NO

Suma las respuestas «sí» correspondientes a números impares que has marcado: _____

Suma las respuestas «sí» correspondientes a números pares que has marcado: _____

Una puntuación más alta en los números *pares* significa que las situaciones sociales son importantes para ti, por lo que te sientes molesto cuando experimentas conflictos o problemas sociales. Una puntuación más alta en los números *impares* significa que las situaciones orientadas a los logros son más importantes para ti, por lo que te sientes molesto cuando experimentas decepciones o desafíos relacionados con tus logros. Una puntuación igualmente alta en los números impares y los pares significa que tanto las situaciones sociales como las orientadas a los logros son importantes para ti y que te sientes molesto cuando experimentas dificultades en cualquiera de estas áreas.

Cuando te sientes molesto, ¿la causa de ello tiene más que ver con lo social o con los logros (o con ambas dimensiones)? ¿Qué puedes concluir sobre lo que te molesta y lo que valoras?

_____

_____

_____

Hoja de trabajo para el cliente

EXPERIENCIAS QUE TE HAN MOLDEADO

● ● ● ● ● ●

Nuestras experiencias de vida, las que vivimos en la infancia sobre todo, juegan un papel en el desarrollo del concepto que tenemos de nosotros mismos. Hay sucesos vitales que siembran en nosotros la semilla de la inseguridad a una edad temprana, refuerzan la inseguridad que ya teníamos o modifican totalmente lo que pensamos de nosotros mismos. A menudo no somos conscientes del impacto de ciertos eventos. Retrocede en tu vida e intenta recordar experiencias específicas que pueden haber afectado negativamente a la forma en que te ves a ti mismo ahora. Cuantas más experiencias negativas recuerdes, mayor será la probabilidad de que hayan afectado a tu autoconfianza.

1. ¿Tardaste más tiempo del normal en aprender a gatear o caminar?	SÍ NO
2. ¿Tardaste más tiempo del normal en hablar?	SÍ NO
3. ¿Te costó separarte de tus padres?	SÍ NO
4. ¿Lo pasaste mal en la escuela en el terreno social?	SÍ NO
5. ¿Tenías dificultades de tipo académico en la escuela?	SÍ NO
6. ¿Te pusieron en clases o grupos que tenían un nivel diferente de aquellos en los que se encontraban tus amigos?	SÍ NO
7. ¿No te dejaron ir adelante con tus iniciativas?	SÍ NO
8. ¿Fuiste excluido de algún equipo o club?	SÍ NO
9. ¿No te invitaron a fiestas o eventos sociales?	SÍ NO
10. ¿Tuviste dificultades específicas con tus hermanos?	SÍ NO
11. ¿Tuviste dificultades con tus padres?	SÍ NO
12. ¿Había problemas económicos en tu familia?	SÍ NO
13. ¿Has estado expuesto a algún accidente o desastre natural?	SÍ NO
14. ¿Has sido hospitalizado o han tenido que operarte?	SÍ NO

15. ¿Has perdido a algún amigo a partir de una discusión?	SÍ NO
16. ¿Te han roto el corazón?	SÍ NO
17. ¿No te han elegido para un empleo o te han despedido?	SÍ NO
18. ¿Te metiste en problemas en la escuela o has tenido problemas con la ley?	SÍ NO
19. ¿Te has visto afectado de manera significativa por un suceso comunicado en las noticias o acontecido en tu comunidad?	SÍ NO
20. ¿Has recibido el impacto del acoso?	SÍ NO
21. ¿Alguna vez has sido objeto de maltrato o abuso físico, sexual, emocional o verbal?	SÍ NO
22. ¿Te ha afectado algún diagnóstico que has recibido?	SÍ NO
23. ¿Has tenido que cuidar de familiares o amigos enfermos o que no podían valerse por sí mismos?	SÍ NO

Cuenta la cantidad de ítems a los que has respondido con un «sí». Ten en cuenta que cuanto más negativas sean las experiencias que ha tenido una persona, más probable será que se haya visto afectado negativamente el concepto que tiene de sí misma. ¿A qué conclusión llegas? ¿Qué efectos tuvieron las situaciones que has identificado, u otras, en la idea que tienes de ti mismo?

_____

_____

_____

_____

MENSAJES PERCIBIDOS

• • • • • •

Los mensajes que recibimos por parte de las personas que nos rodean, ya sean cercanas a nosotros o estén en nuestra vida de manera circunstancial, pueden tener un efecto directo o indirecto en la forma en que nos vemos. Cuando nos llegan mensajes positivos, nos sentimos bien con nosotros mismos. Sin embargo, cuando recibimos mensajes negativos o ambiguos (incluidos los que percibimos como negativos), la imagen que tenemos de nosotros mismos puede verse afectada negativamente.

Por ejemplo, si tus padres siempre decían de ti que eras «el sociable» o «el deportista» (en lugar de «el inteligente»), es posible que llegaras a la conclusión de que esto significaba que eras «tonto». De manera similar, si tu profesor decía de ti que eras el que trabajaba «duro», tal vez concluiste que eras un estudiante del montón o que no estabas a la altura. O tal vez tu expareja te decía que eras «agradable», lo que te llevó a creer que no eres lo bastante bueno o una compañía deseable. Estos mensajes no tienen que provenir de las personas que nos rodean; también los transmiten los medios de comunicación. Por ejemplo, las revistas muestran imágenes de mujeres delgadas en traje de baño y hombres atléticos con un físico musculoso, lo cual podría significar, para ti, que no eres una persona atractiva. Recibiste mensajes aún más explícitos si tus padres te decían que eras un niño inútil, estúpido o feo, o si te colgaban cualquier otra etiqueta negativa.

¿Qué tipo de mensajes negativos recibiste en tu infancia y cuáles has oído a lo largo de tu vida?

_____

_____

_____

_____

¿Qué has acabado por pensar sobre ti mismo a partir de estos mensajes?

_____

_____

_____

_____

LOS VALORES Y LAS ETIQUETAS DE INSEGURIDAD

Todos albergamos inseguridades en nuestro interior. En el caso de las personas que tienen una visión positiva de sí mismas y una autoestima fuerte, esta inseguridad solo surge cuando se enfrentan a una situación especialmente difícil o estresante. Sin embargo, en el caso de otras personas la autoduda está siempre al acecho y las etiquetas de inseguridad determinan cómo se ven y cómo perciben el mundo que las rodea. Si la inseguridad personal no se cuestiona, puede tomar el control e influir negativamente en la manera en que interpreta determinadas situaciones el individuo y en su forma de responder a dichas situaciones, lo que da lugar a un deterioro psicológico significativo (por ejemplo, puede experimentar depresión o ansiedad, o caer en la psicosis o el abuso de sustancias). Identificar las etiquetas de inseguridad más negativas y dominantes que albergan los clientes es fundamental para comprenderlos plenamente. Además, descubrir las etiquetas de inseguridad es necesario para el éxito del tratamiento, ya que es el primer paso en el camino de lograr que los clientes las evalúen y modifiquen.

Identificar las etiquetas de inseguridad te resultará más fácil si sabes qué valora el cliente. Aquellos que den más importancia a lo social tenderán a albergar unas etiquetas de inseguridad que giren en torno a temas que tengan que ver con la aceptación social, como la amabilidad, el atractivo y la decencia, mientras que los que den más importancia a los logros experimentarán dudas en torno a temas que tengan que ver con la capacidad, como la competencia, la independencia y la fortaleza. Los clientes que valoran mucho tanto la sociotropía como la autonomía pueden albergar etiquetas de inseguridad en relación con ambos dominios.

Puedes usar la hoja de trabajo que sigue para determinar las etiquetas de inseguridad de las que se sirven tus clientes para describirse a sí mismos. Los elementos de la mitad superior corresponden a etiquetas de inseguridad dentro del tema sociotrópico de ser una persona no aceptable socialmente, mientras que los elementos de la mitad inferior reflejan etiquetas de inseguridad dentro del ámbito de la autonomía de ser alguien incapaz o incompetente. Ten en cuenta que es posible que un cliente dado emplee un solo calificativo desagradable para referirse a sí mismo o que se dedique más de uno, que pueden tener relación con un solo tema del ámbito de la sociotropía o la autonomía, o con varios.

Hoja de trabajo para el cliente

ENCUENTRA TUS ETIQUETAS DE INSEGURIDAD

• • • • • •

Rodea con un círculo todos los calificativos y frases que te dedicas a menudo cuando estás disgustado o estresado.

No gusto

No soy una compañía deseable

Raro

No atractivo

Tímido

Insignificante

No guay

Torpe

No querido

Sin remedio

Incapaz

Del montón

Imbécil

Inferior

Farsante

Desastre

Inepto

Retrasado

Odioso

Marginado

Plano

Aburrido

Asqueroso

Feo

Solitario

No estoy a la altura

Mediocre

Débil

Indefenso

Perdedor

Atontado

Estúpido

No efectivo

Flojo

Insensato

No apto

No soy lo bastante bueno

Horrible

No interesante

Callado

No merecedor

Peculiar

Malo

Gordo

Extraño

Incompetente

Fracasado

Perezoso

Idiota

Inútil

Vulnerable

Tengo necesidades especiales

No valgo nada

LAS ETIQUETAS DE INSEGURIDAD

Al hablar con los clientes sobre situaciones específicas que les han generado angustia, el hecho de identificar si sus pensamientos automáticos están relacionados con temas sociales que tienen que ver con el amor y la aceptación (sociotropía), con el logro y el control (autonomía) o con los dos ámbitos te ayudará a descubrir sus etiquetas de inseguridad subyacentes. La técnica de la flecha descendente es una herramienta valiosa a estos efectos. Se le pide al cliente que examine el significado que tiene la situación para él o ella personalmente. La siguiente lista de posibles preguntas se centra en obtener este significado personal; a continuación, se exponen un par de ejemplos.

- «¿Qué significa eso?».
- «¿Qué dice eso sobre ti?».
- «¿Qué significa eso en cuanto a ti?».
- «¿Qué significa eso para ti?».

Ejemplo 1:

Situación:	Un cliente no es invitado a una fiesta.
Pensamiento automático:	«Soy la única persona que conozco que no ha sido invitada».
Pregunta de flecha descendente:	«¿Qué significa eso en cuanto a ti?».
Pensamiento automático:	«Que no le caigo bien a ella».
Pregunta de flecha descendente:	«¿Qué significa en cuanto a ti si no le caes bien a ella?».
Etiqueta de inseguridad:	«Que no gusto a los demás».

Ejemplo 2:

Situación:	A un cliente le acaban de aumentar la carga de trabajo.
Pensamiento automático:	«Nunca podré terminar todo este trabajo».
Pregunta de flecha descendente:	«¿Qué dice sobre ti el hecho de que no podrás terminar el trabajo?».
Pensamiento automático:	«Que no puedo con él».
Pregunta de flecha descendente:	«¿Qué significa en cuanto a ti que no puedes con el trabajo?».
Etiqueta de inseguridad:	«Que soy un incompetente».

Ten en cuenta que obtener la etiqueta de inseguridad puede no ser fácil. Puede ser que la etiqueta negativa solo esté empezando a surgir y sea difícil acceder a ella o que esté enterrada profundamente. Además, reconocer la etiqueta de inseguridad puede ser molesto, por lo que los clientes tal vez prefieran evitar el tema por completo. También es posible que el cliente carezca de perspicacia y no advierta la etiqueta de inseguridad subyacente o que nunca haya pensado en ello. Si te encuentras con que los clientes tienen dificultades para hallar respuestas al usar la técnica de la flecha descendente, ayúdalos a acceder a su etiqueta de inseguridad utilizando la hoja de trabajo «Encuentra tus etiquetas de inseguridad» (página 41). Invítalos a consultar las respuestas que dieron en la hoja de trabajo y a ver si alguna de las etiquetas que identificaron puede ser responsable de los pensamientos automáticos negativos detectados.

EL PAPEL DE LA HISTORIA PERSONAL Y LAS EXPERIENCIAS DE VIDA

Nuestra historia personal y nuestras experiencias de vida dan forma a la visión que tenemos sobre nosotros mismos y el mundo y la refuerzan. A veces, las personas se encuentran en medio de unas circunstancias vitales horribles, como pueden ser el abuso, la negligencia, el abandono, la pobreza o la falta de vivienda, que siembran las semillas de la inseguridad personal. Por ejemplo, una mujer que se ve a sí misma como fuerte y capaz pero es víctima de una violación o un asalto puede empezar a pensar que es una persona débil e indefensa. De manera similar, el hijo de un alcohólico que sufre malos tratos físicos y a quien se le dice que no vale nada puede concluir que es una mala persona. Pero no todos quienes se ven expuestos a situaciones traumáticas desarrollan creencias de inseguridad subyacentes. Por ejemplo, otro niño que esté creciendo en un hogar caracterizado por el maltrato y el alcoholismo podría reconocer que es una víctima inocente y que el abuso o el maltrato de ninguna manera refleja su carácter. Solo aquellos que atribuyen un significado personal a las situaciones traumáticas ven perturbadas sus creencias centrales.

Además, incluso las experiencias de vida no asociadas a traumas graves pueden afectar negativamente a la imagen que tenemos de nosotros mismos. Por ejemplo, piensa en el alumno que no obtuvo una calificación perfecta o no fue incluido en el grupo de lectura de mayor rendimiento y ahora piensa que es «tonto». O piensa en un niño que pertenece a una familia de músicos o deportistas pero carece de habilidades en estas áreas y concluye que es «defectuoso». O en el niño que, en el patio de recreo, es elegido el último para un juego de persecución y ahora cree que no es «lo bastante bueno». Los sucesos que experimentamos a lo largo de nuestra vida, ya sean traumáticos o no, impactan en la percepción que tenemos de nosotros mismos.

Por lo tanto, para comprender y abordar la autoduda de tus clientes, es importante que identifiquen los sucesos significativos de su vida que jugaron un papel en la formación de sus etiquetas de inseguridad. Con este fin, utiliza la hoja de trabajo que sigue para ayudarlos a comprender los orígenes de su falta de confianza en sí mismos. Al abordar la hoja de trabajo, empieza por preguntarles cuándo comenzaron a adoptar este enfoque. Esta exploración histórica ofrecerá una pista importante sobre el desarrollo del concepto que tienen de sí mismos. También puedes preguntarles si tienen determinados recuerdos que sean significativos y, de ser así, si alguno de ellos influyó en la forma en que se ven ahora.

Desde el principio, asegúrate de ayudar a los clientes a comprender cómo llegaron a verse a sí mismos tal como se están viendo e indícales la posibilidad de que las conclusiones a las que llegaron no se correspondan bien con la realidad. Recuerda que no es el suceso histórico o traumático en sí lo que los hizo caer en la inseguridad, sino la *interpretación* que hicieron del evento y el significado personal que le atribuyeron. Al ayudar a tus clientes a completar esta hoja de trabajo, puedes comenzar a ver las distorsiones que han aplicado y las conclusiones sesgadas a las que han llegado.

Hoja de trabajo para el cliente

CONECTA TUS INSEGURIDADES CON EL PASADO

• • • • • •

Evoca un recuerdo vívido de la infancia y pregúntate qué idea negativa sobre ti mismo podría haber estado ahí en ese momento. Por ejemplo, quizá tuviste una enfermedad grave que requirió que estuvieses hospitalizado durante bastante tiempo, lo cual hizo que te perdieses clases, y acabaste por creer que eres un ser débil, vulnerable o indefenso. O tal vez intentaste unirte a un equipo deportivo siendo niño y no lo lograste, lo que te llevó a creer que eres un fracasado, no lo bastante bueno o del montón. Alternativamente, es posible que ya sepas cuál es tu creencia negativa, pero tal vez no estás seguro de cuál fue el suceso concreto que la desencadenó. Si es así, intenta evocar un recuerdo temprano en el que ya estuviese presente esta idea negativa que albergas sobre ti mismo.

Identifica tu(s) creencia(s) negativa(s):

_____

_____

¿Cuál es el primer recuerdo que tienes en el que esta(s) creencia(s) estaba(n) presente(s)? Nárralo aquí.

_____

_____

¿Qué otros sucesos de la vida podrían haber contribuido a alentar esta(s) creencia(s) negativa(s)?

_____

_____

LAS ACCIONES COMPENSATORIAS INEFICACES

Las conductas compensatorias son estrategias que utilizamos para afrontar los desafíos de la vida. Algunas de estas estrategias conductuales nos ayudan a hacer frente a las situaciones, mientras que otras actúan en nuestra contra. Por ejemplo, la evitación, la retirada y la distracción son estrategias ineficaces que nos impiden abordar lo que es importante o incluso necesario. De manera similar, los comportamientos pasivos, manipuladores o defensivos son estrategias de comunicación ineficaces que fomentan los malentendidos y pueden conducir a que no veamos satisfechas nuestras necesidades. Además, buscar la perfección, intentar controlar las situaciones y preocuparnos son estrategias que actúan en contra de nosotros. Dado que los errores son inevitables, las exigencias perfeccionistas son inalcanzables y siembran las semillas de la autoduda o la inseguridad personal.

En contraste, hay una serie de estrategias que suelen ser efectivas para ayudarnos a alcanzar nuestros objetivos: la resolución de problemas, establecer prioridades, la concentración, ser asertivo, calmarse, hacer ejercicio, pedir ayuda, establecer expectativas razonables y alcanzables y dejar de preocuparse. Pero ni siquiera estas estrategias funcionan todo el tiempo ni en todas las situaciones. La capacidad de cambiar nuestros comportamientos cuando lo que estamos haciendo no funciona es clave para el bienestar. Por ejemplo, cuando el trabajo de equipo en un proyecto de comité no está produciendo los resultados deseados, tomar el control total del proyecto podría tener sentido. De manera similar, si alguien acaba de trabajar varias horas sin parar y necesita tomarse un descanso, ver la tele no es una estrategia de evitación.

Sin embargo, cuando los clientes experimentan un desencadenante que activa su inseguridad personal, tienden a usar ciertas estrategias por hábito, independientemente de su eficacia. También puede ser que actúen de maneras en las que no actuarían en otras circunstancias. Estas acciones pueden llevar a consecuencias negativas o contradecir sus valores. Por ejemplo, podrían autolesionarse, intentar suicidarse o abusar de sustancias. Alternativamente, podrían explotar, atacar a otras personas o mantener una comunicación pasiva; estas son estrategias que pueden funcionar a corto plazo, pero tienen costes a largo plazo. Se presenta a continuación una lista de acciones compensatorias habituales por las que optan muchas personas cuando se activa su autoduda.

Acciones compensatorias ineficaces	
Evitación Evitar Retirarse Distraerse	**Daño autoinfligido** Cortes Intentos de suicidio Abuso de sustancias
Comunicación no eficaz Mostrarse pasivo Manipular Defenderse Actuar con agresividad	**Perfeccionismo** Buscar la perfección Controlar Complacer Preocuparse

Para comprender mejor las conductas que manifiestan tus clientes para hacer frente a sus inseguridades, repasa las respuestas que ofrecieron en la hoja de trabajo «Aplica el modelo cognitivo: conecta pensamientos y reacciones» (página 25) y observa qué comportamientos tuvieron en respuesta al factor desencadenante. Te interesa saber si estos comportamientos representan un patrón, por lo que deberás preguntar a tus clientes si la respuesta que dieron corresponde a conductas típicas en ellos. También puedes preguntarles sobre otras situaciones angustiantes y ver si usan otras estrategias cuando se encuentran con dificultades.

ETIQUETAS DE INSEGURIDAD Y CONDUCTAS: REGLAS O SUPOSICIONES

Las estrategias conductuales a las que acuden los clientes para hacer frente a las dificultades están guiadas por las reglas, actitudes y suposiciones condicionales que mantienen respecto a sí mismos, conocidas como *creencias intermedias* (Beck, 2011). Las creencias intermedias suelen tener la forma de afirmaciones condicionales del tipo «si..., entonces...» que vinculan la etiqueta de inseguridad con el comportamiento. Por ejemplo, los clientes que albergan la etiqueta de inseguridad de que no son aceptables socialmente pueden efectuar esta suposición: «Si me comporto perfectamente, entonces caeré bien a la gente». En este caso, la creencia central de que no pueden ser aceptados en entornos sociales (etiqueta de inseguridad) los impulsa a buscar la perfección (estrategia conductual) como una forma de compensar su percepción de falta de aceptabilidad. Los clientes que creen que son incompetentes también pueden usar el perfeccionismo como estrategia compensatoria, pero a partir de otra suposición: «Si soy perfecto, entonces puedo demostrar que soy competente».

Los ejemplos anteriores son suposiciones positivas porque determinan una estrategia conductual que puede (en la mente del cliente) conducir a un resultado *deseable*. Sin embargo, las suposiciones también pueden ser negativas; en este caso, la afirmación condicional expresa que el hecho de no comportarse de cierta manera tendrá consecuencias *negativas*. Por ejemplo, «si no soy perfecto, entonces los demás me rechazarán» o «si no soy perfecto, entonces los demás verán lo incompetente que soy». Tanto si son positivas como negativas, las suposiciones dan lugar a estrategias compensatorias ineficaces, porque los clientes creen que estas estrategias los protegen al ayudarlos a evitar el resultado que temen. La hoja de trabajo que sigue puede ayudar a tus clientes a identificar las suposiciones positivas y negativas que están detrás de ciertos comportamientos que manifiestan.

IDENTIFICA LA SUPOSICIÓN

● ● ● ● ● ●

Nuestras etiquetas de inseguridad tienen un impacto en las actitudes, reglas y suposiciones que mantenemos en relación con las formas en que creemos que deberíamos comportarnos. Por ejemplo, si albergamos la etiqueta de inseguridad de que somos «indignos de ser amados», podríamos creer que tenemos que poner buena cara en todo momento para hacer amigos y conservarlos. Además, tal vez creamos que si decimos lo que pensamos podríamos hacer infeliz a alguien, lo cual también activa la etiqueta mencionada.

Esta hoja de trabajo puede ayudarte a identificar las suposiciones positivas y negativas que impulsan tus comportamientos. Utiliza las respuestas que has dado en las hojas de trabajo anteriores como guía e identifica las suposiciones positivas y negativas asociadas a tu etiqueta de inseguridad.

Suposiciones positivas

Si (yo) _____ (menciona el comportamiento), entonces _____ (menciona el impacto positivo sobre tu inseguridad).

Ejemplos: *Si me guardo mis opiniones para mí mismo, entonces la gente querrá pasar tiempo conmigo.*
Si bebo vino, entonces me sentiré mejor y tendré el control.
Si soy perfecto, entonces los demás no me verán como un incompetente.
Si (yo) _____, entonces _____.

Suposiciones negativas

Si (yo) _____ (menciona el comportamiento), entonces _____ (menciona el impacto negativo sobre tu inseguridad).

Ejemplos: *Si no me guardo mis opiniones para mí mismo, entonces no gustaré a la gente.*

Si no hago todo por mí mismo y dejo que los demás me ayuden, entonces perderé todo control.

Si no soy perfecto, entonces los demás verán lo incompetente que soy.

Si (yo) _____, entonces _____.

EL MODELO DE CONCEPTUALIZACIÓN DE INSEGURIDADES

Una vez que hayas identificado las etiquetas de inseguridad, las experiencias de vida, los comportamientos compensatorios y las suposiciones subyacentes del cliente, une estas piezas para elaborar un modelo de conceptualización de inseguridades, que proporcione una imagen integral de cómo es el cliente, cómo se define y qué lo motiva. Una conceptualización concienzuda incluirá la consideración del trasfondo cultural, social y económico del cliente, así como otros factores relevantes para el tratamiento. Al elaborar esta conceptualización, podrás entender mejor el marco desde el cual se percibe a sí mismo y ve el mundo y a los demás. Esto te ayudará a formular un diagnóstico, identificar objetivos, desarrollar un plan de tratamiento y elegir la intervención cognitivo-conductual más apropiada.

La página siguiente contiene un modelo de conceptualización de inseguridades de muestra. Hace referencia a una clienta que experimenta la etiqueta de inseguridad de que no merece ser amada. A continuación encontrarás un modelo en blanco que puedes usar con tus clientes. Como se puede ver en el modelo de inseguridades de muestra, la etiqueta de inseguridad de la clienta tomó forma en gran medida en el contexto de su vida familiar, que se caracterizaba por una relación disfuncional con sus padres y comparaciones sociales constantes con sus hermanos. A medida que la etiqueta de inseguridad de la clienta se fue conformando con el tiempo, comenzó a creer que nunca podía afirmar sus necesidades y que siempre tenía que ser perfecta para que los demás la quisieran. A su vez, estas suposiciones la llevaron a ser una persona perfeccionista, pasiva y complaciente en el contexto de las relaciones interpersonales.

Hoja de trabajo de muestra

MODELO DE CONCEPTUALIZACIÓN DE INSEGURIDADES

• • • • • •

Experiencias moldeadoras

- Padre muy trabajador y muy crítico con expectativas exigentes.
- Madre emocionalmente distante.
- Hermano de trato difícil es el niño favorito de la familia y el centro de atención.
- Tres hermanas mayores siempre están recibiendo cumplidos por su aspecto.

Etiqueta(s) de inseguridad

- «No merezco ser amada».

Reglas o suposiciones

- «Si recibo cumplidos, entonces es que soy digna de ser amada».
- «Si soy ignorada, entonces no voy a ser amada».
- «Si siempre digo que sí, entonces los demás me amarán».
- «Si digo lo que pienso, entonces los demás no me amarán».
- «Si soy perfecta, entonces los demás me amarán».
- «Si no soy perfecta, entonces los demás me rechazarán, lo cual significa que no soy digna de ser amada».

Acciones compensatorias ineficaces

- Intentar ser perfecta.
- No hacerme respetar nunca y decir que sí a todos.
- Permanecer callada y portarme bien.

MODELO DE CONCEPTUALIZACIÓN DE INSEGURIDADES

• • • • • •

Experiencias moldeadoras

Etiqueta(s) de inseguridad

Reglas o suposiciones

Acciones compensatorias ineficaces

Como vimos en el capítulo uno, la forma en que percibimos determinadas situaciones (junto con los pensamientos automáticos que tenemos sobre esas situaciones) está influida por nuestras etiquetas de inseguridad subyacentes. En otras palabras: nuestra forma de ver cualquier situación dada puede ser alterada negativamente por la falta de confianza en nosotros mismos. Por lo tanto, cuando tengas la conceptualización de inseguridades de tu cliente, regresa al modelo cognitivo para ver cómo sus etiquetas de inseguridad influyen en una diversidad de pensamientos automáticos que tienen que ver con determinadas situaciones.

Volviendo al ejemplo anterior de la clienta que cree que no merece ser amada, podemos utilizar el modelo cognitivo y la conceptualización de las inseguridades de la clienta para que nos ayuden a explicarle cómo su autoduda influye en la forma en que interpreta sus experiencias y responde a ellas. Los diagramas de la página siguiente ilustran cómo esta conceptualización de las inseguridades puede influir en el resultado de tres escenarios diferentes. En la raíz de cada uno de estos escenarios está la creencia central de la clienta de que no puede ser amada y de que no es lo bastante buena. Esta etiqueta de inseguridad hace que perciba su mundo a través de las gafas de la falta de confianza en sí misma, lo cual tiene un impacto en sus sentimientos, pensamientos y conductas. Después de los diagramas de muestra encontrarás un modelo en blanco que puedes utilizar con tus clientes para ver cómo sus etiquetas de inseguridad afectan a su forma de reaccionar y responder a ciertas situaciones.

PENSAMIENTOS AUTOMÁTICOS VINCULADOS A DETERMINADAS SITUACIONES

● ● ● ● ● ●

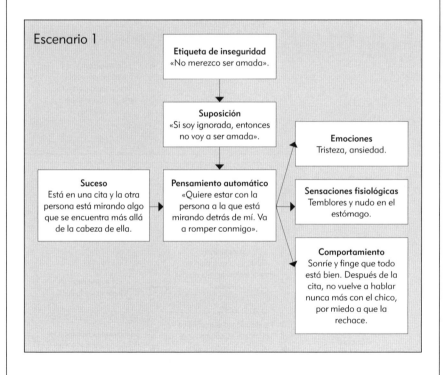

Escenario 1

Etiqueta de inseguridad
«No merezco ser amada».

Suposición
«Si soy ignorada, entonces no voy a ser amada».

Emociones
Tristeza, ansiedad.

Suceso
Está en una cita y la otra persona está mirando algo que se encuentra más allá de la cabeza de ella.

Pensamiento automático
«Quiere estar con la persona a la que está mirando detrás de mí. Va a romper conmigo».

Sensaciones fisiológicas
Temblores y nudo en el estómago.

Comportamiento
Sonríe y finge que todo está bien. Después de la cita, no vuelve a hablar nunca más con el chico, por miedo a que la rechace.

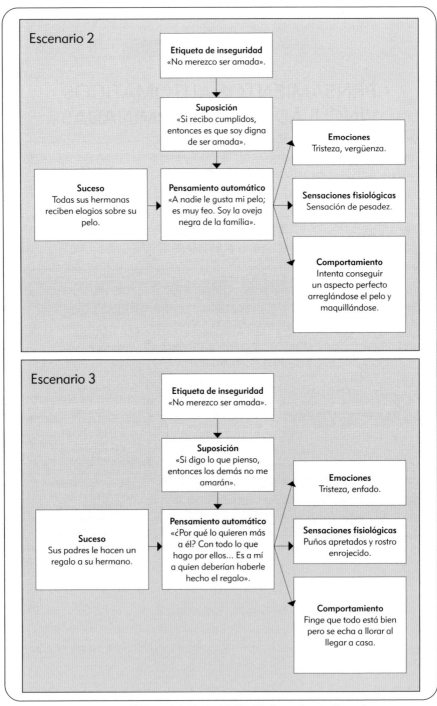

PENSAMIENTOS AUTOMÁTICOS RELATIVOS A DETERMINADAS SITUACIONES

• • • • • •

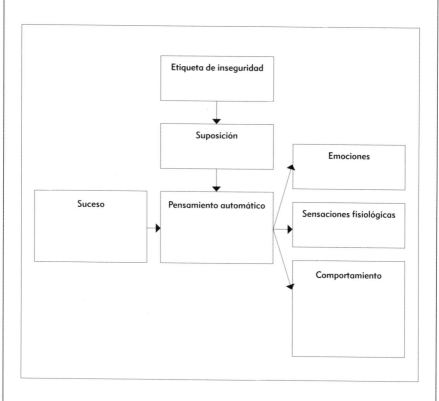

3

LOS OBJETIVOS TERAPÉUTICOS

LA LISTA DE PROBLEMAS

La terapia tiene por finalidad ayudar a los clientes a reducir la angustia que están experimentando y a que puedan manejarse mejor en la vida diaria. Sin embargo, unos objetivos poco definidos llevan a una terapia poco contundente. Para que la terapia sea efectiva, tiene que haber unas metas específicas y concretas detrás del plan de tratamiento, y, para establecer estas, primero debes tener muy claro qué problemas tiene el cliente.

La primera pregunta que debes hacer a los clientes que buscan tratamiento es «¿qué te ha traído aquí hoy?» o «¿cuál es el problema que más te preocupa?». Tienes que identificar los asuntos de su vida que son una fuente de angustia o conflicto para poder establecer una lista de problemas. Las listas de problemas suelen contener de dos a seis elementos, pero pueden ser mucho más largas. Una lista de problemas completa debe incluir todo lo que hay en la vida del cliente que esté contribuyendo a su angustia: dificultades de tipo psicológico, interpersonal, ocupacional, educativo, médico, legal, relativas a la vivienda, relativas al ocio, etc.

Una lista de problemas no solo contiene una relación de temas que preocupan al cliente, sino que también permite comprender por qué estas áreas en concreto son problemáticas para él (o por qué otras personas consideran que lo son). Por ejemplo, la siguiente lista es inadecuada porque solo presenta los objetos de preocupación más generales y no proporciona información sobre cuáles son los problemas específicos:

- Ansiedad
- Mi marido
- Mis hijos
- Autoestima

Para obtener los problemas concretos, hay que definir con mayor claridad las dificultades iniciales. Con este fin, deberás mantener un diálogo de este tipo:

Terapeuta: «¿Cuál es el problema que más te preocupa?».
Clienta: «Mi mayor problema es la ansiedad».
Terapeuta: «¿Por qué es un problema para ti la ansiedad?».
Clienta: «Me impide hacer cosas».
Terapeuta: «¿Qué te impide hacer la ansiedad?».
Clienta: «No puedo ir a ningún sitio porque tengo miedo de sufrir un episodio de ansiedad horrible».
Terapeuta: «Entonces, la ansiedad es un problema porque te impide hacer aquello que te gustaría hacer. ¿Es la sensación de ansiedad en sí un problema para ti también?».
Clienta: «Sí, hago todo lo posible por tratar de evitarla».
Terapeuta: «¿Cuál es tu mayor miedo acerca de esta sensación?».
Clienta: «Sufrir un ataque al corazón y morirme».

Ahora se comprende mucho mejor el primer problema de la clienta (la ansiedad): tiene que ver con el miedo a tener un ataque al corazón y con una evitación fóbica. Como terapeuta, puedes definir más claramente los tres problemas restantes preguntándole a la clienta en qué sentido la perturban. Por ejemplo, tal vez el marido es un problema porque piensa que ella está utilizando la ansiedad como excusa y está cansado de sus negativas. Quizá la clienta ha mencionado a sus hijos como un problema porque ha comenzado a limitar sus actividades por temor a contagiarles sus propios miedos sin quererlo. Por último, tal vez la autoestima es un problema porque cree que está fallando en todos los aspectos de su vida y duda de su valía, lo que la lleva a cuestionar cada una de las decisiones que toma. Al hacer preguntas detalladas, puedes definir mejor los problemas.

Ten en cuenta que los clientes pueden acudir a recibir tratamiento en contra de su voluntad. A menudo vienen porque su pareja, un progenitor, su jefe, un profesor o un mandato judicial los ha instado a hacerlo. Tanto si los clientes acuden al tratamiento por voluntad propia como si están allí por otras causas, el primer paso siempre debe ser obtener una lista de problemas claramente definidos.

En el caso de aquellos a los que se ha obligado a seguir terapia, puedes empezar por preguntarles por qué otra persona u otras personas piensan que deben estar ahí y orientarlos para que comprendan el sentido que tiene someterse a tratamiento. Por ejemplo, pongamos el caso de una mujer que acude a terapia porque su jefe le ha dicho que tiene un problema con la gestión de la ira. La mujer cree que no necesita terapia y piensa que es ridículo que la estén obligando a ir. El terapeuta podría empezar por preguntarle si valora su trabajo y si quiere conservar el empleo. A continuación, podría preguntarle si tiende a sentirse molesta y frustrada (especialmente en el trabajo) y, en caso afirmativo, cómo actúa en esas circunstancias. A través de este proceso, el terapeuta ayudaría a la clienta a ver que su ira puede estar afectando a su desempeño y que trabajar en ello puede ser una molestia necesaria para conservar el empleo que no quiere perder. Lograr que el cliente se implique y participe en el tratamiento es el primer paso para establecer la lista de problemas.

LOS OBJETIVOS DEL TRATAMIENTO

Los objetivos del tratamiento derivan directamente de la lista de problemas, ya que representan una solución a las dificultades que ha identificado el cliente. En general, las metas más ideales son las específicas y medibles. Las metas claramente definidas permiten unas vías de intervención claras. Los objetivos del cliente también deben ser realistas y personales, lo que significa que no deben implicar un intento de cambiar a otras personas. Las metas terapéuticas no tienen que ver con cambiar a otros individuos. Por lo tanto, al establecer los objetivos del tratamiento, es crucial que los clientes comprendan que no tienen el control en cuanto a cómo actúan, piensan o hablan los demás. Las metas del tratamiento son personales y no pueden implicar imposiciones.

Encontrar un marido o una esposa, hacerse rico o conseguir un trabajo no pueden ser metas terapéuticas. Ahora bien, dar los pasos necesarios para incrementar la probabilidad de obtener estos resultados sí es un objetivo terapéutico apropiado. No podemos encontrarles un cónyuge a los clientes, pero podemos ayudarlos a superar su miedo a hablar o su temor al rechazo y podemos ayudarlos a verse a sí mismos de una manera que les dé el valor que necesitan para perseguir lo que desean.

Para establecer unos objetivos concretos, realistas y específicos, empieza por hacer que los clientes definan cada meta y pídeles que relaten cómo se imaginan alcanzándola. Puedes utilizar el descubrimiento guiado para llevarlos desde una idea abstracta del resultado que desean hasta otra que esté más claramente definida, así como para llevarlos desde expectativas poco realistas hasta otras que lo sean más. Por ejemplo, si un cliente te dice que quiere ser feliz, puedes ayudarlo a hacer una lista de acciones específicas que puede llevar a cabo para incrementar la probabilidad de que sea más feliz, como volver a conectar con amigos y realizar más actividades que le resulten placenteras.

Continuando con el ejemplo anterior de la clienta que sufre ansiedad, el establecimiento de los objetivos del tratamiento podría seguir este proceso: podrías abordar su primer problema identificado (la ansiedad) preguntándole si le gustaría poder hacer frente a todo aquello que le suscita temor, y a continuación podrías indicarle que haga una lista de todos estos temas. Seguidamente, podrías trabajar con ella en el afrontamiento progresivo de estos miedos. Su segundo problema tiene que ver con la falta de comprensión de su marido y las exigencias que le impone este. Dado que el objetivo de la terapia no puede implicar cambiar los comportamientos de él, una meta más apropiada podría ser reducir el impacto negativo de estas exigencias en la clienta, así como ayudarla a contemplar puntos de vista alternativos, como la posibilidad de que su marido piense que así la está ayudando. Otra meta válida podría ser ayudarla a aprender formas de afirmarse y poner límites, o a buscar una buena terapia de pareja si los desacuerdos matrimoniales continúan siendo problemáticos para ella.

Para abordar el tercer problema (sus hijos y el impacto que tiene en ellos su ansiedad), un objetivo terapéutico apropiado podría implicar encontrar formas de que sus hijos participen en actividades, independientemente de si ella los acompaña o no, con el objetivo final de que ella se una a estas actividades también. Además, podría ser útil proporcionarle herramientas de afrontamiento para evitar que transfiera cualquier ansiedad innecesaria a sus hijos sin quererlo. Finalmente, para potenciar la autoestima de la clienta, podrías trabajar con ella para ayudarla a verse a sí misma de una manera más realista y positiva; entre otras cosas, debería aprender a valorar todo lo que hace. Podrías ayudarla a sentirse segura en cuanto a sus habilidades relativas a la toma de decisiones en lugar de que esté cuestionando permanentemente lo que decide; con este fin, podrías enseñarle estrategias de potenciación de la asertividad y de las habilidades sociales.

La hoja de trabajo de la página siguiente podría servirte para ayudar a tus clientes a elaborar una lista de problemas y a establecer objetivos terapéuticos con el fin de abordarlos.

Hoja de trabajo para el cliente

ELABORA UNA LISTA DE PROBLEMAS Y OBJETIVOS

• • • • • •

Con la ayuda de tu terapeuta, utiliza esta hoja de trabajo para elaborar una lista de problemas y objetivos relacionados con ellos en los que te gustaría trabajar en tu tratamiento. Hay que entender por *problema* un asunto que te genera angustia, interfiere en tu desempeño o te impide lograr tus objetivos. Se trata de conseguir que estos problemas te resulten menos preocupantes. Definir unas metas concretas y realistas ayudará a orientar el tratamiento y a determinar las intervenciones específicas que serán más útiles para ti.

Problemas
Asegúrate de exponer claramente por qué es complicado el problema.

1. _____
2. _____
3. _____
4. _____
5. _____

Objetivos
Asegúrate de que tus objetivos sean personales, realistas y medibles.

1. _____
2. _____
3. _____
4. _____
5. _____

LA ESTRUCTURA DE LA SESIÓN

Como profesionales de la TCC, tenemos que intervenir. No se trata de que nos limitemos a prestar apoyo, escuchar o dejar que el cliente tenga una experiencia catártica. En la TCC, la terapia tiene un comienzo definido, numerosas partes intermedias y un final. Esta estructura permite aprovechar al máximo el tiempo disponible en la sesión para poder hacer el trabajo; asegura que los temas fundamentales reciban el tiempo que merecen a la vez que garantiza que tengan lugar las intervenciones apropiadas. Explicar a los clientes la razón de esta estructura puede facilitar que cooperen. Si bien puedes alentarlos a responsabilizarse cada vez más de la sesión con el tiempo, la responsabilidad principal nunca deja de recaer en ti como terapeuta. Además, si bien es importante ceñirse a la estructura de la sesión, no seas rígido. Respeta tu juicio terapéutico y prioriza adecuadamente cuando surjan problemas que pongan en peligro la vida.

Si los clientes han estado en terapia anteriormente, infórmalos sobre lo que tendrá de diferente el curso de tratamiento que van a seguir. Es especialmente importante que lo hagas si han estado en terapia de apoyo. Hazles saber que la TCC está orientada a unos objetivos y que tiene un enfoque activo y centrado en la resolución de problemas. Explícales que participarán en el establecimiento de los objetivos y en la configuración de las estrategias destinadas a abordar los problemas. Anímalos a tomar notas (por escrito, electrónicamente o mediante grabaciones de audio) desde el inicio del tratamiento para fomentar su participación y brindarles la oportunidad de repasar lo aprendido. Y, sobre todo, asegúrate de que sepan que se espera que participen activamente en su propio tratamiento. Los clientes deben asumir que para establecer conexiones entre sus pensamientos, emociones y conductas deberán implicarse activamente tanto en el contexto de la sesión como entre las sesiones.

El comienzo

Cada sesión de TCC debe comenzar con una evaluación que servirá para establecer el enfoque terapéutico. También constituye un puente entre las sesiones, para que el trabajo terapéutico sea acumulativo, y ofrece una oportunidad para que el terapeuta construya y mantenga una sólida alianza terapéutica. Normalmente, la sesión empieza con una evaluación del estado de ánimo del cliente, que permite al terapeuta valorar cómo le está yendo en comparación con cómo estaba en las sesiones anteriores. Muchos terapeutas realizan esta evaluación del estado de ánimo preguntándole al cliente cómo está o cómo le va, pero preguntas abiertas como estas no siempre proporcionan una información fiable. Es preferible utilizar una escala de respuesta de formato estandarizado de tipo Likert –como las evaluaciones de Beck para la ansiedad, la desesperanza y la depresión (Beck y Steer, 1993a, 1993b; Beck, Steer y Brown, 1996)–, pero incluso una escala Likert de un solo ítem puede ofrecer información más confiable sobre el estado anímico del cliente que hacerle una pregunta de carácter general.

Puedes evaluar el estado de ánimo en una escala del 0 al 10 preguntándole al cliente cómo se ha sentido en general en el transcurso de la semana o preguntándole sobre estados de ánimo específicos (por ejemplo, en qué grado se ha sentido deprimido, ansioso, desesperanzado o enojado, o en qué grado ha tenido pensamientos suicidas, etc., a lo largo de la semana transcurrida). En casos de depresión grave, también es útil preguntar a los clientes cómo se sienten ese mismo día y volver a preguntárselo al final de la sesión, ya que es importante asegurarse de que no se marchen en un estado peor del que tenían al llegar.

Puedes utilizar la siguiente hoja de trabajo al principio de cada sesión para evaluar el estado de ánimo general del cliente. Antes de entregarle la hoja de trabajo, anota las tres emociones principales que tiende a experimentar allí donde se indica «Emoción 1», «Emoción 2» y «Emoción 3». Seguidamente, pídele que puntúe la intensidad con

LOS OBJETIVOS TERAPÉUTICOS

la que está experimentando cada una de estas tres emociones en una escala del 0 al 10 y que explique qué experimenta en su vida con las intensidades 0, 5 y 10, a modo de referencia.

EVALUACIÓN DEL ESTADO DE ÁNIMO

• • • • • •

Define cómo te sientes hoy. Califica la intensidad con la que estás experimentando las tres emociones siguientes en una escala del 0 al 10, siendo 0 nada en absoluto y 10 el grado máximo en que has sentido esa emoción. A continuación, relata la experiencia de la emoción cuando su intensidad es de 0, 5 y 10. En el recuadro que sigue se expone un ejemplo relativo a la tristeza.

Ejemplo: Tristeza

0	1	2	3	④	5	6	7	8	9	10
En absoluto				Medianamente					Al máximo	

0 = Me levanto y voy al trabajo a la hora, cumplo con mi deber y valoro mi esfuerzo. Hago planes con amigos y sonrío. Voy al gimnasio y me ocupo de las cosas.

5 = Me cuesta llegar al trabajo. Me cuesta ver las cosas buenas que suceden en el trabajo y tengo que esforzarme para devolver los mensajes y las llamadas a mis amigos.

10 = No puedo levantarme de la cama e ir a trabajar. No puedo dejar de pensar en lo mal que están las cosas y en que estoy completamente solo. Dejo de cuidarme; a veces ni siquiera me animo a ducharme y no como otra cosa que galletas y helado.

Emoción 1

0	1	2	3	4	5	6	7	8	9	10
En absoluto				Medianamente					Al máximo	

0 = _____

_____

5 = _____

_____

10 = _____

_____

Emoción 2

0	1	2	3	4	5	6	7	8	9	10
En absoluto				Medianamente					Al máximo	

0 = _____

_____

5 = _____

_____

10 = _____

_____

Emoción 3

0	1	2	3	4	5	6	7	8	9	10
En absoluto				Medianamente					Al máximo	

0 = _____

_____

5 = _____

_____

10 = _____

_____

Los puntos a tratar

Además de ser el momento apropiado para revisar el estado de ánimo, en el inicio de la sesión también es oportuno evaluar el impacto de las sesiones anteriores y ver si algo de la última sesión ha influido en la semana del cliente. Para obtener esta información, pregúntale explícitamente si ha sucedido algo significativo en la última semana de lo que valga la pena hablar. No supongas que esto es algo que el cliente expondrá por iniciativa propia; debes preguntar. Además, el inicio de la sesión es el momento en el que evaluar la medicación y las tareas (los deberes) que le habías dado al cliente. Ahora solo se trata de efectuar una revisión; si ves justificado profundizar en algo de ello, deberás incluirlo en los puntos a tratar, cuya determinación constituye la parte más importante del inicio de la sesión.

Los puntos a tratar reflejan los elementos más importantes en los que debe trabajar el cliente para alcanzar sus objetivos de tratamiento. Por lo general, los puntos que hemos de tratar están conformados por varios elementos (no muchos); también puede ser que haya uno solo o que se incluyan varios problemas. Estos puntos deben estar centrados en problemas y no ser una mera lista de temas generales. Por ejemplo, en lugar de «hablar sobre el novio de la clienta», un elemento dentro de los puntos a tratar podría ser «averiguar si esta relación es beneficiosa para la clienta». De manera similar, en lugar de «hablar sobre el trabajo», podría escribirse «encontrar formas de abordar los sentimientos de incompetencia y agobio del cliente». Si bien los puntos a tratar deben estar centrados en los problemas, a veces la dificultad del cliente no puede definirse hasta haber mantenido una conversación para llegar a la raíz del asunto.

La determinación de estos puntos debe resultar de un proceso colaborativo, pero esto no significa que los terapeutas no puedan hacer sugerencias. Por ejemplo, se pueden ofrecer opciones a los clientes menos participativos u orientarlos para que vean en qué sería interesante trabajar conjuntamente. El hecho de que los puntos a tratar deriven de un proceso colaborativo solo significa que el cliente está de acuerdo en que tiene sentido trabajar en los problemas identificados. Una vez establecidos estos puntos, hay que determinar las prioridades para garantizar que se prestará atención a los elementos más importantes de la lista. Sin embargo, si el cliente desea abordar todos los elementos, es responsabilidad del terapeuta gestionar el tiempo para que esto sea posible.

Hay un par de cosas importantes que recordar en cuanto a los puntos a tratar. En primer lugar, asegúrate de que el planteamiento sea realista en relación con el tiempo disponible. Una sesión de terapia estándar dura entre cuarenta y cinco y cincuenta minutos. Si la evaluación del estado de ánimo, la revisión de las tareas anteriores, la verificación de la medicación y la revisión semanal toman de cinco a siete minutos más o menos (y la revisión del final de la sesión exige de cinco a siete minutos aproximadamente), dispondréis de unos treinta minutos para trabajar en los distintos elementos de la lista. Elegir de uno a tres elementos con los que trabajar tiende a ser un planteamiento realista, según la cantidad de tiempo necesaria para cubrir cada elemento de manera integral. Establece las prioridades junto con el cliente y decidid juntos qué cantidad de tiempo dedicaréis a cada tema.

En segundo lugar, si revisar las tareas te va a llevar bastante más de cinco minutos, incluye esta actividad entre los puntos a tratar. Asegúrate de que cada elemento de la lista relacionado con una tarea esté definido como un problema y no como una simple revisión de la tarea asignada. Por ejemplo, podrías decidir enfocarte en los obstáculos que han impedido al cliente realizar las tareas, en las dificultades que ha afrontado al abordarlas o en los aprendizajes que ha obtenido. Para encaminar esta conversación, podrías decir: «Cuando hablemos de las tareas, parece que tendría sentido hablar de estrategias que puedan ayudarte a completar las hojas de trabajo».

Si sigues las pautas indicadas, las sesiones estarán más enfocadas y el tratamiento será más eficaz. Para definir el plan que seguir al inicio de cada sesión, puedes utilizar la siguiente hoja de trabajo en colaboración con tus clientes.

ESTABLECIMIENTO DEL PLAN DE TRABAJO

• • • • • •

Para facilitar que la sesión esté dirigida al cumplimiento de objetivos, anota los puntos que te gustaría abordar hoy. Para determinar con claridad en qué te gustaría enfocarte en la sesión, asegúrate de que los elementos de tu lista sean específicos y concretos.

Por ejemplo, en lugar de «hablar sobre mi pareja», un punto a tratar más específico podría ser «determinar si mi relación de pareja actual me conviene». A continuación, trabaja con tu terapeuta para priorizar cada elemento y decidir cuáles te gustaría abordar en primer lugar.

Finalmente, decide con tu terapeuta cuánto tiempo te gustaría dedicar a cada elemento. Recuerda que la duración de cada sesión es limitada; piensa, por tanto, en qué es lo más importante para ti hoy.

Puntos a tratar	Prioridad	Tiempo asignado
1. _____	_____	_____
2. _____	_____	_____
3. _____	_____	_____

La parte central de la sesión

Una vez establecido el plan de trabajo, comienza la parte central de la sesión de terapia, en la que terapeuta y cliente se ponen manos a la obra. En la parte media de la sesión trabajas para comprender y abordar el *qué* de cada punto a tratar. En otras palabras: debes identificar *qué* hay detrás de cada uno de los elementos que el cliente ha identificado como problemáticos. Tienes que obtener detalles sobre los conflictos y dificultades que está experimentando en cada uno de estos ámbitos y ayudarlo a definir qué es lo que está interfiriendo. En particular, determina si sus patrones de pensamiento, sus conductas o ambos están contribuyendo a sus dificultades. La tabla siguiente muestra un ejemplo de dos dificultades que una clienta puede haber identificado como puntos a tratar, así como los pensamientos y comportamientos que están fomentando estas dificultades (el *qué*).

Definir el *qué* en relación con cada punto a tratar

Punto a tratar	¿Qué está interfiriendo? ¿Determinados pensamientos o comportamientos, o ambas cosas?
1. No hace lo que tiene que hacer.	Pensamiento: «Siempre pienso que lo haré más tarde». Comportamiento: Postergación (ve la tele, visita las redes sociales).
2. Percibe que su madre es crítica con ella.	Pensamiento: «Mi madre debería estarse callada». Comportamiento: Se pelea con su madre, le grita, la insulta e ignora sus deseos.

Una vez que hayas identificado el *qué* en relación con cada punto a tratar, es el momento de abordar el *cómo* con respecto a cada elemento. Es decir, busca ideas en cuanto a cómo puede lidiar con cada problema específico el cliente. En parte, este proceso consiste en ayudarlo a determinar lo acertados o útiles que son sus pensamientos y comportamientos, y a ver cómo puede modificar cualquier pensamiento o comportamiento que lo esté perjudicando.

Recuerda que detrás de todos los problemas psicológicos hay problemas de pensamiento, por lo que la reestructuración cognitiva puede contribuir a que los clientes evalúen sus procesos de pensamiento. Utiliza el proceso del interrogatorio guiado para ayudarlos a modificar sus pensamientos distorsionados o perjudiciales, con el fin de que puedan ver las situaciones de una manera menos sesgada y más constructiva. Algunos procedimientos para reestructurar la forma de pensar son los registros de pensamientos, los gráficos circulares, el análisis de costos y beneficios, ver las cosas desde el punto de vista de otra persona, tomar en consideración puntos de vista alternativos, contemplar continuos (en lugar de ver las cosas en términos de *o blanco o negro*), identificar distorsiones del pensamiento y examinar la realidad.

Para abordar las conductas ineficaces de tus clientes, ten en cuenta estrategias de la TCC centradas en los comportamientos problemáticos, como aplicar técnicas basadas en la exposición, realizar experimentos con el fin de poner a prueba hipótesis, recopilar datos de los comportamientos, la representación de roles o la activación conductual, entre otras. El objetivo general es identificar las habilidades específicas que pueden usar los clientes para superar cualquier patrón de pensamiento o conducta perjudicial que esté contribuyendo a sus dificultades.

Definir el cómo en relación con cada punto a tratar

Punto a tratar	¿Qué habilidades específicas puede usar la clienta para hacer frente al problema?
1. No hace lo que tiene que hacer.	Pensamiento: sustituir el pensamiento de rendición por otro proactivo. Comportamiento: establecer una meta, planificar, resistirse a las distracciones y seguir el plan.

2. Percibe que su madre es crítica con ella.	Pensamiento: sustituir la declaración de tipo «debería» por otra que exprese una preferencia (por ejemplo, «me gustaría que...», «estaría bien que...», etc.). Comportamiento: practica la asertividad expresando tus sentimientos y haciéndole saber a tu madre qué es lo que está haciendo que te molesta. En lugar de ignorar los deseos de tu madre, contempla la posibilidad de llegar a acuerdos.

Resúmenes

A lo largo de la sesión, resume lo que ha aprendido el cliente. Proporcionar resúmenes breves y periódicos después de abordar cada elemento de la lista, así como un resumen general una vez que se han abordado todos, es fundamental para un tratamiento efectivo, porque refuerza lo que se ha aprendido en el contexto de la sesión. Además, es conveniente que los clientes resuman lo que han aprendido con sus propias palabras; esta es una forma de asegurarte de que han obtenido algo de la experiencia.

Para que el cliente haga este tipo de resumen, pregúntale qué ha sacado de la conversación que habéis mantenido o cuál cree que es la conclusión de lo que habéis hablado. Obtener este resumen basado en el contenido, no en el proceso, es crucial. No se trata de decir «hoy hemos hablado de tu marido», sino «¿qué has aprendido de la conversación que hemos mantenido sobre tu marido?». Lo ideal es que el cliente proporcione este resumen con sus propias palabras y sin que tengas que orientarlo. Sin embargo, si no puede hacerlo, una segunda opción es que lo conduzcas hacia una conclusión. Por ejemplo, podrías decir: «Hemos hablado de cómo tu marido no te muestra que le importas de la manera que tú preferirías, pero ¿cómo *cree* él que te está mostrando que le importas?». Como último recurso, también puedes decirle explícitamente lo que esperabas que obtuviera de la conversación (por ejemplo, «recuerda que hemos llegado a la conclusión de que tu marido sí se preocupa por ti, solo que no lo expresa como a ti te gustaría»).

Para ayudar a los clientes a retener y practicar lo que han aprendido, pídeles que registren estos resúmenes por escrito, electrónicamente o verbalmente. Por ejemplo, pueden anotarlos en un cuaderno, en una ficha o en un pedazo de papel; o pueden mandarse un mensaje de texto, escribir unas palabras en la sección de notas de su teléfono o dejarse un mensaje grabado.

Resumir las conclusiones relativas a cada asunto tratado

Asunto tratado	¿Cuál es la conclusión o lección?
1. No hace lo que tiene que hacer.	Terapeuta: «¿Cuál crees que es la conclusión (o lección) que se deriva de nuestra conversación?». Clienta: «Mis pensamientos interfieren en mi propósito de actuar. Es importante que sustituya los pensamientos que interfieren en mis objetivos con pensamientos favorables a su cumplimiento y que los use para impulsarme a actuar. Me siento mejor cuando hago lo que tengo que hacer al seguir mi plan».
2. Percibe que su madre es crítica con ella.	Terapeuta: «¿Cuál crees que es la conclusión (o lección) que se deriva de nuestra conversación?». Clienta: «Cuando me expreso ante mi madre con calma y asertividad, las cosas van mucho mejor y me siento menos enojada. Llegar a acuerdos me ha ayudado a obtener lo que quiero y, además, mi madre está contenta».

Las tareas

Para poder absorber completamente lo que han aprendido en la sesión, los clientes deben poner en práctica este conocimiento entre las sesiones. Es por esta razón por lo que las tareas (los deberes) constituyen una parte tan importante de la TCC. Las tareas son una medida del grado de compromiso de los clientes con el proceso de cambio;

por eso, el hecho de hacer los deberes está asociado con una mayor perspectiva de éxito en el tratamiento. Cuando los clientes hacen las tareas, ello confirma que han aceptado el modelo de tratamiento y están trabajando hacia la consecución de la autoeficacia. El hecho de realizar las tareas extiende e incrementa el contacto terapéutico al aplicarse en el mundo real los principios aprendidos en la sesión. Para los clientes constituye una oportunidad de recopilar datos, realizar experimentos y ensayar los nuevos puntos de vista que han aprendido. En otras palabras: las tareas les ofrecen una oportunidad de poner en práctica conceptos abstractos y a menudo les proporcionan los datos conductuales que necesitan para experimentar un cambio cognitivo. Y lo que es aún más importante, también les ayudan a prevenir recaídas, porque *todo* forma parte de los deberes cuando termina la terapia.

Las tareas nunca deben asignarse de manera genérica, sino que deben plantearse de manera orgánica según las necesidades de cada cliente. Por lo tanto, asegúrate de implicar al cliente en el proceso de establecer las tareas. Así, estas estarán adaptadas individualmente, lo cual hará más probable el cumplimiento. Asegúrate de explicar claramente la lógica que hay detrás de una tarea dada, para que el cliente sepa muy bien por qué debería asumirla. Esto es especialmente importante en el caso de los clientes dependientes, que buscan la aprobación del terapeuta y a menudo cumplen ciegamente con las tareas sin entender su lógica, lo que hace que obtengan menos de la experiencia. De manera similar, los más autónomos querrán tener un papel más activo en la elección de sus tareas, y proporcionarles la lógica que hay detrás de ellas mejorará la calidad de su elección.

Además, puedes aumentar las probabilidades de sujeción a las tareas proporcionándole al cliente instrucciones detalladas sobre su naturaleza (por ejemplo, lugar, tiempo, frecuencia, duración...). También es útil que los clientes se planteen empezar a abordar las tareas tan pronto como salgan del consultorio. Para ayudarlos a considerar esta posibilidad, puedes hacerles preguntas como «¿qué tenías planeado hacer al salir de aquí?» o «¿cuáles podrían ser las ventajas de hacer ahora mismo la tarea que acabamos de acordar?». Igual de importante es preguntarles qué probabilidades hay de que realicen las tareas. Se trata de que salgan de la sesión creyendo que las abordarán. Si responden «lo intentaré» o *fitfy-fifty* (es decir, que las probabilidades son de un cincuenta por ciento), plantéate modificar las tareas o averiguar cuáles podrían ser los obstáculos. En estos casos, además, el cliente podría comenzar a acometer una tarea dada en el contexto de la sesión. Por ejemplo, si la tarea de un cliente es completar una solicitud específica (para la universidad, un trabajo, una vivienda...) pero ha estado posponiéndola, podría iniciar el proceso de solicitud en tu consultorio.

Vincular directamente las tareas a los problemas

Asunto tratado	Tareas
1. No hace lo que tiene que hacer.	• Repasar todas las razones por las que llevar a cabo mi plan (por ejemplo, obtendré una sensación de logro; podría aumentar mi autoestima, sobre todo si me atribuyo el mérito por cualquier cosa que logre hacer; experimentaré menos presión y estrés; me divertiré más porque no estaré pensando en lo que no he hecho). • Seguir mi plan de dedicar dos horas cada día, de las cinco a las siete de la tarde, a ocuparme de los asuntos específicos que he estado postergando. • Sustituir cualquier pensamiento de «rendición» (por ejemplo, «lo haré más tarde») con pensamientos de «acción» (por ejemplo, «postergar me hace sentir peor y me pierdo la diversión» o «si espero, puede que nunca lo haga»).
2. Percibe que su madre es crítica con ella.	• Practicar la comunicación asertiva con mi madre diciéndole explícitamente cómo me siento y lo que quiero, deseo o prefiero. Estar abierta a llegar a acuerdos.

A veces hay obstáculos reales que interfieren en el cumplimiento de las tareas. En estos casos, es apropiado que el terapeuta ayude a resolver los problemas y aborde estos impedimentos. Pero lo más habitual es que los obstáculos sean el resultado de dificultades psicológicas, la falta de compromiso, una mala comprensión de las tareas o la desesperanza. En cualquier caso, cuando una tarea dada no se realiza la primera vez, es necesario hablar de los obstáculos. A menos que la tarea asignada sea un componente importante de la recuperación del cliente, la intervención más práctica es modificarla. Si la tarea asignada es crucial –un trabajo de exposición, por ejemplo–, podrías intentar encontrar una manera de hacer la tarea con el cliente primero. Además, puedes pedirle que busque el apoyo de un amigo o familiar que lo ayude con la exposición, y también puedes recordarle los objetivos terapéuticos que identificasteis al principio del tratamiento y exponerle que hacer la tarea es crucial para alcanzar estos objetivos.

El final de la sesión

El final de la sesión es la fase de conclusión. Los profesionales de la salud suelen pensar que es el momento en el que hay que hablar de las tareas, pero estas hay que abordarlas después de trabajar con cada uno de los problemas de la lista. El final de la sesión es más bien una oportunidad para obtener comentarios generales, reiterar los puntos clave de aprendizaje, proporcionar un resumen y revisar las tareas planificadas. Pide comentarios generales a los clientes para asegurarte de que no los estás incomodando, abrumando o disgustando de alguna manera. Cuando te brinden comentarios espontáneos, procura que no te pasen inadvertidos, puesto que el hecho de pedirles retroalimentación después de que la han proporcionado los lleva a pensar que no estás prestando atención o escuchándolos.

Además, si los clientes afirman que la sesión les ha resultado útil, pregúntales por qué. Si te dicen que les ayudó a hablar de sus problemas y que eres la única persona a la que le han contado lo que les pasa, esto es indicativo de una relación terapéutica sólida. Sin embargo, los comentarios positivos no necesariamente significan que los clientes hayan adquirido la capacidad de hacer frente a los problemas identificados o que ya no se sientan tan angustiados por ellos. Cuando se lleva a cabo una intervención, lo ideal es que pasen a ser capaces de aplicar lo que han aprendido de tal manera que su desempeño sea mejor durante la semana que tienen por delante. A menudo es necesario que el terapeuta guíe a los clientes hacia esta comprensión; si no la obtienen, hará bien en hacerla explícita. Resumir el contenido del aprendizaje demuestra que se ha llevado a cabo una intervención.

Para ayudarte a incorporar la estructura básica de la sesión de TCC en tu práctica, las dos páginas siguientes proporcionan una posible estructura de nota terapéutica que puedes utilizar para resumir tus sesiones con los clientes.

Hoja de trabajo para el terapeuta

NOTA TERAPÉUTICA

• • • • • •

Cliente/a:_____   Fecha:_____
N.º de sesión: _____   Duración de la sesión:_____

Evaluación del estado de ánimo: _____
_____

Revisión de la medicación: _____
_____

Cumplimiento de las tareas:_____
_____

Punto a tratar n.º 1:
    Pensamientos y comportamientos clave (*qué*):_____
    _____

    Habilidad que hay que cambiar o desarrollar (*cómo*):_____
    _____

    Resumen breve/conclusión:_____
    _____

    Tareas relevantes: _____
    _____

Punto a tratar n.º 2:
    Pensamientos y comportamientos clave (*qué*):_____
    _____

Habilidad que hay que cambiar o desarrollar (*cómo*):_____
_____

Resumen breve / conclusión: _____
_____

Tareas relevantes: _____
_____

Resumen general de los puntos principales: _____
_____

Retroalimentación general sobre la sesión: _____
_____

Tareas: _____
_____

Qué trabajar en sesiones futuras:_____
_____

Fecha de la próxima visita: _____
_____

AUTOEVALUACIÓN

La escala de terapia cognitiva, también conocida como *escala de valoración de la terapia cognitiva* (CTRS, por sus siglas en inglés), es un buen recurso con el que cuentan los terapeutas para evaluar su competencia clínica en la administración de la TCC (Young y Beck, 1988). Mide en qué grado se ciñe el terapeuta al modelo de la TCC, así como su desempeño profesional en este ámbito. Por lo tanto, se considera una herramienta que evalúa tanto la fidelidad a la terapia como la competencia de quien la imparte.

La CTRS consta de once ítems que miden la fidelidad y la competencia en diversas áreas. En particular, mide la capacidad de los terapeutas para (1) establecer y desplegar colaborativamente los puntos a tratar, (2) obtener retroalimentación y resúmenes a lo largo y al final de la sesión, (3) entender a los clientes a través del lente del modelo cognitivo, (4) establecer una relación interpersonal efectiva y armónica, (5) mostrarse colaboradores a lo largo de la sesión, (6) manejar eficazmente los tiempos, (7) utilizar los principios básicos del descubrimiento guiado, (8) identificar y abordar las cogniciones y comportamientos clave, (9) formular y ofrecer una estrategia de cambio coherente y prometedora dentro del marco de la TCC, (10) aplicar las técnicas de manera razonable y (11) definir y comentar las tareas relevantes.

Puedes utilizar la CTRS que se proporciona en las páginas que siguen para evaluar tu propia competencia en el uso de la TCC. Una puntuación de 40 o más indica competencia clínica en la aplicación de la TCC (Young y Beck, 1988). Aunque las muestras de trabajo suelen ser valoradas por un evaluador independiente, objetivo y capacitado, puedes puntuar tu propia muestra de trabajo empleando los indicadores que se ofrecen en la escala como guía. Cuando la CTRS la utiliza un supervisor, este puede evaluar la aplicación de la TCC por parte del terapeuta en la sesión y revisar cada una de las subescalas con el terapeuta para mejorar sus habilidades en el uso de la TCC. Con el tiempo, el supervisor puede capacitar al terapeuta en el empleo de la CTRS, y ambos pueden puntuar la misma sesión y revisar juntos el resultado para mejorar la fidelidad al modelo cognitivo e incrementar la competencia en la aplicación de la TCC. Los terapeutas también pueden leer la escala y el manual que la acompaña y continuar puntuando las sesiones ellos mismos, o un grupo puede evaluar la sesión de un terapeuta que se ofrece como voluntario para ser monitorizado con el fin de aumentar la fiabilidad entre los evaluadores dentro de una misma organización.

Hoja de trabajo de autoevaluación para un supervisor
o para el propio terapeuta

ESCALA DE TERAPIA COGNITIVA

• • • • • •

Terapeuta: _____ Cliente: _____ Fecha de la sesión: _____

Instrucciones: evalúa al terapeuta en una escala del 0 al 6 en relación con cada ítem, y registra la puntuación en la línea que está junto al número de los ítems. Se proporcionan explicaciones para los puntos de la escala de número par. Si crees que el desempeño del terapeuta se sitúa entre dos de las explicaciones, selecciona el número impar intermedio (1, 3, 5). Por ejemplo, si el terapeuta estableció unos puntos a tratar muy apropiados pero no las prioridades, otórgale una puntuación de 5 en lugar de 4 o 6. Si en alguna ocasión las explicaciones que se ofrecen para un ítem dado no parecen ser aplicables a la sesión que estás evaluando, puedes ignorarlas y acudir a esta evaluación más general:

0	1	2	3	4	5	6
Deficiente	Poco adecuado	Mediocre	Satisfactorio	Bien	Muy bien	Excelente

No dejes ningún ítem sin puntuar. En relación con todos ellos, enfócate en la habilidad del terapeuta, teniendo en cuenta el grado en que parece ser difícil el cliente.

PARTE I. HABILIDADES TERAPÉUTICAS GENERALES

___1. **Puntos a tratar y plan de trabajo**
  0 El terapeuta no elaboró una lista de puntos a tratar.
  2 El terapeuta estableció una lista de puntos a tratar poco precisa o incompleta.
  4 El terapeuta trabajó con el cliente para establecer una lista de puntos a tratar satisfactoria para ambos que incluía problemas

específicos (por ejemplo, la ansiedad en el trabajo o la insatis-facción con el matrimonio).

6   El terapeuta trabajó con el cliente para establecer una lista de puntos a tratar apropiada, que abordaba problemas específicos y era adecuada para el tiempo disponible. Estableció las priori-dades y se ciñó al plan de trabajo.

___2. Retroalimentación

0   El terapeuta no solicitó retroalimentación para determinar lo que había comprendido el cliente o cómo le había ido la sesión.

2   El terapeuta obtuvo algunos comentarios por parte del cliente, pero no le hizo suficientes preguntas para asegurarse de que había entendido sus explicaciones o para determinar si estaba satisfecho con la sesión.

4   El terapeuta formuló suficientes preguntas para asegurarse de que el cliente había entendido sus explicaciones y para deter-minar cómo le estaba sentando la sesión. El terapeuta ajus-tó sus actos en respuesta a la retroalimentación cuando fue apropiado.

6   El terapeuta fue especialmente hábil al obtener retroalimenta-ción verbal y no verbal en el transcurso de la sesión y responder a ella (por ejemplo, obtuvo información sobre cómo le estaba yendo la sesión al cliente, se aseguró regularmente de que este estaba comprendiendo, lo ayudó a resumir los puntos principa-les al final de la sesión).

___3. Comprensión

0   En múltiples ocasiones, el terapeuta no logró entender lo que el cliente había dicho explícitamente y, por lo tanto, no compren-dió bien lo que estaba comunicando. Habilidades empáticas deficientes.

2   En general, el terapeuta pudo reflejar o reformular lo que ha-bía dicho el cliente explícitamente, pero falló repetidas veces al responder a la comunicación más sutil. Habilidad limitada para escuchar y empatizar.

4   En general, el terapeuta parecía entender la realidad interna del cliente, reflejada tanto en lo que este decía explícitamente como en lo que comunicaba de forma más sutil. Buena capacidad de escucha y empatía.

6   El terapeuta parecía entender muy bien la realidad interna del cliente y se mostraba hábil al comunicar esta comprensión a través de respuestas verbales y no verbales (por ejemplo, el tono de la respuesta del terapeuta transmitía una comprensión empática del mensaje de este). Excelentes habilidades de escucha y empatía.

___4. Calidad de la relación interpersonal

0   Las habilidades interpersonales del terapeuta eran deficientes. Parecía hostil o despectivo con el cliente, o tenía algún otro tipo de actitud destructiva hacia él o ella.

2   El terapeuta no parecía destructivo pero mostraba carencias significativas en el trato personal. En ocasiones, parecía innecesariamente impaciente, distante o poco sincero, o no transmitía mucha confianza o la sensación de que era un profesional competente.

4   El terapeuta mostraba un grado *satisfactorio* de calidez, atención, confianza, autenticidad y profesionalidad. No se veía que tuviese problemas significativos con el trato personal.

6   El terapeuta mostraba un grado óptimo de calidez, atención, confianza, autenticidad y profesionalidad, apropiados para ese cliente en particular en el contexto de esa sesión.

___5. Colaboración

0   El terapeuta no intentó establecer una colaboración con el cliente.

2   El terapeuta intentó colaborar con el cliente pero tuvo dificultades en una de estas dos áreas: definir un problema que el cliente considerara importante o establecer una conexión positiva.

4   El terapeuta pudo colaborar con el cliente, centrarse en un problema que tanto el cliente como el terapeuta consideraron importante y establecer una conexión positiva.

6   La comunicación parecía excelente; el terapeuta animó lo máximo posible al cliente a tener un papel activo durante la sesión (por ejemplo, ofreciéndole alternativas) para que pudiesen funcionar como un equipo.

__6. Ritmo y uso eficiente del tiempo

0   El terapeuta no hizo ningún intento de estructurar el tiempo dedicado a la terapia. La sesión parecía avanzar sin rumbo.

2   La sesión tenía cierta dirección, pero el terapeuta tenía problemas significativos con la estructuración o el ritmo (por ejemplo, la sesión estaba poco estructurada o el terapeuta se mostraba inflexible con la estructura, o el ritmo era demasiado lento o demasiado rápido).

4   El terapeuta gestionó el tiempo de manera bastante eficiente. Mantuvo un control apropiado sobre el fluir de la conversación y el ritmo.

6   El terapeuta utilizó el tiempo de manera eficiente: limitó hábilmente las digresiones improductivas y ajustó el ritmo de la sesión para que fuese rápido dentro de lo que era apropiado para el cliente.

PARTE II. CONCEPTUALIZACIÓN, ESTRATEGIAS Y TÉCNICAS
___7. Descubrimiento guiado

0   El terapeuta se basó principalmente en la discusión, la persuasión o el «sermón». Parecía estar interrogando al cliente, provocando que se pusiera a la defensiva o imponiéndole sus puntos de vista.

2   El terapeuta se basó demasiado de la persuasión y la discusión, en lugar de hacerlo en el descubrimiento guiado. Sin embargo, su estilo fue lo suficientemente constructivo como para que el cliente, aparentemente, no se sintiera atacado o tuviera que ponerse a la defensiva.

4   En general, el terapeuta ayudó al cliente a ver nuevas perspectivas a través del descubrimiento guiado (que pudo incluir, por ejemplo, el examen de los hechos, la consideración de alternativas, la ponderación de las ventajas y desventajas) en lugar de acudir a la discusión. Hizo preguntas de manera apropiada.

6   El terapeuta fue especialmente hábil en el uso del descubrimiento guiado durante la sesión para explorar los problemas y ayudar al cliente a sacar sus propias conclusiones. Logró un equilibrio excelente entre las preguntas hábiles y otros tipos de intervención.

___8. Enfoque en cogniciones o conductas clave

0   El terapeuta no intentó obtener pensamientos, suposiciones, imágenes, significados o conductas específicos.

2   El terapeuta utilizó técnicas apropiadas para obtener cogniciones o conductas; sin embargo, le costaba encontrar en qué centrarse o se enfocaba en cogniciones o conductas irrelevantes para los problemas fundamentales del cliente.

4   El terapeuta se enfocó en cogniciones o conductas específicas relevantes para el problema que se estaba abordando. No obstante, podría haberse centrado en cogniciones o conductas más esenciales, que ofrecieran mayores posibilidades de avance.

6   El terapeuta se centró hábilmente en los pensamientos, suposiciones, conductas, etc., más relevantes para lidiar con el problema y que garantizaban bastante que el cliente realizaría avances.

___9. Estrategia para el cambio (Nota: Respecto a este ítem, concéntrate en la calidad de la estrategia para el cambio por la que optó el terapeuta, no en si la implementó con eficacia o en si realmente dio lugar a un cambio).

0   El terapeuta no optó por aplicar técnicas cognitivo-conductuales.

2   El terapeuta eligió técnicas cognitivo-conductuales; sin embargo, la estrategia general destinada a provocar el cambio o bien parecía poco clara, o no parecía muy apropiada para ayudar al cliente.

4   El terapeuta parecía tener una estrategia para el cambio coherente en líneas generales, que era prometedora en un grado razonable e incorporaba técnicas cognitivo-conductuales.

6   El terapeuta siguió una estrategia para el cambio consistente que parecía prometedora e incorporó las técnicas cognitivo-conductuales más apropiadas.

___**10. Aplicación de técnicas cognitivo-conductuales** (Nota: Respecto a este ítem, concéntrate en la habilidad con la que se aplicaron las técnicas, no en lo apropiadas que fueron para el problema en cuestión ni en si realmente se produjo un cambio).

0   El terapeuta no aplicó ninguna técnica cognitivo-conductual.

2   El terapeuta utilizó técnicas cognitivo-conductuales, pero las aplicó de manera deficiente.

4   El terapeuta aplicó técnicas cognitivo-conductuales de forma relativamente hábil.

6   El terapeuta empleó técnicas cognitivo-conductuales con habilidad e ingenio.

___**11. Tareas (deberes)**

0   El terapeuta no intentó incorporar tareas relevantes en el ámbito de la terapia cognitiva.

2   El terapeuta tuvo dificultades significativas para incorporar las tareas (por ejemplo, no revisó las tareas anteriores, no explicó las nuevas tareas con suficiente detalle o dio unos deberes inapropiados).

4   El terapeuta revisó las tareas anteriores y asignó tareas «estándar» de terapia cognitiva, relevantes a grandes rasgos para los problemas tratados en la sesión. Estas tareas se explicaron con un grado de detalle suficiente.

6   El terapeuta revisó las tareas anteriores y dio tareas del ámbito de la terapia cognitiva especialmente apropiadas para la semana siguiente. Dichas tareas parecían «hechas a medida» para ayudar al cliente a incorporar nuevas perspectivas, poner a prueba hipótesis, experimentar con nuevas conductas de las que se había hablado en la sesión, etc.

Total _____

4

EL INFORME DEL CASO

INSTRUCCIONES PARA HACER UN INFORME DEL CASO

Un informe del caso proporciona una forma integral de reunir información reveladora sobre los clientes, su diagnóstico y sus dificultades. Según el formato utilizado por la Academy of Cognitive and Behavioral Therapies, un informe del caso consta de cuatro partes: historia del caso, formulación del caso, plan de tratamiento y curso del tratamiento. La parte dedicada a la **historia del caso** incluye una exposición general sobre las circunstancias del cliente, lo cual incluye información sobre el motivo de consulta principal, la historia de su enfermedad actual, su historial psiquiátrico y médico, circunstancias relevantes vividas en los terrenos personal y social, su estado mental actual y los diagnósticos aplicables. En todas las partes del informe del caso tiene que haber alguna información que apoye el diagnóstico para que no pueda haber dudas a este respecto.

A la historia del caso le sigue la **formulación del caso**, que proporciona una conceptualización cognitiva del cliente. Esta parte incluye información sobre sucesos significativos que pueden haber precipitado el trastorno actual, una visión transversal de las cogniciones y conductas actuales (por ejemplo, pensamientos, emociones y comportamientos automáticos), una visión longitudinal de las cogniciones y conductas (por ejemplo, creencias centrales y suposiciones subyacentes), los puntos fuertes y recursos del cliente, y una hipótesis de trabajo que conecta la conceptualización del tratamiento con la intervención. Antes de completar las partes transversal y longitudinal de la formulación del caso, se debe completar la conceptualización de inseguridades (ver el capítulo dos) para contar con la información necesaria para comprender el funcionamiento cognitivo y conductual del cliente.

El **plan de tratamiento** y el **curso del tratamiento** constituyen las dos últimas partes del informe del caso. La parte dedicada al plan de tratamiento contiene la lista de problemas del cliente, los objetivos del tratamiento y el plan de acción. Tener claramente definida la parte dedicada al plan de tratamiento es importante, ya que facilita la tarea del terapeuta y hace mucho más probable que la terapia sea efectiva. Finalmente, la parte dedicada al curso del tratamiento aborda los problemas que surgen durante la aplicación de la TCC. En particular, esta parte contiene información sobre la naturaleza y calidad de la relación terapéutica, las intervenciones principales de TCC utilizadas (junto con la justificación para el uso de estas estrategias a partir de la conceptualización del cliente), cualquier dificultad que haya surgido, cómo se entendieron y manejaron estas dificultades sobre la base de la conceptualización del cliente y el resultado del tratamiento o los avances logrados hasta la fecha.

Al igual que la CTRS, el informe del caso es una herramienta efectiva para mejorar la adquisición de habilidades en el campo de la TCC, ya que un informe sólido requiere una buena comprensión de los clientes y sus problemas, así como un plan integral de intervención. Elaborar una formulación del caso y un plan de tratamiento efectivos requiere que los terapeutas comprendan los principios básicos del modelo cognitivo y los apliquen a casos individuales con diagnósticos específicos en mente. Por esta razón, la Academy of Cognitive and Behavioral Therapies ha elaborado una hoja de puntuación para el informe del caso, con el fin de evaluar el grado de competencia clínica en el uso de la TCC. Esta escala de puntuación evalúa la sujeción a elementos específicos de la conceptualización del caso, y cada ítem se puntúa como «ausente», «presente pero insuficiente» o «presente y adecuado». Una puntuación de 20 de un máximo de 24 puntos es indicativa de una buena práctica en este sentido. En las páginas que siguen tienes un esquema detallado de las instrucciones para redactar el informe del caso.

INFORME DEL CASO

• • • • • •

I. Historia del caso (cantidad de palabras sugerida: 750)

Instrucciones generales: la historia del caso debe resumir brevemente la información más importante que recopilaste al evaluar a este cliente para el tratamiento. Sé sucinto al exponer la historia del caso.

A. Información identificadora

Utiliza un nombre ficticio para resguardar la privacidad del cliente en toda la historia y formulación del caso. Haz constar su edad, su género, su etnia, su estado civil, su contexto vital y su ocupación.

B. Motivo de consulta principal

Indica el motivo de consulta principal en las propias palabras del cliente.

C. Historia de la enfermedad actual

Describe la enfermedad actual, incluyendo los síntomas emocionales, cognitivos, conductuales y fisiológicos. Haz constar los factores ambientales estresantes. Haz una revisión breve de los tratamientos que se han probado para la enfermedad actual, si los ha habido.

D. Historia psiquiátrica

Resume brevemente la historia psiquiátrica pasada, incluyendo el abuso de sustancias si es el caso.

E. Historia personal y social

Resume brevemente las características más destacadas de la historia personal y social del cliente. Incluye observaciones sobre las experiencias formativas, las experiencias traumáticas (si las ha habido), la estructura de apoyo, lo que le interesa (aficiones, por ejemplo) y el consumo de sustancias.

F. Historia clínica

Indica cualquier problema de salud (trastornos endocrinos, enfermedades cardíacas, cáncer, enfermedades crónicas, dolor crónico...) que pueda influir en el funcionamiento psicológico o que sea relevante para el proceso de tratamiento.

G. Observaciones sobre el estado mental

Anota de tres a cinco características destacadas que reveló el examen del estado mental en el momento en que comenzó el tratamiento. Incluye observaciones sobre el aspecto general del cliente y su estado de ánimo. No reproduzcas todo el examen del estado mental.

H. Diagnóstico del DSM-5®

Haz constar el diagnóstico pertinente según los criterios de la CIE-10 (Clasificación Internacional de Enfermedades, décima revisión) o el *DSM-5* (*Manual diagnóstico y estadístico de los trastornos mentales*, quinta edición).

II. Formulación del caso (cantidad de palabras sugerida: 500)

Instrucciones generales: expón las características principales de la formulación del caso según el esquema que sigue.

A. Factores desencadenantes

Los *factores desencadenantes* son eventos importantes que pueden desempeñar un papel significativo en el inicio de un episodio de enfermedad. Un ejemplo típico es un episodio depresivo desencadenado por eventos múltiples, como no ser ascendido en el trabajo, la muerte de un amigo cercano y tensiones matrimoniales. En algunos casos (por ejemplo, si la persona tiene un trastorno bipolar o sufre de depresión recurrente con una fuerte base biológica), puede no haber un desencadenante psicosocial claro. Si no se pueden identificar factores desencadenantes de tipo psicosocial, indica cualquier otra peculiaridad de la historia del cliente que pueda ayudar a explicar la aparición de la enfermedad.

La denominación *situaciones activadoras*, utilizada en la siguiente parte de la formulación del caso, hace referencia a sucesos y situaciones de menor calado que promueven estados de ánimo negativos o irrupciones de cogniciones y conductas indicativas de falta de adaptación. Por ejemplo, una clienta que está deprimida tras experimentar los eventos desencadenantes expuestos anteriormente podría sentirse especialmente decaída cuando se encuentra en el trabajo, cuando está con su marido o cuando asiste a un curso al que iba con una amiga que ha fallecido.

¿Qué factores desencadenantes crees que pudieron jugar un papel significativo en el desarrollo de los síntomas y problemas del cliente?

B. **Visión transversal de las cogniciones y conductas actuales**

La visión transversal de la formulación del caso incluye observaciones sobre las cogniciones, emociones y conductas predominantes (y las reacciones fisiológicas si son relevantes) que muestra el cliente en el presente (o que mostró antes de lograr avances sustanciales con la terapia). Normalmente, la visión transversal se centra más en las cogniciones superficiales (por ejemplo, los pensamientos automáticos) identificadas al principio de la terapia que en los esquemas subyacentes, las creencias centrales o las suposiciones que son la piedra angular de la visión longitudinal que se describe a continuación.

La visión transversal debería transmitir tu conceptualización de cómo era aplicable el modelo cognitivo a este cliente al principio del tratamiento. Anota hasta tres situaciones activadoras actuales o recuerdos de situaciones activadoras. Haz constar los pensamientos automáticos, las emociones y los comportamientos habituales (y las reacciones fisiológicas si son relevantes) del cliente en estas situaciones.

C. **Visión longitudinal de las cogniciones y conductas**

Esta parte de la conceptualización del caso se centra en una perspectiva longitudinal del funcionamiento cognitivo y conductual del cliente. La visión longitudinal se desarrolla completamente a medida que avanza la terapia y el terapeuta descubre esquemas subyacentes (creencias centrales, reglas, suposiciones) y patrones de conducta perdurables (estrategias compensatorias).

¿Cuáles son los esquemas clave del cliente (creencias centrales, reglas o suposiciones) y las estrategias conductuales compensatorias que manifiesta? Si su historia premórbida no fue significativa (sería el caso, por ejemplo, de un cliente con trastorno bipolar sin antecedentes de problemas de desarrollo que hayan desempeñado un papel en la generación de suposiciones o esquemas de adaptación deficiente), indica la creencia o las creencias principales y los patrones de conducta disfuncionales presentes durante el episodio actual solamente. Informa sobre antecedentes de desarrollo relevantes para el origen o el mantenimiento de los esquemas y estrategias conductuales del cliente o proporciona datos que apoyen tu hipótesis de que su historia de desarrollo no es relevante para el trastorno actual.

D. **Puntos fuertes, cualidades y recursos**

Enuncia con pocas palabras los puntos fuertes, cualidades y recursos del cliente (por ejemplo, salud física, inteligencia, habilidades sociales, red de apoyo, historia laboral, etc.).

E. **Hipótesis de trabajo (resumen de la conceptualización)**

Resume brevemente las características principales de la hipótesis de trabajo en la que has basado tus intervenciones terapéuticas. Vincula tu hipótesis de trabajo con el modelo cognitivo habida cuenta del trastorno o los trastornos del cliente.

III. Plan de tratamiento (cantidad de palabras sugerida: 250)

Instrucciones generales: anota las características principales de tu plan de tratamiento utilizando el esquema que sigue.

A. **Lista de problemas**

Enumera cualquier problema significativo que hayáis identificado tú y el cliente. Por lo general, se encuentran problemas en varias áreas (por ejemplo, los ámbitos psicológico/psiquiátrico, interpersonal, ocupacional, médico, financiero o legal, o los relativos a la vivienda y el ocio). Las listas de problemas suelen contener entre dos y seis elementos, a veces hasta ocho o nueve. Expón los problemas de forma breve, con pocas palabras, o, si se describieron con detalle en la historia de la enfermedad actual, limítate a mencionarlos.

B. **Objetivos del tratamiento**

Indica los objetivos terapéuticos definidos en colaboración con el cliente.

C. Plan de tratamiento

Entrelazando estos objetivos, la historia del caso y tu hipótesis de trabajo, explica brevemente tu plan de tratamiento para este cliente.

IV. Curso del tratamiento (cantidad de palabras sugerida: 500)

Instrucciones generales: anota las características principales del curso del tratamiento utilizando el esquema que sigue.

A. Relación terapéutica

Detalla la naturaleza y la calidad de la relación terapéutica, cualquier problema que te hayas encontrado, cómo conceptualizaste estos problemas y cómo los resolviste.

B. Intervenciones o procedimientos

Relata tres intervenciones principales del ámbito de la terapia cognitiva que hayas aplicado, proporcionando una justificación que vincule estas intervenciones con los objetivos del tratamiento del cliente y tu hipótesis de trabajo.

C. Obstáculos

Expón un ejemplo de cómo resolviste un obstáculo que se presentó en el curso de la terapia. Explica por qué crees que surgió el obstáculo e indica qué hiciste al respecto. Si no encontraste obstáculos significativos durante la terapia, pon un ejemplo de cómo pudiste aprovechar los puntos fuertes y cualidades del cliente en el proceso de tratamiento.

D. Resultado

Informa brevemente sobre el resultado de la terapia. Si el tratamiento no ha terminado, haz constar los avances efectuados hasta la fecha.

EJEMPLO DE INFORME DEL CASO

Las páginas siguientes ilustran cómo poner en práctica la redacción de un informe del caso con un ejemplo centrado en un hombre de veintiocho años llamado George. Como vimos anteriormente, lo primero que hay que hacer para redactar un informe del caso es completar el modelo de conceptualización de inseguridades, con el fin de comprender cómo la historia del cliente dio lugar a la etiqueta de inseguridad, a las reglas o suposiciones y a las acciones compensatorias ineficaces. Solo una vez que el terapeuta ha reunido estas piezas de forma coherente se puede proceder a la elaboración del informe del caso. Por lo tanto, el ejemplo que se ofrece incluye en primer lugar una exposición de la conceptualización de inseguridades de George, a lo que sigue la redacción del informe. Después del ejemplo, se incluye un esquema de informe del caso que puedes usar para conceptualizar y formular un plan de tratamiento con tus clientes.

Hoja de trabajo de muestra

MODELO DE CONCEPTUALIZACIÓN DE INSEGURIDADES: GEORGE

• • • • • •

Experiencias moldeadoras

Unos padres cautelosos y reservados.
Un padre muy angustiado que se preocupaba todo el tiempo.
Consentido por la familia.

Etiqueta(s) de inseguridad

«Estoy en peligro».

Reglas o suposiciones

Positivas: «Si no experimento sensaciones físicas, entonces estoy bien».

«Si estoy con personas que cuidarán de mí, entonces estaré bien».

«Si evito cosas que me producen ansiedad, entonces estaré bien».

Negativas: «Si experimento sensaciones físicas, entonces estoy en peligro».

«Si estoy solo, entonces no estaré bien».

«Si me coloco en situaciones estresantes, entonces podría estar en peligro».

Acciones compensatorias ineficaces

Evitación (por ejemplo, evita el trabajo, las situaciones sociales y hablar de sí mismo).

Revisa constantemente su pulso para estar tranquilo.

Permanece cerca de su familia en busca de protección.

PENSAMIENTOS AUTOMÁTICOS VINCULADOS A DETERMINADAS SITUACIONES:

GEORGE

● ● ● ●

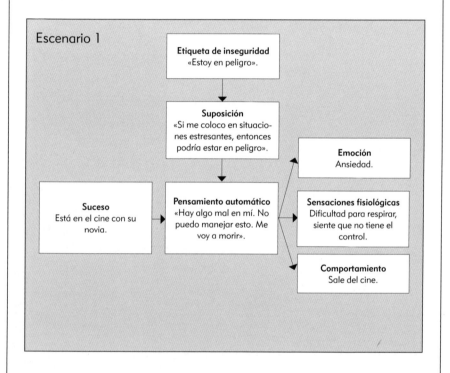

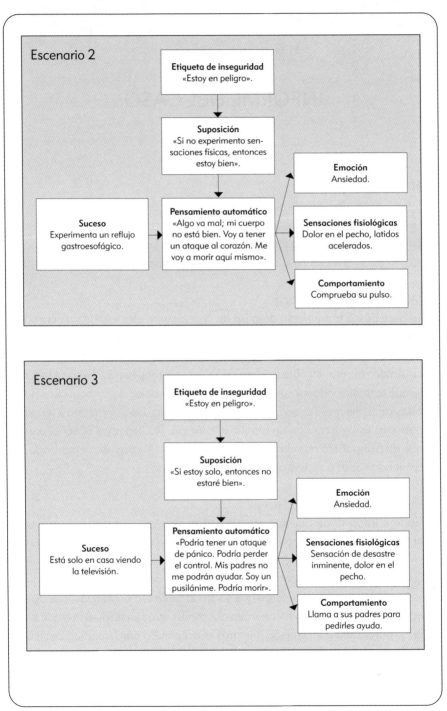

Escenario 2

Etiqueta de inseguridad
«Estoy en peligro».

Suposición
«Si no experimento sensaciones físicas, entonces estoy bien».

Emoción
Ansiedad.

Suceso
Experimenta un reflujo gastroesofágico.

Pensamiento automático
«Algo va mal; mi cuerpo no está bien. Voy a tener un ataque al corazón. Me voy a morir aquí mismo».

Sensaciones fisiológicas
Dolor en el pecho, latidos acelerados.

Comportamiento
Comprueba su pulso.

Escenario 3

Etiqueta de inseguridad
«Estoy en peligro».

Suposición
«Si estoy solo, entonces no estaré bien».

Emoción
Ansiedad.

Suceso
Está solo en casa viendo la televisión.

Pensamiento automático
«Podría tener un ataque de pánico. Podría perder el control. Mis padres no me podrán ayudar. Soy un pusilánime. Podría morir».

Sensaciones fisiológicas
Sensación de desastre inminente, dolor en el pecho.

Comportamiento
Llama a sus padres para pedirles ayuda.

Hoja de trabajo de muestra

INFORME DEL CASO: GEORGE

● ● ● ● ● ●

Historia del caso
Información identificadora
George es un hombre soltero de veintiocho años, de raza negra, que hace poco se graduó en la academia de policía y está empezando a trabajar en su profesión. Vive en casa con sus padres y su hermana.

Motivo de consulta principal
George buscó tratamiento después de un incidente estando de servicio en el que notó una tremenda sensación de ardor que le subía por la garganta y pensó: «Algo va mal, realmente mal. Tengo miedo. No estoy bien. Me está costando respirar. Mi corazón late cada vez con más fuerza. No puedo oír lo que está diciendo mi compañero. No puedo hablar. Estoy aquí pero no estoy aquí. Necesito ayuda, pero no puedo pedirla. Estoy mareado y tengo náuseas. Estoy sufriendo un ataque al corazón. No llegaré al hospital porque mi compañero no sabe lo que está pasando». Ahora vive atemorizado, temiendo volver a experimentar esas sensaciones.

Historia de la enfermedad actual
George informó de que sus ataques de pánico comenzaron seis meses atrás mientras estaba entrenando en la academia de policía. Lo evaluaron en la sala de urgencias de un hospital y lo mandaron a casa. Le dijeron que había experimentado un ataque de pánico después de que los resultados de las pruebas revelaran que su salud física era buena. George dijo que los síntomas habían empeorado dos meses atrás en respuesta a que se sintió paralizado por el miedo mientras se preparaba para trabajar. Explicó que sufría ataques de pánico propiamente dichos unas dos veces al mes y ataques consistentes en síntomas limitados dos o tres veces a la semana

aproximadamente. Decidió pedir una cita para someterse a terapia cuando se dio cuenta de que apenas lograba desenvolverse cuando estaba fuera de casa y se convenció de que debía tomar medidas.

- Síntomas emocionales: asustado, con ansiedad, preocupado, triste, irritable, aprensivo.
- Síntomas cognitivos: creía que algo le pasaba a su cuerpo (pensaba que iba a tener un ataque al corazón e iba a morir) y le preocupaba la posibilidad de tener más ataques de pánico.
- Síntomas conductuales: comprobaba el pulso, se pasaba la mayor parte del tiempo en casa con la familia, se aislaba de los amigos, limitaba las actividades que realizaba con su novia, buscaba que le dijesen que todo estaba bien y echaba cabezadas.
- Síntomas fisiológicos: aumento de la frecuencia cardíaca, malestar gastrointestinal, dificultad para respirar, palmas sudorosas, temblores, somnolencia, sensaciones de hormigueo, boca seca, debilidad, sensación de irrealidad, náuseas, tensión muscular, hormigueo en las piernas, mareos y dolores de cabeza.

Los principales factores estresantes en la vida de George eran el trabajo y su vida social. Debido a la vergüenza que le daba tener ataques de pánico, guardaba silencio al respecto; solo su familia inmediata sabía lo que pasaba. Esto hacía que se sintiese aislado de sus colegas, sus amigos y su novia. Informó de que su ansiedad había aumentado en relación con su papel como policía, ya que era un sueño de toda la vida que había logrado hacer realidad recientemente.

Historia psiquiátrica pasada
George fue a ver a su médico de atención primaria, quien le aconsejó que estuviera unos meses de baja y le recetó Ativan, para que lo tomase según fuera necesario, y un antidepresivo. Pero a George no le hacía ninguna gracia tomar medicamentos psicotrópicos. Indicó que unos meses atrás había seguido una terapia orientada a la introspección para tratar su pánico; se sometió a esa terapia durante un breve período solamente, pues no la encontró útil. También recibió psicoterapia para abordar sus terrores

nocturnos cuando tenía trece años, los cuales logró superar completamente. George no tenía antecedentes de hospitalizaciones psiquiátricas ni intentos de suicidio; tampoco de abuso sexual o maltrato emocional, verbal o físico. No informó de que consumiese tabaco, alcohol o drogas.

Historia personal y social
En cuanto a los datos de infancia relevantes, George era el menor de cuatro hijos. Dijo tener una relación cercana con sus padres, a quienes describió como amorosos, alentadores y protectores. Indicó que su padre era una persona preocupada a quien también le inquietaba su propia salud. Las dos abuelas de George recibieron tratamiento por depresión.
George informó de que siempre había querido ser policía. Sin embargo, indicó que experimentó ansiedad en relación con la consecución de este sueño que había tenido toda la vida. Dijo que tenía amigos, pero ninguno íntimo o en el que confiara especialmente. Hacía poco que había iniciado una nueva relación con una mujer en el momento de empezar la terapia.

Historia clínica
George buscó tratamiento recientemente para su reflujo gastroesofágico crónico. El examen médico completo al que se sometió para ingresar en la academia de policía reveló que gozaba de una buena salud física.

Observaciones sobre el estado mental
George estaba totalmente centrado pero era presa de la ansiedad.

Diagnóstico según la CIE-10
F40.01 Trastorno de pánico*

Formulación del caso
Factores desencadenantes
El evento desencadenante para el trastorno de pánico del cliente podría haber sido su admisión en la academia de policía. Había soñado con ser

---

* N. del T.: Más específicamente, el código F40.01 de la *CIE-10* corresponde a *agorafobia con trastorno de pánico*.

policía desde la infancia. George se presionó mucho para tener éxito. También creía que su ansiedad era más fuerte que él y que ocasionaba daños físicos en su cuerpo. En consecuencia, se activaron en él creencias centradas en la vulnerabilidad y la debilidad. Esto hizo que su ansiedad y su miedo aumentaran, lo que desembocó en los episodios de pánico. El hecho de tratar de ocultar sus dificultades a los demás también incrementaba su ansiedad. Además, el aumento de la autocrítica y el aislamiento pudieron haber contribuido a su disforia.

Visión transversal de las cogniciones y conductas actuales
Durante la evaluación inicial, George narró algo que pasó en una ocasión en que llevó a su novia al cine. Mientras pagaba las entradas, sintió que su corazón latía con fuerza y experimentó náuseas, mareos, temblores y debilidad en las piernas. Sus pensamientos automáticos fueron: «Hay algo mal en mí», «No puedo manejar esto» y «Me voy a morir». Experimentó ansiedad y le pidió a su novia salir del cine.

En otra situación, George comenzó a experimentar malestar debido a un episodio de reflujo gastroesofágico en el trabajo. Sus pensamientos automáticos fueron: «Algo va mal», «Mi cuerpo está débil», «Voy a tener un ataque al corazón» y «Me voy a morir aquí mismo». Al aumentar su ansiedad, fue comprobando su pulso a intervalos de pocos minutos.

En una tercera situación, estaba solo en casa viendo la televisión cuando se angustió porque no había nadie cerca. Sus pensamientos automáticos fueron «podría tener un ataque de pánico», «podría perder el control», «mis padres no me podrán ayudar», «soy un pusilánime» y «me podría morir». Experimentó ansiedad y llamó a sus padres para que lo tranquilizasen.

Visión longitudinal de las cogniciones y conductas
George creció con unos padres que eran cautelosos y reservados frente a la vida. Su padre, especialmente, tenía tendencia a centrarse en las posibles consecuencias peligrosas de las acciones y actividades, así como en la incertidumbre sobre la propia salud. En consecuencia, George elaboró unas reglas internas a partir de estos mensajes familiares y al parecer cuajó en él la creencia central (manifestada como etiqueta de inseguridad) de que estaba en peligro. Para hacer frente a esta expresión de inseguridad

personal, pasó a regirse por estas suposiciones condicionales positivas: «si no experimento sensaciones físicas, entonces estoy bien»; «si estoy con personas que cuidarán de mí, entonces estaré bien» y «si evito las cosas que me producen ansiedad, entonces estaré bien». Sus suposiciones condicionales negativas tomaron esta forma: «si experimento sensaciones físicas, entonces estoy en peligro»; «si estoy solo, entonces no estaré bien», y «si me coloco en situaciones estresantes, entonces podría estar en peligro». Para tratar de evitar que se activara su creencia central «estoy en peligro», George desarrolló estrategias compensatorias de evitación y consistentes en permanecer cerca de su fuente de seguridad. Comenzó a limitar sus actividades; entre otras cosas, tomó un permiso laboral y procuraba no alejarse mucho de casa. Dijo que se había aislado de sus amigos y que estaba saliendo menos con su novia. Pasaba la mayor parte del tiempo en casa con su familia y evitaba hacer cualquier cosa sin ella. Comprobaba su pulso todo el rato para asegurarse de que estaba bien. También echaba cabezadas para evitar sus miedos.

Puntos fuertes, cualidades y recursos
George estaba muy motivado para seguir el tratamiento. Colaboró activamente en establecer los puntos a tratar; también participaba activamente en las sesiones y se implicaba en el diseño de las tareas. Asimismo, mostró una inteligencia superior a la media y varios familiares le proporcionaban un buen sistema de apoyo.

Hipótesis de trabajo
A partir de lo que había aprendido de sus cautelosos padres, George tendía a sobrestimar el peligro de las situaciones y subestimaba su capacidad para hacerles frente. Las sensaciones internas que experimentaba desencadenaban su miedo, al que seguían unas sensaciones físicas más intensas y relevantes, como taquicardia, dificultad para respirar, náuseas, temblores y sudoración. El hecho de centrarse internamente en las sensaciones físicas hacía que se intensificasen aún más. Sus suposiciones condicionales negativas hacían que le costara lidiar con las situaciones estresantes (en el trabajo, por ejemplo), y la inseguridad que le hacía creer que estaba en peligro se activaba constantemente. Al pensar que podría estar ocurriendo

lo peor, temía y evitaba cualquier síntoma, lo que limitaba su desempeño en el trabajo y en el terreno social.

Plan de tratamiento

Lista de problemas
1. Ataques de pánico.
2. Ansiedad anticipatoria.
3. Evitación de colegas y amigos.
4. Uso de fármacos psicotrópicos: George afirmó que no quería depender de medicamentos para su ansiedad.
5. Trabajo: regreso después de un permiso laboral.

Objetivos del tratamiento
1. Reconocer la diferencia entre ansiedad y pánico.
2. Manejar la ansiedad de manera más efectiva reforzando las estrategias destinadas a afrontarla.
3. Acabar con los ataques de pánico.
4. Dejar de tomar fármacos psicotrópicos.
5. Sentirse cómodo con la idea de volver al trabajo.
6. Recuperar la vida social.

Plan de tratamiento
Se le enseñó a George el modelo cognitivo y el papel que tenían sus pensamientos en su forma de responder y reaccionar a las situaciones. A partir de sus experiencias personales, pudo observar el efecto de las cogniciones en sus emociones, reacciones físicas y conductas. Después pudo ver el efecto que tenía en su estado de ánimo, su cuerpo y sus actos el hecho de cambiar su forma de pensar, más concretamente el hecho de reemplazar sus pensamientos automáticos por respuestas alternativas más racionales. Vinculamos su vieja forma de pensar al modelo cognitivo de la ansiedad y el pánico para ayudarlo a reconocer su tendencia a interpretar estímulos benignos como amenazadores, peligrosos o desastrosos. El plan de tratamiento también tenía como objetivo ayudar a George a reconectar socialmente con sus amigos y colegas y a regresar al trabajo.

Curso del tratamiento

Relación terapéutica

Mantuvimos una buena relación de trabajo. La motivación extrema de George con el tratamiento contribuyó a acelerar el proceso.

Intervenciones y procedimientos

1. Se informó a George sobre el modelo cognitivo de la ansiedad y el ciclo del pánico. Con la elaboración de un modelo de trabajo centrado en su experiencia y su trastorno, tuvo claro que la estrategia de tratamiento le permitiría obtener las herramientas necesarias para recuperarse.
2. Se le enseñó a George a usar la relación riesgo/recursos para evaluar de forma realista los peligros y los recursos con los que contaba, lo que redujo su ansiedad y su sensación de vulnerabilidad.
3. En la sesión se utilizaron ejercicios de exposición interoceptiva para activar la respuesta autónoma en su cuerpo. La idea era simular un ataque de pánico para ayudar a George a reconocer que los síntomas son molestos pero no peligrosos.

Obstáculos

Un obstáculo en el tratamiento fue la renuencia de George a llevar a cabo, fuera del entorno terapéutico, una tarea que implicaba ponerse en una situación que incrementaría las probabilidades de que tuviese un ataque de pánico. Examinamos las ventajas y desventajas de hacer este ejercicio frente a no hacerlo. Seguidamente elaboramos una justificación para hacerlo basada en los resultados de las ventajas que habíamos encontrado y llevó a cabo la exposición.

Resultado

George respondió bien a su tratamiento de seis sesiones. Al finalizar, ya no temía sus sensaciones corporales y no evitaba las situaciones sociales ni acudir al trabajo.

Esquema

REDACCIÓN DE CONCEPTUALIZACIÓN DEL CASO

● ● ● ● ● ●

I. HISTORIA DEL CASO (cantidad de palabras sugerida: 750)

A. Información identificadora:

B. Motivo de consulta principal:

C. Historia de la enfermedad actual:
   Síntomas emocionales:
   Síntomas cognitivos:
   Síntomas conductuales:
   Síntomas físicos:
   Factores estresantes:

D. Historia psiquiátrica:

E. Historia personal y social:

F. Historia clínica:

G. Observaciones sobre el estado mental:

H. Diagnóstico según el *DSM-5* o la *CIE-10*:

II. FORMULACIÓN DEL CASO (cantidad de palabras sugerida: 500)

A. Factores desencadenantes:

B. Visión transversal de las cogniciones y conductas actuales:

C. Visión longitudinal de las cogniciones y conductas:

D. Puntos fuertes, cualidades y recursos:

E. Hipótesis de trabajo (resumen de la conceptualización):

III. PLAN DE TRATAMIENTO (cantidad de palabras sugerida: 250)

A. Lista de problemas:

B. Objetivos del tratamiento:

C. Plan de tratamiento:

IV. CURSO DEL TRATAMIENTO (cantidad de palabras sugerida: 500)

A. Relación terapéutica:

B. Intervenciones y procedimientos:

C. Obstáculos:

D. Resultado:

5

DEPRESIÓN

EL MODELO COGNITIVO Y COMPONENTES CLAVE DEL TRATAMIENTO

El pensamiento tiende a presentar un sesgo negativo en los clientes con depresión, y este sesgo se manifiesta en tres grandes ámbitos de pensamiento. Específicamente, los clientes con depresión tienen una visión negativa de sí mismos, del futuro y del mundo (Beck, Rush, Shaw y Emery, 1987). Por ejemplo, pueden considerarse inútiles (ámbito del yo), creer que nada mejorará (ámbito del futuro) y suponer que no importan a nadie (ámbito del mundo). Esta tríada de sesgos negativos está asociada a una parálisis de la voluntad, un estado de ánimo deprimido, deseos suicidas, una mayor dependencia, la evitación y el retraimiento social (Beck *et al.*, 1987).

Esta tríada cognitiva se da independientemente de la etiología de la depresión, y es significativo el hecho de que puede ser objeto de tratamiento sin que importe cuál sea la etiología. Un componente clave del tratamiento para la depresión es la **reestructuración cognitiva**, que consiste en identificar y evaluar los pensamientos automáticos negativos distorsionados y exagerados y convertirlos en creencias más realistas, positivas y racionales. Otro componente importante del tratamiento es la **activación conductual**. En la depresión, la inhibición conductual y la inactividad desempeñan un papel en la potenciación de los sesgos negativos y actúan en contra de la recuperación. Por lo tanto, lograr que los clientes se activen y vuelvan a socializar suele ser un primer paso necesario en el tratamiento de la depresión. Además, estos cambios de conducta pueden proporcionar los datos necesarios para que se produzca el cambio cognitivo, además de que impulsan una mejoría del estado de ánimo. En este capítulo se examinan en detalle los principios de la reestructuración cognitiva y la activación conductual, y también se aborda cómo evaluar de la mejor manera la magnitud de los síntomas depresivos de los clientes con el fin de definir la estructura y las prioridades del tratamiento en consecuencia.

EVALUACIÓN

Las escalas del estado de ánimo

Las escalas del estado de ánimo son una forma útil de evaluar la gravedad de los síntomas depresivos. Hay muchas medidas de autoinforme objetivas fácilmente disponibles que ofrecen una evaluación confiable y válida del estado de ánimo, como el inventario de depresión de Beck II (Beck, Steer y Brown, 1996) y el test breve del estado de ánimo de Burns (Burns, 1995). Sin embargo, una alternativa a estas evaluaciones del ánimo más formales consiste en algo tan simple como pedir a los clientes que proporcionen una calificación subjetiva de su estado anímico utilizando una escala de tipo Likert. Según las dificultades que estén experimentando, se les puede pedir que califiquen su grado de irritabilidad, agitación, frustración, enojo, ansiedad o desesperanza en una escala del 0 al 10, en la que 0 equivale a *ninguna intensidad* y 10 a una *gran intensidad*.

Las valoraciones del estado de ánimo cumplen varios propósitos. En primer lugar, los clientes deprimidos a menudo no reconocen los progresos que efectúan a medida que van pasando de la depresión grave a la depresión moderada y, finalmente, a la recuperación. Al completar escalas del estado de ánimo una vez por semana, cuentan con un indicador objetivo que les permite ver sus avances a medida que se producen. En segundo lugar, efectuar una valoración semanal del estado de ánimo al comienzo de las sesiones brinda la oportunidad de hablar de variables que hicieron que ese estado mejorara o empeorara. En tercer lugar, calificar el estado de ánimo en el curso de una sesión o al final puede proporcionar datos sobre la efectividad de la estrategia de tratamiento. Por ejemplo, pongamos por caso que estás trabajando con una clienta que informa de un estado de ánimo bajo, que califica con un 2, pero luego lo califica con un 4, después de hablar de lo que está empezando a crecer en su huerto. Lógicamente, podrías inferir que tendría sentido que esta clienta programase pasar más tiempo en el huerto, ya que el solo hecho de pensar en ello parece tener un impacto positivo en su estado de ánimo. Del mismo modo, en el caso de los clientes que presentan un riesgo elevado, si informan de que su estado de ánimo ha empeorado al final de la sesión, ello podría ser indicativo de que es necesaria una intervención inmediata.

En cuarto lugar, la evaluación del estado de ánimo puede ayudar a determinar el enfoque de la sesión. Por ejemplo, cuando el cliente informa de un estado de ánimo bajo, es posible que se deban priorizar y abordar los problemas asociados con ese estado de ánimo. ¿Ha reconocido el cliente que tiene pensamientos suicidas u homicidas persistentes? ¿Afecta significativamente a su sueño su estado de ánimo? ¿Informa de una subida o bajada de peso muy importante o de problemas alimentarios (por ejemplo, un cliente diabético ignora su ingesta de azúcar)? ¿Está afectando su estado de ánimo a su desempeño diario (por ejemplo, tiene un impacto en sus hábitos de higiene o en su movilidad)? Abordar el riesgo suicida u homicida es siempre una prioridad máxima, ya que los clientes no pueden mejorar si no están vivos para trabajar en sus problemas o si están hospitalizados o en la cárcel. Además, la alimentación disfuncional, la mala higiene y la falta de sueño también ponen a los clientes en riesgo (por ejemplo, la anorexia puede dar lugar a problemas cardíacos y la privación de sueño puede provocar fatiga, irritabilidad y psicosis). Al evaluar el estado de ánimo del cliente, puedes identificar y priorizar cuestiones como estas, muchas de las cuales pueden abordarse mediante intervenciones de terapia cognitivo-conductual. En el caso de asuntos que implican problemas más graves pueden ser necesarios servicios auxiliares (farmacoterapia, por ejemplo), y una consulta para obtener estos servicios puede estar justificada.

Para disponer de evaluaciones del estado de ánimo, puedes pedir a los clientes que las efectúen una vez a la semana o a diario. Por ejemplo, puedes pedirles que califiquen el estado de ánimo promedio que experimentaron durante la semana anterior; más concretamente, el estado o los estados emocionales específicos que estás siguiendo y evaluando, como pueden ser la depresión, la desesperanza, el enojo o la ansiedad. Una escala de tipo Likert para esta clase de evaluación podría ser esta:

Ninguna intensidad		Poca intensidad				Intensidad moderada			Gran intensidad	
0	1	2	3	4	5	6	7	8	9	10

En lugar de esta evaluación semanal del estado de ánimo, o como complemento a ella, puedes pedir a los clientes que lleven un registro diario de su estado de ánimo general, utilizando una escala de tipo Likert como esta:

Malo	Peor que el promedio			Dentro del promedio		Bueno		Excelente		
0	1	2	3	4	5	6	7	8	9	10

LA ACTIVACIÓN CONDUCTUAL

Primer paso: la evaluación conductual

El primer paso para iniciar el proceso de activación conductual es determinar en qué medida está activo conductualmente el cliente. Con este fin, debes tener una idea clara de cuáles son sus actividades diarias, y es importante evaluar el grado de placer, desempeño e interacción social asociado a estas actividades. Es decir, tienes que saber si estas actividades le son placenteras, si le brindan una sensación de logro y si implican la presencia de otras personas. Estos tres aspectos son esenciales para el bienestar y protegen contra la depresión. En cambio, cuando el horario del cliente está desequilibrado, ocurre que pasa demasiado tiempo solo o que está excesivamente enfocado en atender otras responsabilidades (su trabajo, a otras personas...) para ocuparse de sí mismo. Cuando esto es así, es difícil que encuentre alegría en su vida, y la depresión se impone.

Ten en cuenta que los clientes con depresión tienen los recuerdos distorsionados por un sesgo negativo y a menudo ofrecen datos incorrectos. Por ejemplo, es posible que digan que no hicieron nada cuando, de hecho, realizaron varias tareas o que afirmen que su estado de ánimo no experimentó variaciones cuando, en realidad, diferentes situaciones suscitan una diversidad de emociones. Por lo tanto, para obtener una evaluación más objetiva del grado de actividad de tus clientes, puedes preguntarles cómo se estaba desarrollando su jornada antes del momento de acudir a la sesión o puedes ayudarlos a examinar en qué medida estuvieron activos el día anterior. El hecho de anotar las actividades realizadas durante el día ayuda a los clientes a llegar a conclusiones más objetivas sobre su grado de actividad. Y puedes pedirles que en lo sucesivo califiquen su estado de ánimo en relación con las distintas actividades que realicen durante el día; con el tiempo, verán cómo algunas de estas evaluaciones se corresponden con diversas actividades que les brindan placer, que les ofrecen una sensación de dominio en algún área o que implican interacción social. A través de este proceso, los clientes aprenden a reconocer las fluctuaciones que se producen en su estado de ánimo y a identificar las actividades o los momentos asociados con un estado de ánimo peor o mejor.

La herramienta: el registro de actividades

El registro de actividades es la herramienta idónea para obtener una evaluación conductual del grado de actividad de tus clientes. Se trata de que estos hagan el seguimiento de sus actividades a lo largo de la semana y registren el estado de ánimo que tenían en el momento de realizarlas. Así contarás con una referencia de lo que hacen durante el día tus clientes y de cómo las actividades que realizan afectan a su estado de ánimo, para que puedas determinar si necesitan estar más activos o si tienen que realizar más actividades que les aporten una sensación de logro, más placer o más interacción social, siempre con el fin de potenciar la mejoría de su estado anímico.

La mejor manera de presentar esta herramienta es proporcionar a los clientes una justificación clara de los motivos por los que les estás pidiendo que anoten esta información. Pon el acento en el hecho de que el registro de actividades te permitirá ver la medida en que están activos y si su estado de ánimo guarda relación con ciertas actividades o personas, lo cual te ayudará a enfocar la terapia. Es mejor empezar a escribir en la hoja en el contexto de la sesión y pedir a los clientes que la completen todos los días desde que se despiertan hasta que se van a dormir y que lo hagan a diario hasta el día de la próxima visita.

El día 1 comienza cuando el cliente se despierta en la mañana del día de la sesión. De esta manera, podéis empezar a completar el cuadro juntos, centrándoos en cómo se ha desarrollado la jornada del cliente hasta ese momento. La ventaja de iniciar el registro durante la sesión es que así es más fácil explicar a los clientes qué tipo de información se les está pidiendo exactamente, además de que pueden ver lo factible que es hacer el ejercicio. También permite evaluar qué probabilidades hay de que cada cliente lleve a cabo el registro por su cuenta.

Explícales que van a anotar lo que harán en cada hora del día y que deberán puntuar el estado de ánimo correspondiente a cada actividad en una escala del 0 al 10, representando el 0 *el peor estado de ánimo* y el 10 *el mejor estado de ánimo*. La página siguiente contiene un modelo en blanco de registro de actividades que puedes utilizar con tus clientes. Esta hoja de trabajo se puede completar una vez como herramienta de evaluación para determinar el grado de actividad inicial del cliente o se puede usar repetidamente como herramienta de autocontrol y para mejorar la activación conductual.

Hoja de trabajo para el cliente

REGISTRO DE ACTIVIDADES

- •
- •
- •
- •
- •

A lo largo de la próxima semana, anota lo que estés haciendo en cada hora del día y cuál es tu estado de ánimo en ese momento. Usa la siguiente escala de calificación para valorar tu estado de ánimo:

Malo	Peor que el promedio			Dentro del promedio		Bueno			Excelente	
0	1	2	3	4	5	6	7	8	9	10

	LUNES	MARTES	MIÉRCOLES	JUEVES	VIERNES	SÁBADO	DOMINGO
6-7 a. m.							
7-8 a. m.							
8-9 a. m.							
9-10 a. m.							
10-11 a. m.							

11-12 m.	12-1 p. m.	1-2 p. m.	2-3 p. m.	3-4 p. m.	4-5 p. m.	5-6 p. m.	6-7 p. m.	7-8 p. m.	8-9 p. m.	9-10 p. m.	10-11 p. m.	11-12 a. m.	12-6 a. m.

Registro de actividades: el aprendizaje

Una vez que los clientes han completado el registro de actividades, se trata de que se sirvan de él de manera productiva. Recuerda que el solo hecho de completar el ejercicio es un logro y merece reconocimiento. La primera pregunta que hay que hacerles es de qué les ha servido realizar el ejercicio y qué han aprendido. Como terapeuta, es probable que debas orientarlos hacia un aprendizaje adicional y ayudarlos a llegar a conclusiones. Por ejemplo, al echar un vistazo al siguiente registro de actividades parcialmente completado, ¿a qué conclusiones apropiadas podría llegar la clienta? ¿Cómo podrías ayudarla a obtenerlas?

	Domingo	Lunes	Martes	Miércoles
11-12 m.	Me levanté / Tomé café Ánimo = 2	Me levanté / Comí un desayuno saludable Ánimo = 3	Me levanté / Comí comida basura Ánimo = 1	Me levanté / Comí un desayuno saludable Ánimo = 3
12-1 p. m.	Estuve sentada en la cocina Ánimo = 1	Estuve sentada sin hacer nada Ánimo = 2	Llené el comedero de los pájaros Ánimo = 3	Me duché y me vestí Ánimo = 3
1-2 p. m.	Leí Ánimo = 2	Leí Ánimo = 2	Estuve sentada fuera leyendo Ánimo = 3	Fui a la tienda de comestibles Ánimo = 3
2-3 p. m.	Leí Ánimo = 2	Intenté dormir un poco Ánimo = 1	Comí una comida saludable Ánimo = 3	Intenté dormir un poco Ánimo = 2

	Domingo	Lunes	Martes	Miércoles
3-4 p. m.	Comí una comida no saludable Ánimo = 1	Estuve echada en la cama Ánimo = 1	Intenté dormir un poco Ánimo = 1	Estuve echada en la cama Ánimo = 2
4-5 p. m	Mi hija llamó y hablamos Ánimo = 4	Comí comida basura Ánimo = 1	Estuve echada en la cama Ánimo = 1	Comí una cena saludable Ánimo = 3
5-6 p. m.	Intenté dormir un poco Ánimo = 2	Hice punto Ánimo = 3	Vi la tele Ánimo = 1	Me uní al grupo de paseo Ánimo = 4
6-7 p. m.	Estuve echada en la cama Ánimo = 1	Limpié el arenero del gato Ánimo = 3	Volví a la cama Ánimo = 1	Fui a la clase de gimnasia Ánimo = 5

Este registro de actividades da pie a comentar algunas cuestiones con la clienta. Estas son algunas cosas que podrías decirle:

- «Parece que hay actividades asociadas a tu estado de ánimo bajo e incluso muy bajo. Por ejemplo, cuando intentas echar una cabezada o cuando estás tendida en la cama estás aislada y sola, lo que te hace sentir peor, al igual que comer alimentos no saludables o ver la televisión».
- «Por otro lado, tener una conversación con tu hija, caminar y, sobre todo, acudir a una clase de gimnasia fuera de casa con otras personas elevó sustancialmente tu estado de ánimo».
- «¿Qué nos dice esto sobre los objetivos hacia los que podríamos apuntar? ¿Qué comportamientos no están ayudando, claramente? Trabajarás para realizar en mayor medida el tipo de actividades que te levantan el ánimo».

Una vez que la dificultad se hace evidente —ya sea la inactividad conductual, un horario desequilibrado, la falta de interacción social o estar demasiado tiempo en la cama—, el registro de actividades se convierte en una herramienta que ayuda al cliente a ponerse en marcha para abordar el problema subyacente. En particular, sirve como punto de partida para planificar intencionadamente actividades que pueda comenzar a incorporar gradualmente en su horario. Definir un horario es un componente crucial del tratamiento, porque muchos clientes con depresión se han retirado de la vida, lo cual ha tenido varias consecuencias: han perdido el trabajo, han desconectado de los demás y están asumiendo menos responsabilidades (por ejemplo, no están ayudando con el cuidado de los niños, la preparación de las comidas o las compras). Este aislamiento promueve la inactividad y contribuye a que se perpetúe la visión negativa que estas personas tienen de sí mismas, del mundo y del futuro. Cuando los clientes no tienen la obligación de salir de la cama o de casa, la depresión sigue imponiéndose.

Ayudarlos a ver lo que tiene de bueno establecer un horario puede facilitar que se impliquen en ello. El primer paso es identificar razones por las cuales tiene sentido seguir un horario. Se presentan a continuación algunas razones potenciales por las que seguir un horario, pero haz una lluvia de ideas con tus clientes para ver si pueden identificar otras que perciban como beneficiosas:

1. Un horario indica un compromiso con el bienestar, y seguirlo es un logro en sí mismo.
2. Un horario es una forma de vencer la desesperanza y la depresión.
3. Estar activo resulta en un día mejor.
4. Estar activo puede hacer que los clientes se interesen en hacer más.
5. Un horario evita que los clientes empeoren, lo cual es positivo.

Una vez que has ayudado a los clientes a entender lo útil que es definir un horario, el segundo paso es acompañarlos en la comprensión de los conceptos clave que subyacen a los principios de la activación conductual. Al ayudarlos a comprender estos conceptos clave, aumentas al máximo la probabilidad de que tengan éxito.

Los conceptos clave de la activación conductual

Concepto clave n.º 1: la acción precede a la motivación

El concepto más importante de la activación conductual es que la acción precede a la motivación. Los clientes con depresión suponen falsamente que no pueden iniciar la actividad hasta que se sientan mejor, tengan más energía o desarrollen la motivación o el deseo de ponerse en marcha. Sin embargo, la verdad es que tener el ánimo bajo, poca energía, escasa motivación o pocas ganas no justifica que no se emprenda la acción. La falta de motivación y energía es habitual en la depresión, pero no supone un verdadero obstáculo para la acción.

Si un cliente está sentado frente a ti, ya tienes datos que respaldan este argumento. Es poco probable que ese cliente tuviera ganas de venir a la cita, dispusiera de energía esa mañana o sintiera aliviada la depresión de repente. Sin embargo, ahí está, como una prueba viviente de que es falsa la creencia de que la energía, la motivación y un estado de ánimo positivo son necesarios para emprender la acción. De hecho, optar por la acción frente a la depresión es lo que conduce a tener energía, motivación y un estado de ánimo positivo. Llevar a los clientes a recordar esta idea ayuda a combatir la inercia de la depresión. Se incluye a continuación una tarjeta de afrontamiento que pueden consultar los clientes siempre que necesiten este recordatorio.

Tarjeta de afrontamiento

PENSAMIENTOS ORIENTADOS A LA ACCIÓN

- La acción precede a la motivación. No tengo que tener ganas de hacerlo; solo tengo que hacerlo.
- Acepto que la depresión me está quitando la motivación, por lo que me costará más hacer las cosas.
- El simple recordatorio de actuar me será útil.
- Puedo hacer cosas aunque no tenga ganas.
- Puedo hacer cosas aunque no quiera.
- Si me digo a mí mismo «solo hazlo», es probable que me sienta mejor.
- Puedo obligarme a actuar para hacer frente a esta depresión.
- Puedo recordarme a mí mismo que no querré o no me apetecerá hacer algo, pero que esto no tiene que impedirme hacerlo.
- La acción precede a la motivación.

Concepto clave n.° 2: el éxito radica en el esfuerzo, no en el resultado

Es habitual que las personas juzguen el éxito según el resultado de sus acciones. Sin embargo, el resultado a menudo escapa a nuestro control; está influido por variables externas y no siempre refleja el esfuerzo realizado. Un ejemplo lo podría proporcionar el caso hipotético de una clienta que se ha estado aislando de los demás y decide tomar la iniciativa y llamar a varias amigas para almorzar, pero se encuentra con que todas están ocupadas. ¿Es esto un éxito o un fracaso? Es un éxito, ya que el objetivo era conectar, y no se ve mitigado por la indisponibilidad de los demás. Pongamos otra situación hipotética como ejemplo, el caso de un cliente que se sube a la cinta de correr por primera vez en meses y cree que ha fracasado porque solo ha aguantado unos minutos. Este también es un ejemplo de éxito, sea cual sea la cantidad de tiempo que ha aguantado. El objetivo era subirse a la cinta de correr y, dada la cantidad de esfuerzo que tuvo que hacer el cliente y lo difícil que le resultó, estamos hablando de un logro. El éxito reside en *la acción*, no en el resultado. Por lo tanto, independientemente de lo que suceda, lo que cuenta es el intento, el esfuerzo. Reconocer esto es un componente esencial en la recuperación de la confianza de los clientes con depresión.

La depresión quita energía, nubla el pensamiento y hace que todo cueste más. Por lo tanto, el esfuerzo necesario para hacer las cosas es mayor. Los clientes deprimidos deben realizar un esfuerzo sustancial para acometer pequeñas tareas. Por ejemplo, levantarse de la cama, ponerse ropa limpia, lavar los platos y devolver una llamada a un amigo son tareas pequeñas que requieren un esfuerzo mucho mayor del habitual. Sin embargo, los clientes con depresión a menudo niegan que sea un éxito realizar este tipo de tareas, sobre todo si continúan sintiéndose deprimidos a pesar de los esfuerzos realizados. Pero el éxito no hay que juzgarlo en función del resultado, sino que reside en la acción. En lugar de juzgar el éxito por el resultado, hay que reconocer que se encuentra en el hacer. El éxito significa que los clientes se esforzaron e hicieron lo que se habían propuesto. Cualquier cantidad de acción es mejor que no hacer nada y merece ser reconocida como un éxito. Además, el hecho de actuar suele dar lugar a pequeños cambios en el estado de ánimo, lo cual aporta a los clientes pruebas de que están mejorando. Entrégales la siguiente tarjeta de afrontamiento a modo de apoyo para que reconozcan que sus éxitos son un reflejo de sus esfuerzos.

Tarjeta de afrontamiento
RECONOCIMIENTO DEL ÉXITO

- El éxito reside en la acción.
- Cada paso es un logro.
- El esfuerzo merece una recompensa.
- El resultado escapa a mi control, pero el esfuerzo depende de mí.
- El éxito es actuar, no el resultado obtenido.

Concepto clave n.° 3: establecer un objetivo y una justificación

Cuando trabajas con clientes deprimidos para incitarlos a la acción, su objetivo puede ser vago (por ejemplo, hacer cosas que les ayuden a combatir la depresión) o muy específico (por ejemplo, aceptar una invitación para estar con amigos esa semana). Es menos importante el grado de concreción del objetivo que el hecho de que crean que les hará bien alcanzarlo. Cuando los clientes creen que lograr un objetivo los beneficia, piensan que tiene sentido trabajar en pos de su consecución, lo cual hace que lo acepten mejor.

Aceptar que un objetivo «tiene sentido» es diferente de decirse a uno mismo que «debe» o «debería» perseguirlo. Si los clientes ven su objetivo como un requisito o una exigencia, probablemente se sentirán frustrados y enojados, lo que les impedirá empezar a acometerlo. En cambio, establecer una buena justificación para el objetivo aumentará la probabilidad de que lo persigan. Puedes usar la siguiente tarjeta de afrontamiento para fomentar la aceptación por parte de tus clientes y ayudarlos a recordar que les conviene abordar su objetivo.

Tarjeta de afrontamiento

ACEPTACIÓN

- No tengo que hacer esto, pero tiene sentido que aborde este objetivo.
- No es que deba hacer esto, sino que tiene sentido que lo haga.
- Puedo elegir hacer esto incluso si no quiero.

Otra forma de ayudar a los clientes a darse cuenta de que tiene sentido trabajar en un objetivo en particular es pedirles que elaboren una lista de razones o ventajas por las que les conviene hacerlo. Esta actividad les hará reflexionar sobre las formas en que su vida será diferente, o podría serlo, si el objetivo llegara a fructificar. La hoja de trabajo «Establece un objetivo y justifícalo», incluida en la página siguiente, es útil para este propósito.

ESTABLECE UN OBJETIVO Y JUSTIFÍCALO

• • • • • •

Identifica un objetivo específico que pueda ayudarte a superar tu depresión. Piensa en formas positivas en las que sería diferente tu vida si trabajaras en esta meta, ya que eso te alentará a perseguirla.

¿Cuál es tu objetivo? _____

_____

Enumera al menos cinco razones por las que tiene sentido que trabajes en pos de este objetivo. ¿Qué beneficios reales y potenciales presenta el hecho de alcanzarlo?

1. _____

2. _____

3. _____

4. _____

5. _____

Concepto clave n.° 4: definir un plan e incluirlo en el horario

El registro de actividades te permite contar con una referencia del grado de actividad de tu cliente y también te permite saber qué actividades mejoran o empeoran su estado de ánimo. Con esta información, puedes establecer un plan. Se trata de planificar intencionadamente actividades que los clientes puedan incorporar gradualmente en su horario.

La parte más importante del plan es la programación, porque si el plan no está bien definido o incluido en un horario, hay pocas probabilidades de que prospere. Por ejemplo, imagina que un amigo te propone que cenéis juntos «en algún momento». Cenar «en algún momento» suele significar que la cena no va a tener lugar. En cambio, si tu amigo te propone cenar con él el próximo viernes o te indica algunas fechas que le van bien para que veas si alguna te va bien a ti también, hay más probabilidades de que la cena acabe por producirse. De manera similar, programar las actividades relativas al objetivo definido en un horario hace que haya más probabilidades de que se lleven a cabo.

Un plan debe incluir detalles específicos. Debe contener información sobre el qué, dónde, cuándo, en qué medida y durante cuánto tiempo. Por ejemplo, los clientes que no están haciendo vida social pueden planificar momentos para ver a amigos, o los que pasan demasiado tiempo en la cama pueden planificar actividades energizantes a lo largo del día. Si se quiere que la probabilidad de que algo suceda sea máxima, hay que programar esa actividad.

Ahora bien, el solo hecho de que un cliente planifique una actividad no garantiza que no sea cancelada o se vea frustrada por varias razones válidas (o no válidas). La clave es seguir reprogramando la actividad todas las veces que haga falta hasta que se cumpla el objetivo. La tarea de programar en sí ya es un logro, pues indica que la persona está trabajando en ello y se está esforzando por mejorar.

A medida que los clientes incorporen actividades planificadas en el cuadro de registro de actividades, asegúrate de que anoten si las llevan a cabo, junto con su estado de ánimo. Pueden seguir apuntando todo lo demás que hacen en el mismo cuadro. Ten en cuenta que las tareas pequeñas son logros y, por lo tanto, requieren reconocimiento. Además, a menudo es útil que comiencen a anotar calificaciones distintas de las correspondientes al estado de ánimo en el cuadro, como el placer que sintieron y la sensación de logro que experimentaron, utilizando una escala de calificación similar de diez puntos. Recuerda que una dosis diaria de logro y placer (y de interacción social) es necesaria para combatir la depresión y mantener la salud mental.

Sin embargo, experimentar placer es especialmente difícil para los clientes con depresión, especialmente los que sufren de anhedonia.* Estos clientes han dejado de participar en actividades placenteras, lo que significa que los ingredientes para el placer están ausentes. Además, no es raro que experimenten varios tipos de limitaciones (por ejemplo, unos recursos económicos escasos, falta de transporte, nadie que cuide de los niños, lesiones, problemas de salud...) que dificultan que puedan participar en actividades placenteras. Encontrar actividades agradables alternativas, simples, accesibles y económicas es una forma útil de comenzar. Aquí hay algunas posibilidades:

- Sumergirse en una bañera o ducharse
- Escuchar música
- Tumbarse al sol
- Caminar por el bosque, la playa o el vecindario
- Salir en bicicleta
- Entablar una conversación
- Acariciar a la mascota
- Hacer estiramientos
- Conectar con alguien por teléfono o por medio de un mensaje de texto, el correo electrónico o las redes sociales

---

* N. del T.: *Anhedonia* es la «incapacidad para sentir placer», según la definición ofrecida por el *Diccionario de la lengua española* de la RAE.

- Ver una película
- Leer

Concepto clave n.° 5: monólogo interno - Cambiar los pensamientos de rendición por pensamientos motivadores

Los pensamientos de rendición son aquellos que aparecen en nuestra mente que nos llevan a abandonar una acción o a evitarla, puesto que creemos ciegamente lo que nos dicen. Son obstáculos que se interponen en la intención de ejecutar nuestro plan y lograr nuestras metas. Aquí tienes algunas muestras de pensamientos de rendición:

- «Lo haré más tarde».
- «Esto no va a servir para nada».
- «No puedo hacerlo».
- «Estoy demasiado cansado».
- «Mejor echo una cabezada».
- «Lo haré mañana».
- «No tengo ganas».
- «Cuesta demasiado esfuerzo».
- «Nunca me pondré mejor».

Contrariamente a los pensamientos de rendición, los pensamientos motivadores son racionales, imparciales y dirigidos a la consecución del objetivo. Impulsan a los clientes a actuar y perseguir sus metas. Se presentan a continuación algunos ejemplos de cómo se puede acudir a pensamientos motivadores para que sustituyan a los pensamientos de rendición:

«Lo haré más tarde». ➤ «Si lo pospongo, lo más probable será que no lo haga nunca. Hacerlo más tarde significa no hacerlo en ningún momento».

«No tengo ganas». ➤ «Es verdad que no me apetece, pero esto no tiene que ser un obstáculo. Puedo hacer cosas que no quiero hacer o que no tengo ganas de hacer haciéndolas, sin más».

«Esto no va a servir para nada». ➤ «No sabré si va a servir para algo o no hasta que lo haga. No hacer nada no está funcionando, por lo que puedo probar con otra estrategia».

«No puedo hacerlo». ➤ «Decirme a mí mismo que no puedo hacerlo me impide intentarlo. He hecho muchas cosas que pensaba que no podría hacer. Comenzaré a actuar y a seguir el plan para ver si puedo».

Los clientes deprimidos tienen que lidiar con pensamientos de rendición porque tienen una visión negativa del futuro, lo que genera en ellos sentimientos de desesperanza y supone un obstáculo importante para la movilización. Por lo tanto, deben vencer la desesperanza. Curiosamente, la mejor manera de vencer la desesperanza es utilizar datos conductuales derivados de la movilización, ya que a los clientes les cuesta ver los sesgos a los que está sujeto su pensamiento si no cuentan con el respaldo de los hechos conductuales. Los clientes con depresión trabajan en contra de sí mismos; evitan la acción y se aferran a pensamientos poco realistas. Ayudarlos a ponerse en movimiento hace que obtengan los datos que necesitan para abordar los sesgos negativos de la depresión que les impiden actuar. Pueden aprender a superar este obstáculo al reemplazar sus pensamientos de rendición por pensamientos motivadores más realistas y útiles.

Puedes utilizar la siguiente hoja de trabajo con tus clientes para ayudarlos a identificar sus pensamientos de rendición y a convertirlos en pensamientos motivadores que los impulsen a actuar. Asegúrate de prestar especial atención a cualquier pensamiento de rendición que hayan identificado que esté relacionado con la desesperanza y el miedo. La desesperanza los lleva a creer que toda acción es inútil (por ejemplo, «¿por qué molestarse?; nada servirá»), y el miedo perpetúa la evitación y sabotea la acción (por ejemplo, «algo malo sucederá si lo intento»).

Una vez que los clientes hayan identificado sus pensamientos de rendición, ayúdalos a formular pensamientos motivadores que puedan sustituirlos. Ten en cuenta dos cosas a la hora de ayudarlos a concebir este tipo de pensamientos. En primer lugar, los principios «el éxito está en la acción, no en el resultado» y «la acción precede a la motivación» deben guiar la elaboración de estos pensamientos. Es importante que estas formulaciones alternativas estén dirigidas por la comprensión de que hacer cualquier cosa es mejor que no hacer nada, que cualquier grado de acción es una ganancia y que cada pequeño paso es un logro. Además, estas alternativas deben estar impulsadas por la comprensión de que los clientes no tienen que sentirse de una cierta manera para emprender la acción. La acción solo requiere hacer, y las personas pueden hacer cosas incluso si están cansadas y deprimidas.

En segundo lugar, es útil que hables con los clientes de los beneficios que presenta el hecho de tener pensamientos motivadores. Trabaja con ellos para elaborar una lista de todas las razones que respaldan la acción con el fin de fortalecer la mentalidad motivadora.

Ayúdalos a abandonar los pensamientos de rendición (como «esto puede esperar, lo haré después») y a adoptar pensamientos motivadores que los induzcan a ponerse en marcha (por ejemplo, «recuerda todas las razones por las que tiene sentido hacer esto; no es algo que pueda esperar: si lo hago después, entonces todo lo que quiero lograr podría no suceder»).

Una vez que los clientes comprendan el ejercicio, pídeles que cada vez que experimenten un nuevo pensamiento de rendición escriban ese pensamiento y traten de reemplazarlo por un pensamiento motivador.

SUSTITUYE LOS PENSAMIENTOS DE RENDICIÓN POR PENSAMIENTOS MOTIVADORES

● ● ● ● ● ●

Los pensamientos de rendición son creencias que pasan por tu mente y hacen que quieras rendirte o evitar emprender la acción. Son pensamientos que aparecen cuando piensas en realizar una tarea. Los pensamientos de rendición son ineficaces porque te mantienen estancado. Anota a continuación algunos de los que tienes a menudo:

1. _____
2. _____
3. _____
4. _____
5. _____

Los pensamientos de rendición contrastan con los pensamientos motivadores, que son más racionales y realistas. Te impulsan a actuar y te ayudan a alcanzar tus metas. Para ayudarte a ti mismo a salir de la parálisis y avanzar hacia el cumplimiento de tus metas, intenta reemplazar los pensamientos de rendición que acabas de identificar por pensamientos motivadores.

Pensamientos de rendición   **Pensamientos motivadores**

1. _____ → 1. _____
2. _____ → 2. _____
3. _____ → 3. _____
4. _____ → 4. _____
5. _____ → 5. _____

Concepto clave n.º 6: mostrarse reconocimiento

Mostrarse reconocimiento por los propios logros es una de las estrategias que se pueden aplicar para superar la depresión. Ocurre sin embargo que los clientes deprimidos tienden a quitar valor a todos sus esfuerzos, o casi, debido a la mirada negativa que arrojan sobre sí mismos y el mundo. En particular, reducen la importancia de sus logros comparando su situación actual con un grado de desempeño superior que tuvieron en otros tiempos, y comparándose con el mundo «no deprimido».

Para ayudar a los clientes con depresión a apreciar sus logros, pídeles que comparen su desempeño actual con el que tenían cuando estaban en su peor momento. Recuérdales que deben atribuirse el mérito por cada paso que den hacia una meta, en lugar de esperar a hacerlo hasta el momento de llegar a la meta. Finalmente, la expresión de reconocimiento implica pedirles que se den una palmada en la espalda y reconozcan el significado positivo que reflejan sus acciones. Por ejemplo, pongamos el caso de una mujer que no ha salido de su casa en semanas y va a la tienda de comestibles a comprar algunos artículos esenciales. Podría pensar: «Esto no es nada del otro mundo; mucha gente está comprando muchas más cosas que yo. ¿Y qué si he podido comprar algo?». Sin embargo, si se recuerda a sí misma que ir a la tienda ha sido un logro muy relevante, ya que ha necesitado mucho valor y ha tenido que realizar un gran esfuerzo, entonces puede atribuirse el mérito por haber hecho algo que pensaba que no podía hacer. Ha sido capaz de demostrarse a sí misma que *puede* hacer cosas difíciles aunque se sienta muy mal al hacerlas. Al modificar su pensamiento y contemplar sus acciones desde esta perspectiva diferente, puede tomar conciencia de que ir al supermercado ha sido un logro enorme que merece mucho reconocimiento.

Por lo tanto, cuando los clientes consiguen hacer algo que anteriormente no podían o no querían hacer, deben atribuirse el mérito de este logro y valorar los esfuerzos que han realizado. Saber lo difícil que fue actuar y alcanzar un objetivo merece más reconocimiento que menos. En la página siguiente hay una hoja de trabajo que puedes utilizar en la sesión y también mandar como tarea para que los clientes presten atención a sus logros y reconozcan sus esfuerzos. Si completan esta hoja de trabajo a diario, pueden consolidar su aprendizaje e ir mejorando su estado de ánimo a medida que se van mostrando reconocimiento por sus acciones.

LISTA DE MÉRITOS

• • • • • •

Acuérdate de mostrarte reconocimiento por tus logros, independiente-mente de lo grandes o pequeños que sean. Los logros no siempre implican actos grandes o grandiosos. Pueden ser tan pequeños como conseguir le-vantarte de la cama y empezar el día, o devolverle la llamada a un amigo con el que llevas mucho tiempo sin hablar. El esfuerzo que has tenido que realizar para hacer alguna de estas cosas merece que te atribuyas el mé-rito. Todos los días, procura identificar al menos una actividad que hayas conseguido realizar y anota también la cantidad de esfuerzo requerida o los retos que has tenido que superar para conseguir realizarla. Finalmente, anota lo que dice de ti este logro como persona.

Actividad realizada	Cantidad de esfuerzo o dificultades superadas	¿Qué dice este logro de ti o de tus ideas?
1.		
2.		
3.		
4.		
5.		
6		
7.		

Concepto clave n.° 7: la recompensa

Cuando alcanzamos una meta, recompensarnos a nosotros mismos puede ser un factor motivador que impulse una determinada conducta y facilite la acción. Sin embargo, las recompensas son complejas, en el sentido de que pueden tanto promover una conducta útil continua como dar lugar a un comportamiento que solo se produzca una vez. Las *recompensas externas*, que son incentivos tangibles o físicos, tienden a tener este segundo efecto; por lo general son menos efectivas para potenciar un cambio de conducta significativo. Por ejemplo, prometernos tiempo frente a la pantalla, una actividad de autocuidado placentera, un postre apetitoso o una nueva prenda de vestir son modalidades de refuerzo externo que, si bien las valoramos, podrían no perpetuar un tipo de acción. Además, los refuerzos externos no incrementan la autoestima, porque nos centramos en obtener la recompensa externa y no en valorar intrínsecamente nuestro logro. Las recompensas externas tienen un efecto temporal.

En cambio, las *recompensas intrínsecas* son una herramienta más efectiva para impulsar un cambio de conducta, porque promueven la autoconfianza y la sensación de logro personal. Las recompensas intrínsecas incluyen la sensación de satisfacción o éxito que tenemos al completar una tarea difícil, es decir, la sensación que experimentamos en nuestro interior cuando reconocemos nuestros esfuerzos y apreciamos por qué tenía sentido trabajar para cumplir el objetivo. Las recompensas intrínsecas promueven la autoconfianza y combaten la depresión porque validan nuestros esfuerzos y hacen que tengamos la sensación de que el trabajo duro y difícil que hemos realizado ha valido la pena, pues ha significado una conquista.

Sin embargo, a veces a los clientes puede costarles reconocer la recompensa intrínseca que conlleva el hecho de emprender la acción y esforzarse frente a la depresión. Se ofrece a continuación una tarjeta de afrontamiento que puedes dar a tus clientes para que recuerden las recompensas intrínsecas que obtienen de seguir asistiendo a terapia y de realizar el arduo trabajo que los hace avanzar hacia la recuperación.

Tarjeta de afrontamiento

RECOMPÉNSATE

- La recompensa es la buena sensación en el interior.
- La recompensa es la sensación de logro que experimento.
- La recompensa es la mejoría de mi estado de ánimo.
- La recompensa es el pequeño placer que siento.
- La recompensa es el aumento de mi autoconfianza.

Conceptos clave: juntando todo

Utiliza la hoja de trabajo de la página siguiente, titulada «Ponte en marcha: el plan maestro», para ayudar a tus clientes a sintetizar todos los conceptos clave asociados a la activación conductual e impulsarlos a la acción. La hoja de trabajo les indica que piensen en todos los pasos necesarios para emprender la acción y combatir su depresión. Estos pasos son identificar un objetivo, enumerar las consecuencias positivas que presenta el hecho de alcanzar ese objetivo, definir un plan, reflejar el plan en un horario, reemplazar los pensamientos de rendición por pensamientos motivadores, mostrarse reconocimiento por los propios logros y recordarse a sí mismos las recompensas.

PONTE EN MARCHA:

EL PLAN MAESTRO

• • • • • •

1. Identifica tu objetivo:_____

_____

2. Indica al menos cinco posibles consecuencias positivas que tendría el hecho de alcanzar el objetivo indicado:

1. _____

2. _____

3. _____

4. _____

5. _____

3. ¿Qué plan has concebido para alcanzar el objetivo? Anota todos los detalles:

_____

_____

_____

4. Incluye el plan en tu horario.

5. Identifica pensamientos de rendición y sustitúyelos con pensamientos motivadores.

Pensamientos de rendición

Pensamientos motivadores

1._____

_____

2._____

_____

3._____

_____

1._____

_____

2._____

_____

3._____

_____

6. Muéstrate reconocimiento narrando el esfuerzo que has tenido que hacer para implementar el plan:

_____

_____

7. Recuérdate las recompensas: te sientes mejor, experimentas placer, te sientes más seguro de ti mismo.

En caso de trastorno bipolar

Es fundamental que los clientes con trastorno bipolar mantengan unos patrones de sueño, alimentación y actividad regulares para conservar el bienestar. Su frágil sistema biológico se altera con facilidad, lo cual hace que para estas personas sean más peligrosas las dinámicas inconsistentes o extremas. Tomar un vuelo nocturno o quedarse despierto hasta tarde hace que el día siguiente sea duro para cualquiera, pero este tipo de circunstancias pueden provocar una alteración significativa del estado de ánimo en las personas que sufren el trastorno bipolar. Además, sucesos que desestabilizarían a cualquiera, como perder un tren o un vuelo, tener que permanecer en un lugar porque alguien ha olvidado venir a recogernos o recibir una factura que no esperábamos, solo afectan temporalmente al individuo promedio; el nerviosismo suscitado por este tipo de situaciones disminuye una vez que se ha resuelto el problema. Sin embargo, los clientes con trastorno bipolar pueden experimentar una excitación emocional que se prolongue a lo largo de varios días a partir de situaciones como estas.

Cuando estos clientes están en la fase depresiva del trastorno, hay que hacer que se pongan en marcha a través de la activación conductual, que conviene abordar como hacemos en el contexto de la depresión unipolar. Sin embargo, en la fase maníaca o hipomaníaca, los objetivos en cuanto a la programación de actividades son diferentes. Cuando los clientes experimentan manía, tienen una visión inflada de sí mismos, del futuro y de sus experiencias, lo cual les empuja a estar demasiado activos, a ser mucho más independientes, a ser imprudentes y a asumir riesgos (Newman, Leahy, Beck, Reilly-Harrington y Gyulai, 2001). Por lo tanto, en lugar de añadir actividades al horario, es importante acortarlas.

Por ejemplo, en lugar de aprobar que duerman menos, se les anima a quedarse en la cama más tiempo. En lugar de alentarlos si quieren trabajar más de la cuenta, se les sugiere que pongan límites y respeten un horario de finalización establecido. Hay que planificar los horarios de las comidas, y se insta a los clientes a comer incluso si no tienen hambre. En el horario se incluye la pauta de medicación para fomentar que se ciñan a ella y para que la tomen aproximadamente a la misma hora todos los días. Hay que programar momentos de tranquilidad que promuevan la relajación durante el día. Se los disuade de que mantengan conversaciones telefónicas por la noche o de que aborden proyectos nocturnos y se les indica que deben evitar las situaciones de alto riesgo. El horario de actividades proporciona datos correctivos que les permiten saber cuándo están forzando los límites de forma peligrosa o haciendo demasiado. Les proporciona un plan diseñado para apoyar su bienestar al que deben atenerse.

LA REESTRUCTURACIÓN COGNITIVA

Lograr que los clientes estén más activos a través de la activación conductual suele proporcionar la energía y los datos necesarios para llevar a cabo un trabajo cognitivo más avanzado. Establecer la base para este trabajo más avanzado es crucial, porque la reestructuración cognitiva es la piedra angular de la terapia cognitivo-conductual (TCC) para la depresión. Abordar los pensamientos, las suposiciones y las creencias sujetos a un sesgo negativo de los clientes es fundamental para reducir los síntomas depresivos y evitar las recaídas.

Ten en cuenta que durante la activación conductual la reestructuración cognitiva ya se estaba produciendo cuando se pedía a los clientes que cambiaran los pensamientos de rendición por pensamientos motivadores. Si bien los que presentan un deterioro funcional y síntomas más graves a menudo tienen que hacer un trabajo conductual durante un período prolongado antes de poder empezar con el trabajo cognitivo, otros pueden realizar ambos tipos de trabajo a la vez. Los significativamente desesperanzados requieren una intervención cognitiva inmediata para estar menos en riesgo, incluso de suicidio.

Aunque en este apartado nos centramos en la reestructuración cognitiva para la depresión unipolar, abordar los pensamientos, las suposiciones y las creencias sesgados también es clave para reducir los síntomas maníacos y evitar las recaídas en el trastorno bipolar. Mientras que el problema en la depresión es el pensamiento que presenta un sesgo negativo, en la manía el problema es un pensamiento demasiado positivo. Más concretamente, cuando los clientes con trastorno bipolar están en la fase maníaca del trastorno, tienen una visión exageradamente positiva de sí mismos, del futuro y de sus experiencias. En especial, tienden a sobrestimar sus capacidades, a depender excesivamente de la suerte, a subestimar el riesgo, a quitar importancia a sus problemas y a sobrevalorar la gratificación inmediata. Por lo tanto, cuando se muestran maníacos el tratamiento debe centrarse en abordar y reemplazar estos patrones de pensamiento peligrosos mediante una cuidadosa planificación, una evaluación de los pros y los contras y un examen de las experiencias pasadas (Newman *et al.*, 2001).

Sacar a la luz los pensamientos automáticos

Cuando entendemos cómo piensan los clientes, disponemos de un mapa de su mundo interior. Pero obtener los pensamientos, las suposiciones y las creencias de los clientes requiere seguir un proceso que consta de varios pasos. Hay que identificar los pensamientos automáticos asociados a determinadas situaciones y luego vincular estos pensamientos con sus reglas, suposiciones rectoras y creencias negativas autoimpuestas. Los pensamientos automáticos asociados a determinadas situaciones tienen que ver con cómo perciben o interpretan un suceso dado los clientes. Pensamientos de este tipo podrían ser «mi novio llega tarde porque me está evitando», «mi nota es tan mala que el profesor evitó decirme mi puntuación» o «no me devolvió la llamada porque está enojada». En el caso de los clientes deprimidos, normalmente es fácil acceder a estos pensamientos, pero no siempre. Si hacemos que estos pensamientos salgan a la luz podremos comprender el malestar del cliente. Aquí hay algunas estrategias que podrías usar para descubrirlos en el contexto de una sesión:

1. Cuando percibas que el estado de ánimo del cliente cambia en un momento dado en el curso de la sesión, pregúntale qué está pensando o qué pensamientos están conectados a lo que está sintiendo. Por ejemplo, si observas que está soltando algunas lágrimas podrías preguntarle «¿qué estás pensando?» o «¿qué pensamiento está conectado con estas lágrimas?».

2. Pídele que piense en una situación o un momento reciente en el que haya experimentado angustia y pregúntale qué estaba pensando en ese momento.

3. Podrías indicarle que utilice la imaginación para revivir una situación o un momento específico en detalle, como si se estuviera produciendo en ese momento, y preguntarle qué está pensando.

4. Prueba a realizar una simulación de una situación previamente angustiante o potencialmente molesta y pregúntale qué está pensando a lo largo de la simulación.

5. Podrías probar con la paradoja y ofrecer lo contrario de lo que está pensando con toda probabilidad. Por ejemplo, si sabes que un cliente no está contento con su desempeño en una tarea reciente en el trabajo, podrías preguntarle si está pensando en lo increíble que fue su trabajo. Cuando no responda afirmativamente, podrías decir a continuación: «No estabas pensando que lo hiciste muy bien, de acuerdo. Entonces, ¿qué estabas pensando?».

6. Podrías intentar un enfoque más drástico con los clientes que siempre responden con afirmaciones del tipo «no estoy pensando en nada» o «no lo sé». Concretamente, podrías decirles que se tomen un tiempo para pensar en ello y luego salir de la habitación. Después de estar en el pasillo durante un minuto, regresa y pregúntales de nuevo qué estaban pensando.

7. Aunque no es lo ideal, podrías proporcionar ejemplos de lo que imaginas que podría estar pensando el cliente para «encender la mecha».

Incluso usando estas técnicas de obtención es probable que los clientes quieran contar una historia sobre la situación que vivieron en lugar de hablar de los pensamientos o sentimientos que asocian con esa historia. Puedes aprovechar esta circunstancia de esta manera: conduce la historia y haz que salga a flote la información que necesitas para entender a tus clientes y sus problemas. Por ejemplo, imagina que una clienta empieza a contarte lo que sucedió cuando su marido regresó de un viaje de negocios. Mientras va relatando todos los detalles de lo que dijo e hizo él, considera las siguientes opciones sobre cómo podrías responder:

Opción 1: Escuchas pacientemente, dejando que la clienta se pase la primera mitad de la sesión contándote todos los detalles de la historia.

Opción 2: Vas interrumpiendo su historia con preguntas de sondeo. Por ejemplo: «Cuando te preguntó por qué no fuiste a la tienda, ¿qué sentiste? ¿Qué pensaste? Y cuando te preguntó por qué no fuiste a la función escolar, ¿qué pensaste? ¿Qué sentiste? ¿Y qué hiciste?».

El objetivo del tratamiento es reducir la angustia y mejorar la funcionalidad, y, como puedes ver, la primera opción resulta en una conversación no dirigida hacia esta meta, lo cual puede retrasar el proceso. En cambio, obtener los pensamientos y comportamientos asociados a la angustia de la clienta permite realizar un trabajo inmediato dirigido hacia el objetivo. Por lo tanto, la próxima vez que tus clientes comiencen a contarte la historia que hay detrás de una situación angustiante, prueba la opción dos, es decir, interrúmpelos y obtén los pensamientos y comportamientos relacionados con su angustia.

La técnica de la flecha descendente

Al sondear a los clientes para descubrir los pensamientos automáticos relacionados con situaciones, el primer pensamiento obtenido a menudo no es el más importante. El pensamiento automático inicial suele ser representativo de lo que está ocurriendo en la superficie, pero se trata de llegar a las etiquetas de inseguridad, reglas y suposiciones subyacentes que están impulsando ese pensamiento. Por lo tanto, debes obtener *todos* los pensamientos y creencias angustiantes asociados al suceso. Por ejemplo, si el pensamiento automático inicial del cliente es «hice un mal trabajo en esa llamada de ventas», tienes que indagar más para determinar qué lo está suscitando. Por ejemplo, su suposición podría ser «si lo hice mal, entonces estoy fallando en mi trabajo» y la etiqueta de inseguridad podría ser «soy un fracasado».

Para obtener este significado más profundo, puedes emplear la técnica de la flecha descendente. Consiste en hacer preguntas de indagación para llegar al meollo de los pensamientos automáticos del cliente. Aquí tienes una lista de posibles preguntas de flecha descendente:

- «¿Qué significa eso?».
- «Si eso es cierto, ¿qué hay de malo en...?».
- «¿Qué te molesta de eso?».
- «¿Qué encuentras problemático en eso?».
- «¿Qué es lo peor de...?».
- «Entonces, ¿y si...?».
- «¿Qué dice de ti esto?».
- «¿Qué significa esto para ti?».

Vamos a ilustrar la técnica de la flecha descendente con un ejemplo. Un marido regresa a casa de un viaje de negocios y se encuentra con que su esposa, Amy, lo ha estado pasando mal y no ha hecho muchas de las cosas que le dijo que haría en su ausencia. Él, a su vez, propone soluciones. En la sesión terapéutica, Amy se muestra angustiada porque piensa que su marido no cree que se esté esforzando lo suficiente. El terapeuta podría participar en el siguiente diálogo para descubrir las etiquetas de inseguridad profundas y las suposiciones subyacentes que impulsan esta creencia.

Amy: «Él piensa que no me estoy esforzando lo suficiente».

Terapeuta: «¿Qué significa para ti que él piense que no te estás esforzando lo suficiente?».

Amy: «Significa que me estoy rindiendo».

Terapeuta: «¿Qué dice de ti que te estés rindiendo?».

Amy: «Que no me importa».

Terapeuta: «¿Qué significa que no te importa?».

Amy: «Que soy perezosa».

Terapeuta: «¿Qué dice de ti que seas perezosa?».

Amy: «Que hay algo mal en mí».

Terapeuta: «¿Qué implica que haya algo mal en ti?».

Amy: «Que nunca tendré éxito».

Terapeuta: «¿Qué dice de ti el hecho de que nunca tendrás éxito?».

Amy: «Que soy una fracasada».

Además de aplicar la técnica de la flecha descendente, algo que puede hacerse para identificar las etiquetas de inseguridad es trabajar colaborativamente con los clientes para descubrir el tema principal que hay detrás de sus pensamientos automáticos. ¿Implica este tema una preocupación acerca de su capacidad, lo aceptables que son socialmente o ambas cosas? En el ejemplo anterior, algunos de los pensamientos de la esposa fueron «soy perezosa» y «nunca tendré éxito», lo que indica preocupaciones acerca de la capacidad. Determinar si las preocupaciones del cliente giran en torno al logro, las interacciones sociales o ambos terrenos puede ayudar a encaminar la conversación. Si sabemos cuál es el tema que más le preocupa, sabremos que tendremos que buscar las etiquetas de inseguridad relevantes para ese tema. Las preocupaciones sobre el logro están asociadas a creencias sobre la propia incompetencia o incapacidad, mientras que las preocupaciones sociales están asociadas a la creencia de que uno no es digno de ser aceptado o querido. Sobre todo en el caso de los clientes poco perspicaces en el terreno de la indagación psicológica o que no están en contacto con sus propias inseguridades, ayudarlos a reconocer lo que valoran y el tema probable de su inseguridad puede llevarlos a descubrir su etiqueta de inseguridad personal. Identificar la etiqueta de inseguridad personal es determinante, ya que esta etiqueta se encuentra en la raíz de la vulnerabilidad del cliente a la angustia psicológica.

Posibles problemas

Al utilizar la técnica de la flecha descendente, ten en cuenta algunos posibles problemas. En primer lugar, los profesionales a menudo tienen sus propios pensamientos automáticos sobre las cadenas de preguntas de sondeo a los clientes. En particular, creen que estos se sentirán molestos o irritados con un interrogatorio continuo. Sin embargo, sucede lo contrario, ya que el hecho de dedicar una atención indivisa a los clientes suele hacer que se sientan escuchados y comprendidos. Por lo tanto, no te preocupes por hacer preguntas de indagación. Es mejor pecar por exceso y hacer, aparentemente, demasiadas preguntas que no hacer suficientes.

En segundo lugar, existe la posibilidad de que el cliente se bloquee; algunos clientes pueden decirte que no saben qué significa lo que acaban de enunciar cuando les preguntas al respecto. En estos casos, prueba a hacerles otra pregunta de flecha descendente, distinta de «¿qué significa...?», como podría ser «¿por qué te molesta esto?» o «¿por qué es esto un problema para ti?». También puedes dejar de lado la indagación y volver a intentarlo en otro momento o puedes plantearte hacer preguntas más dirigidas, como «¿es posible que esto signifique algo sobre tu capacidad o la aceptación que crees merecer?». Por otro lado, puede ser que los clientes no quieran darte una respuesta o quieran evitar hablar sobre algo porque ese tema les suscita angustia. En estos casos, es importante reconocer ante ellos que el proceso puede ser difícil, a la vez que los ayudas a ver que procesar en medio de la angustia acabará por conducirlos a la recuperación.

Evaluar los pensamientos automáticos

El descubrimiento guiado con preguntas socráticas

Una idea fundamental en el terreno de la reestructuración cognitiva es que los pensamientos automáticos no necesariamente son falsos o sesgados; pueden reflejar la verdad o parte de la verdad. Es por eso por lo que, como terapeutas, nunca cuestionamos los pensamientos, sino que los examinamos y evaluamos tanto en lo que respecta a su validez como a su utilidad. El cambio terapéutico efectivo no deriva de decir a los clientes qué deben pensar o concluir, sino de ayudarlos a adoptar nuevas perspectivas a través del proceso del descubrimiento guiado. Con el interrogatorio socrático fomentamos que procedan como científicos: que observen los hechos, consideren puntos de vista alternativos y saquen conclusiones más acertadas, menos influidas por los sesgos negativos. El proceso del descubrimiento guiado es el lado artístico de la TCC, en el sentido de que cuanto más competentes nos volvemos en lo que respecta a examinar pensamientos, mayor creatividad podemos aplicar a este proceso. Sigue a continuación una lista de posibles preguntas que pueden hacerse en el curso del descubrimiento guiado:

- «¿Son necesariamente verdaderos estos pensamientos? ¿Qué pruebas respaldan y no respaldan esta idea?».
- «¿Cuáles son algunas otras explicaciones posibles?».
- «¿Hay una forma diferente de pensar al respecto?».
- «¿Cuáles son algunas posibilidades alternativas?».
- «¿Cómo podría pensar en esta situación otra persona? ¿Hay otra perspectiva que se pueda considerar?».

- «¿Qué podrías decirle a otra persona que se encontrase en la misma situación?».
- «¿Son útiles estos pensamientos? ¿Cuál es el efecto de creer este pensamiento?».
- «¿Qué es lo peor que podría suceder, siendo realistas? ¿Podrías sobrevivir a ello?».
- «¿Cuál es el mejor escenario posible?».
- «¿Cuál es la posibilidad más realista?».
- «Si pudieras teletransportarte al futuro —al día siguiente, al mes siguiente, al año siguiente...—, ¿qué podrías pensar sobre esta misma situación?».
- «¿Hay algo que puedas hacer al respecto?».
- «¿Cuál es una forma más razonable o útil de ver esta situación?».
- «¿Cuál es tu conclusión general?».
- «¿Tiene esta conclusión un impacto en la manera en que te ves a ti mismo?».

Esta lista contiene varias preguntas potenciales que puedes hacerles directamente a tus clientes para ayudarlos a evaluar sus pensamientos, pero puedes diseñar tus propias preguntas socráticas, adaptadas a cada individuo, con el fin de conducir a los clientes a adoptar una perspectiva más acertada y realista. Puedes pedirles que examinen las pruebas que apoyan y no apoyan un pensamiento, o que consideren una forma alternativa de ver una situación, pero esto podría no proporcionar respuestas útiles. Ten en cuenta que los clientes deprimidos ven el pasado y el presente a través de una lente de negatividad, por lo que es probable que acepten ciegamente su punto de vista distorsionado. Tu papel como terapeuta es ayudarlos a entender todo el panorama y a examinar todos los datos relevantes para que puedan evaluar en qué grado son acertados y útiles sus pensamientos.

Retomemos el ejemplo anterior de Amy, cuyo pensamiento automático con respecto a su marido era que él pensaba que ella no se estaba esforzando lo suficiente. Pedirle a Amy que examine las pruebas a favor y en contra de este pensamiento podría llevarla a confirmar esta idea incluso si no se corresponde con la realidad. Estas son algunas preguntas que podrías hacerle para ayudarla a examinar la validez del pensamiento en cuestión:

- «¿Te ha dicho que piensa que no te estás esforzando lo suficiente?».
- «¿Ve lo difícil que es para ti hacer cosas y cuánta angustia estás experimentando?».
- «¿Le dices lo difícil que es para ti?».
- «¿Alguna vez valora tu esfuerzo o te dice cosas positivas al respecto?».

De manera similar, si le preguntas a Amy si hay una razón alternativa por la cual su marido podría haberla interrogado al regresar a casa y tampoco obtienes una respuesta útil, podrían ser necesarias unas preguntas más dirigidas. Estas son algunas preguntas más específicas que podrías hacerle para ayudarla a considerar un punto de vista alternativo:

- «¿A qué se dedica tu marido?».
- «¿Pasa el tiempo trabajando en resolver problemas?».
- «¿Es esta su estrategia principal, resolver el problema?».
- «¿Por qué quiere resolver problemas?».
- «¿Crees que ve tu situación como otro problema?».
- «¿Por qué podría estar interesado en resolver tus problemas?».
- «¿Podría ser que sus preguntas sean su forma de intentar resolver el problema en lugar de que impliquen que está juzgando lo que has hecho o dejado de hacer?».

Aunque a menudo tenemos mucha información sobre el caso de un cliente (lo que puede ayudarnos a orientarlo para que vea los hechos o considere alternativas), no sabemos la respuesta a estas preguntas de antemano. Por lo tanto, lo más importante es encontrar sentido a los datos recopilados. No basta con reunir un montón de pruebas que contradigan el pensamiento del cliente; es necesario conectar estas pruebas con una nueva conclusión. En el ejemplo anterior, los datos parecen indicar que el marido de Amy comprende que ella está haciendo todo lo que puede. Por lo tanto, puedes ayudar a Amy a ver que cuando su marido la estaba bombardeando con preguntas, esa era su forma de tratar de resolver el problema, dado que resolver problemas es uno de sus puntos fuertes y, por lo tanto, es su *modus operandi*.

Los errores de pensamiento

Cuando trabajamos con los clientes para evaluar sus pensamientos automáticos negativos, es necesario identificar los errores de pensamiento (o distorsiones cognitivas) habituales que contribuyen a su malestar. El objetivo no es etiquetar el error de pensamiento para cada pensamiento automático específico, sino aprender a identificar y reemplazar un *patrón* de errores de pensamiento por perspectivas más válidas. Estos son algunos errores de pensamiento típicos en los clientes con depresión: pensamiento extremo, basarse en las emociones, autocalificación negativa y centrarse en lo negativo.

El **pensamiento extremo** implica ver todo en términos de *o todo o nada*. El mundo es o blanco o negro; no caben matices intermedios. Las cosas son o «buenas» o «malas», o «éxitos» o «fracasos». El pensamiento extremo impide a los clientes ver el panorama completo, lo que los lleva a sacar conclusiones más negativas de las que están justificadas. Por ejemplo, Jordyn sacó un notable alto en su examen de ciencias y consideró que había fracasado porque no había obtenido una calificación perfecta. Para ayudar a los clientes a superar el pensamiento extremo, hay que orientarlos para que aprendan a enfocarse en el panorama general, teniendo en cuenta todos los aspectos positivos y calibrando de forma más apropiada el peso de los aspectos negativos.

Basarse en las emociones significa sacar conclusiones de una situación a partir de las emociones en lugar de hacerlo a partir de los hechos. Cuando los clientes están sujetos a este error de pensamiento, ignoran los hechos relativos a una situación y ven sus emociones como verdades. Declaraciones como «me siento culpable, así que debo de haber metido la pata»; «todo esto me parece abrumador, así que no tiene sentido intentarlo», o «me siento incompetente, así que tengo que haber hecho un mal trabajo» muestran que la persona se está basando en las emociones. Si bien las emociones son fuentes de información válidas y útiles, pueden llevar a conclusiones sesgadas e inútiles cuando se les hace caso sin atender a los hechos. Ayudar a los clientes a superar este error de pensamiento implica enseñarles a mirar más allá de sus sentimientos y a examinar los hechos relativos a las situaciones.

La **autocalificación negativa** consiste en aplicarse términos negativos a uno mismo. Los clientes deprimidos tienden a utilizar la autocalificación negativa cuando no cumplen con sus propias expectativas, o pueden dedicarse calificativos negativos por el solo hecho de que están lidiando con la depresión. Por ejemplo, aquellos que cometen un error pueden ponerse la etiqueta de «estúpidos» o pueden verse a sí mismos como «perdedores» si no son la primera opción para el equipo deportivo de su universidad. Una intervención importante para que los clientes superen la autocalificación negativa es ayudarlos a reconocer lo perjudicial que es que se castiguen a sí mismos; deben dejar de permitir que un error o un defecto definan quiénes son.

Centrarse en lo negativo implica enfocarse exclusivamente en los aspectos negativos de una situación y descartar los aspectos positivos. Por ejemplo, Jordyn recibió un comentario crítico por parte de su profesor después de hacer una exposición en clase e interpretó que el profesor había considerado que la presentación había sido un desastre, a pesar de que le ofreció muchos comentarios positivos y elogió la presentación en general. Ayudar a los clientes con depresión a ver el panorama completo es fundamental. Identificar la información positiva, negativa y neutra puede ayudarles a prescindir del sesgo negativo y a ver su mundo más acertadamente. Si no reconocemos lo positivo que hay en nosotros mismos y en las situaciones que vivimos, es imposible que reconozcamos nuestros méritos y que nos sintamos bien.

Puedes utilizar el registro de pensamientos con tus clientes para ayudarlos a iniciar el proceso de identificar y modificar cualquier pensamiento automático que no sea útil o que no se corresponda bien con la realidad.

El registro de pensamientos

El registro de pensamientos es una herramienta con la que cuentan el terapeuta y el cliente que permite recopilar, evaluar y reestructurar los pensamientos distorsionados y poco acertados. Los componentes principales del registro de pensamientos son siempre los mismos, independientemente de la versión de la herramienta por la que se opte. El primer componente implica documentar la **situación activadora**, que es el evento o estímulo que desencadenó la angustia. Este desencadenante puede ser externo, como recibir malas noticias, o interno, como experimentar una sensación corporal, una emoción, un pensamiento o una imagen mental impactantes.

Los tres componentes siguientes implican documentar las **respuestas corporales**, los **pensamientos automáticos** y las **emociones** asociados al evento desencadenante. Es decir, ¿qué sensaciones experimentaron los clientes en su cuerpo, qué pensamientos pasaron por su mente y qué emociones sintieron como resultado de la situación activadora? Los clientes también califican la intensidad de estas emociones en una escala del 0 al 10 (en que el 0 representa la ausencia de angustia y el 10 la máxima angustia posible).

Los componentes quinto y sexto del registro de pensamientos implican identificar los **errores de pensamiento** y la **etiqueta de inseguridad** asociados a los pensamientos automáticos. Recuerda que las etiquetas de inseguridad son los calificativos negativos que los clientes se dedican cuando se activa su falta de confianza en ellos mismos. Puedes obtener esta creencia central negativa utilizando la técnica de la flecha descendente presentadas anteriormente.

El siguiente componente consiste en obtener un punto de vista alternativo de la situación mediante preguntas dirigidas que ayuden a los clientes a reunir los **hechos** y evaluarlos. Estos son los datos crudos a partir de los cuales los clientes pueden llegar a una nueva conclusión o modificar el pensamiento o la imagen original que encontraron angustiante. Finalmente, el último componente se conoce como **hora de actuar** e implica resumir la nueva conclusión objetiva (redefinir), volver a calificar las emociones sobre la situación (relajarse) y planificar una estrategia conductual efectiva (responder).

El registro de pensamientos de la página siguiente muestra lo que concluyó Amy sobre su marido. En particular, después de revisar los hechos pudo reconocer que intervenir y resolver problemas es la forma que tiene su marido de lidiar con el estrés, incluido el suyo propio. Cuando toma en consideración este punto de vista alternativo, las soluciones no solicitadas que le brindó su marido le parecen normales y se da cuenta de que la reacción que tuvo ella frente a la situación fue desproporcionada.

Hoja de trabajo de muestra

REGISTRO DE PENSAMIENTOS: AMY

- •
- •
- •
- •
- •

Situación activadora	Respuesta del cuerpo	Error(es) de pensamiento	Etiqueta de inseguridad	Hechos	Hora de actuar: redefinir, relajarse, responder
Mi marido volvió a casa de un viaje de negocios y se encontró con que yo no había hecho muchas de las cosas que le dije que haría mientras él estaba fuera. Entonces se apresuró a ofrecer unas cuantas soluciones.	Pesadez, apatía, llanto.	Pensamiento extremo; basarse en las emociones.	No doy la talla.	Mi marido no me ha dicho nunca que yo no dé la talla. En el trabajo, se dedica a resolver problemas todo el día. De hecho, la razón por la que tomó un vuelo fue que había surgido un gran problema que tuvo que resolver. Llegó a casa y me vio con dificultades, y fue por eso por lo que se apresuró a dar soluciones. No hay pruebas de que piense que no me estoy esforzando lo suficiente.	**Redefinir:** Mi pensamiento de que mi marido piensa que no me estoy esforzando lo suficiente no se corresponde con la realidad. Advertí varias de las cosas que había hecho y se alegró por ello. Tengo que recordar que él es así y que esto es lo que lo hace bueno en su trabajo. Fue mi inseguridad lo que me llevó a pensar que se estaba metiendo donde no lo llamaban.
	Pensamiento(s) automático(s) Piensa que no me estoy esforzando lo suficiente				**Relajarse:** Me doy cuenta de que estoy menos disgustada y herida.
	Emociones (1-10) Triste, herida (7).				**Responder:** Reconocer mi mérito por lo que pude hacer y aplicar algunos de los consejos de mi marido para definir un plan mejor y más realista para mañana.

Antes de pedir a los clientes que completen un registro de pensamientos, es útil que primero practiques tú esta actividad. Una opción es que completes un registro siempre que notes un cambio en tu respuesta corporal o tus emociones, y que veas si puedes determinar cuál fue la situación activadora de esos cambios. También puedes llenar el registro de pensamientos siempre que experimentes una situación que reconozcas como particularmente difícil o angustiante. Una vez que tengas práctica completando el registro de pensamientos contigo mismo, puedes probar esta herramienta con tus clientes utilizando la hoja de trabajo de la siguiente página. Practicad el registro de pensamientos juntos en la sesión primero, y después pídeles que continúen por su cuenta fuera del contexto de la sesión.

REGISTRO DE PENSAMIENTOS

• • • • • •

El registro de pensamientos puede ayudarte a identificar tus errores de pensamiento y a redefinir tu pensamiento de una manera más precisa y objetiva para que puedas tomar el control de tu proceso de mejoría y hacer las cosas que te has propuesto. Cuando experimentes angustia emocional o física, toma nota de la situación y registra las respuestas corporales, los pensamientos automáticos y las emociones que se manifiesten en ti. A continuación, intenta identificar el error o los errores de pensamiento que están impulsando tu angustia, pero no te preocupes si no puedes hacerlo. Después, prueba a identificar la etiqueta de inseguridad que se ha activado. Finalmente, registra los hechos y ten en cuenta los datos para obtener una conclusión que sea más fiel a ellos. Relájate al percibir que baja la intensidad de tu angustia y responde especificando una acción nueva y más efectiva.

Situación activadora	Respuesta del cuerpo	Error(es) de pensamiento	Etiqueta de inseguridad	Hechos	Hora de actuar: redefinir, relajarse, responder
	Pensamiento(s) automático(s)				Redefinir:
	Emociones (1-10)				Relajarse:
					Responder:

Alternativas al registro de pensamientos

El gráfico circular

Aunque el registro de pensamientos es una herramienta importante para ayudar a los clientes a usar los hechos para modificar sus pensamientos automáticos negativos, no es la única a la que se puede acudir para efectuar la reestructuración cognitiva. El gráfico circular de responsabilidad es otra herramienta valiosa cuando se trata de ayudar a los clientes a tomar en consideración todos los factores para llegar a conclusiones. Es habitual que los clientes con depresión asuman toda la responsabilidad por los sucesos o resultados negativos. El gráfico circular puede ayudarles a ver el panorama general.

Imagina una madre cuyo hijo se está portando mal en la escuela y que cree que ella es totalmente responsable de la situación. El gráfico circular le pide que considere qué otros factores podrían estar contribuyendo a la conducta de su hijo y que asigne porcentajes a estos factores, para que así pueda darse cuenta de que no es posible que sea responsable al cien por cien. Por ejemplo, aunque la madre juegue un papel significativo en la conformación de la conducta de su hijo, también tienen un papel otros factores presentes en la vida del niño, como pueden ser otros adultos, los compañeros, los hermanos u otros miembros de la familia; el entorno del aula; el temperamento del niño; problemas de aprendizaje; el aburrimiento, o la influencia de Internet, la televisión, las películas que ve el niño e incluso la música que escucha. La lista puede ser interminable.

De manera similar, piensa en un cliente con depresión que ha estado inactivo durante algún tiempo, ha aumentado significativamente de peso y ha llegado a la conclusión de que no puede gustar o de que es un fracasado. El gráfico circular puede ayudarle a ver que la forma o el tamaño no son todo lo que define a una persona. Al tener en cuenta todos los factores que lo definen (por ejemplo, otros atributos físicos, su personalidad, sus aptitudes, sus intereses, sus experiencias, su intelecto, su formación...), puede llegar a la conclusión más equilibrada de que es mucho más que su forma o su tamaño.

Sírvete del gráfico circular de la página siguiente para ayudar a tus clientes a cuestionar sus pensamientos automáticos negativos y a llegar a conclusiones más equilibradas.

GRÁFICO CIRCULAR

• • • • • •

Piensa en una situación en relación con la cual has llegado a la conclusión de que eres completamente responsable del resultado. ¿Estás asumiendo toda la responsabilidad por una situación en la que solo eres uno de los factores implicados, entre muchos otros? Haz una lista de todos los factores que podrían haber contribuido a ese resultado y disponlos en el gráfico circular que sigue. A continuación, pregúntate si es posible que no seas el único responsable de ese resultado y trata de determinar de qué porcentaje te responsabilizarías al considerar todos los factores en juego.

Evento o situación: _____

Factores que podrían haber contribuido o estar contribuyendo a este resultado:

_____

_____

Coloca los factores en el gráfico que sigue y asigna un porcentaje a cada uno:

Ahora, pregúntate si eres responsable al cien por cien o si tu conclusión se basa en un solo factor. ¿Cuál es un porcentaje más razonable de tu grado de responsabilidad? _____ %

Collages *o imágenes*

Muchos clientes se muestran reacios a completar registros de pensamientos por diversas razones, como problemas con la lectura y escritura, barreras lingüísticas o falta de voluntad. En estos casos, el uso de un *collage* es una alternativa viable. Revistas y periódicos proporcionan imágenes que pueden representar simbólicamente sus pensamientos automáticos y las posibles redefiniciones de estos pensamientos. Pídeles que recorten imágenes que representen sus pensamientos automáticos, sus suposiciones y las creencias que albergan sobre la situación, así como imágenes que representen un enfoque alternativo. Pueden hacerlo en el contexto de la sesión o por su cuenta en casa.

Por ejemplo, pongamos el caso de una mujer con depresión a quien se le asignó la tarea de hacer magdalenas para el evento deportivo en el que iba a participar su hija. Creía que era una persona inútil y débil, por lo que pensaba: «Es demasiado para mí. No puedo hacerlo. Nadie me quiere allí». Hizo un *collage* de imágenes que mostraban a una mujer con discapacidad, a otra que sostenía su propia cabeza doliente, a otra que se caía, a otra que caminaba con ayuda y a otra que estaba sentada sola. Juntas en la sesión, hicimos un *collage* alternativo que mostraba a una mujer dando clases, a otra que presentaba un pastel, a otra que estaba rodeada de niños mientras les leía un libro, a otra que subía una empinada escalera y a otra que hacía ejercicio con pesas en las manos. Después agarró un rotulador negro y trazó una X gigante sobre el *collage* que representaba sus pensamientos y creencias negativos y se pasó la semana mirando el *collage* alternativo y tratando de encontrar más imágenes que respaldaran la perspectiva no deprimida.

De manera similar, al trabajar con clientes que tienen dificultades con la lectoescritura o que presentan retrasos en el desarrollo, las imágenes son una forma alternativa de examinar los pensamientos. Tomemos el caso de una clienta adulta cuya capacidad intelectual era la de un alumno de segundo de primaria. Hacía poco que había perdido a su padre debido a una enfermedad cardíaca y ahora creía que no podría desenvolverse ni ser feliz a menos que tuviera a un familiar al lado. Mirando fotos de familia que le proporcionó su madre, pudimos encontrar argumentos a favor de que la clienta podía ser feliz y manejarse sin que tuvieran que estar con ella su madre o alguno de sus hermanos. El hecho de encontrar imágenes que la mostraban divirtiéndose realizando sus actividades favoritas, como bailar y jugar a los bolos, sin estar acompañada de su familia nos ayudó a establecer estos argumentos.

El análisis de costos y beneficios

El análisis de costos y beneficios es otra herramienta eficaz para ayudar a los clientes a reestructurar sus pensamientos. Es particularmente útil cuando están lidiando con una decisión (por ejemplo, «¿debería poner fin a la relación/aceptar el trabajo/mudarme?») o cuando están atrapados en un patrón de pensamiento que no los beneficia en nada, aunque los pensamientos puedan corresponderse con la realidad (por ejemplo, «¿de qué sirve seguir hablando de esto?», «¿qué saco de seguir dedicándome este calificativo desagradable?»). Al considerar los pros y los contras de continuar con la acción frente a no continuar con la acción, los clientes pueden llegar a una conclusión más equilibrada.

Por ejemplo, Niki siempre se enfocaba en su pasado e insistía en hacer que fuese el centro de cada conversación y culpaba a su familia por sus problemas actuales. Se había dedicado mucho tiempo en terapia a ayudarla a aceptar que el pasado no podía cambiarse, que tal vez estuviera sacando conclusiones no basadas en hechos y que su memoria podría estar distorsionando la realidad hacia una perspectiva más negativa. Sin embargo, ella solo quería enfocarse en cada injusticia que recordaba. Al considerar los pros y los contras de seguir enfocándose en su pasado y los pros y los contras de dejar de hacerlo, Niki se dio cuenta de que no ganaba nada con la conversación. Enfocarse en el pasado le impedía vivir en el presente, afectaba a su capacidad de experimentar alegría y solo le servía para alimentar la ira hacia sus familiares y desconectarla de la familia de la que quería ser parte.

Otro ejemplo lo ofrece el caso de Zeke, quien se dedicaba el calificativo de «perdedor» cada vez que no alcanzaba su nivel de autoexigencia, ya fuera en el trabajo, en el deporte o jugando a las cartas. Aunque en ocasiones realmente perdía, la mayoría de las veces se desempeñaba bastante bien y superaba las expectativas de los demás. Sin embargo, en su mente, cualquier desempeño inferior a su ideal lo convertía en un perdedor. Al aplicar el análisis de costos y beneficios a esta actitud, Zeke pudo reconocer que no presentaba ningún beneficio el hecho de dedicarse ese calificativo desagradable. Todo el efecto que tenía era que hacía que se sintiese derrotado y, en lugar de motivarlo, provocaba que quisiese renunciar. Para ayudar a tus clientes a considerar los pros y los contras de una determinada manera de pensar, o de emprender una acción o no, utiliza la hoja de trabajo dedicada al análisis de costos y beneficios de la página siguiente.

Hoja de trabajo para el cliente

ANÁLISIS DE COSTOS Y BENEFICIOS

• • • • • •

Indica un pensamiento que te cause malestar e intenta analizar los pros y los contras de dar vueltas a este pensamiento, independientemente de si se corresponde con la realidad o no. O tal vez el objeto de tu inquietud es si debes tomar o no cierto curso de acción... Escribe los pros y los contras de hacerlo y llega a una conclusión.

Ventajas de dar vueltas al pensamiento o de emprender una determinada acción	Inconvenientes de dar vueltas al pensamiento o de emprender una determinada acción
_____	_____
_____	_____
_____	_____
Ventajas de no dar vueltas al pensamiento o de no emprender una determinada acción	**Inconvenientes de no dar vueltas al pensamiento o de no emprender una determinada acción**
_____	_____
_____	_____
_____	_____

Conclusión: _____
_____
_____
_____

El análisis de continuo cognitivo

Observar los datos en un continuo es otra manera de ayudar a los clientes a poner las cosas en perspectiva. En lugar de ver sus acciones (o de verse a sí mismos) de la peor manera posible, el análisis de continuo cognitivo presenta los hechos de una forma más objetiva. Por ejemplo, Brandon piensa que es el peor empleado de la historia, ya que a veces se retrasa con los plazos de entrega, comete pequeños errores y se pone nervioso cuando le hacen preguntas. Interrogado al respecto, afirma que los mejores empleados «siempre cumplen con los plazos, nunca cometen errores, no se ponen nerviosos, hacen un trabajo estelar, nunca se quejan, van a trabajar todos los días y dan lo mejor de sí mismos». Al completar un análisis de continuo, se da cuenta de que hace un buen trabajo la mayor parte del tiempo, rara vez se queja, va a trabajar todos los días y da lo mejor de sí mismo. A partir de estos datos concluye que tiene mucho en común con lo que, para él, es un buen empleado.

Además, cuando piensa en todas las características de los malos empleados (por ejemplo, aquellos que mienten, que llaman a menudo diciendo que están enfermos para evitar el trabajo, que no es que entreguen el trabajo tarde sino que no lo hacen en absoluto, que tratan de hacer que otros hagan el trabajo por ellos), determina que no es el peor empleado de la historia. De hecho, todavía está aprendiendo y está dispuesto a pedir y aceptar ayuda para seguir mejorando, lo que solo confirma que es un buen empleado. Ayuda a tus clientes a adoptar una perspectiva más equilibrada utilizando el modelo de análisis de continuo cognitivo de la página siguiente.

Ejemplo de hoja de trabajo para el cliente

ANÁLISIS DE CONTINUO

• • • • • •

Recuerda una ocasión en la que llegaste a una conclusión del tipo «el peor escenario posible» en cuanto a ti mismo o una situación. Seguidamente, determina un continuo desde lo peor hasta lo mejor que has concluido sobre ti mismo o la situación. A continuación se proporciona un análisis de continuo a modo de ejemplo, seguido de uno en blanco para que lo completes con respecto a tu propia situación.

Ejemplo: Fue la peor fiesta-cena de la historia.

Peor fiesta-cena ————————————————————————————— Mejor fiesta-cena

Intoxicación alimentaria / Comida quemada / **Comida mediocre** / Comida adecuada / Comida bastante buena / Comida increíble

Lesiones / Pelea / Gritos / Conversación acalorada / Conversación limitada / Conversación positiva en general / **Conversación estupenda**

Quejas / Algunos comentarios negativos / Comentarios neutros / Algunos comentarios positivos / **Principalmente buenos comentarios** / Opiniones halagadoras

Expresa tu nueva conclusión: Estuvo lejos de ser la peor fiesta-cena de la historia. De hecho, todo el mundo lo pasó bien a pesar de que la comida fue decepcionante.

Hoja de trabajo para el cliente

ANÁLISIS DE CONTINUO

• • • • •

Indica la etiqueta o el suceso: _____

Peor _____ **Mejor**

(Totalmente negativo) / (Menos negativo) / (Un poco negativo) / (Un poco positivo) / (Más positivo) / (Absolutamente positivo)

(Totalmente negativo) / (Menos negativo) / (Un poco negativo) / (Un poco positivo) / (Más positivo) / (Absolutamente positivo)

(Totalmente negativo) / (Menos negativo) / (Un poco negativo) / (Un poco positivo) / (Más positivo) / (Absolutamente positivo)

Expresa tu nueva conclusión:

_____

_____

_____

No juzgar

A menudo, los clientes deprimidos permiten que una situación negativa signifique más de lo que realmente es. Por ejemplo, a menudo atribuyen un significado personal a la situación o suponen que las cosas nunca mejorarán, lo que solo alimenta su desesperación, su miedo y su falta de confianza en sí mismos. Una forma de ayudarlos a salir de este patrón de pensamiento negativo es contribuir a que cultiven una actitud no crítica de aceptación. En la aceptación subyace la capacidad de reconocer información negativa sin juzgarla. La aceptación requiere reconocer las cosas tal como son sin dejar que la duda, la incertidumbre o el juicio se interpongan.

Los clientes pueden practicar el cultivo de la actitud no crítica aplicando tres componentes de la efectividad:* el reconocimiento, la aceptación y la acción apropiada. En particular, pueden aprender a **reconocer** (tomar nota de los hechos relativos a la situación), **aceptar** (guardarse los juicios y llegar a conclusiones acertadas basadas en los hechos solamente) y **realizar la acción apropiada** (elegir un curso de acción más efectivo y acorde a la situación). Por ejemplo, si la mamografía de una clienta revela algo anormal, eso no significa que tenga cáncer, que no haya tratamiento posible y que vaya a morir. Sin embargo, si ella se permite creer esto, podría dejar de cuidar de sí misma y evitar el tratamiento. Pero también podría aplicar los tres componentes de la efectividad mencionados y reconocer, aceptar y realizar la acción apropiada. Más concretamente, podría empezar por reconocer el resultado anormal. Acto seguido, podría aceptar los datos de los que dispone hasta el momento y reservarse el juicio hasta saber cuáles son los hechos. Esto implica tener en cuenta las diversas explicaciones posibles para el resultado anormal de la prueba; muchas de ellas son de tipo benigno. Finalmente, deberá realizar la acción apropiada, que consistirá en proceder según los pasos que se le recomienden. Esta herramienta cognitiva se puede utilizar para abordar creencias y pensamientos automáticos en multitud de situaciones.

---

* N. del T.: En el original, «la triple A de la efectividad»: *acknowledging, accepting* y *(taking) appropriate action.*

LA TRÍADA DE LA EFECTIVIDAD*

• • • • • •

La próxima vez que te sientas angustiado, acude a la tríada de la efectividad para mitigar tu angustia: *reconoce* los hechos, practica la *aceptación* recordándote a ti mismo que no debes dar un significado o aplicar un juicio innecesario a la situación, y realiza la *acción* apropiada.

Reconoce los hechos
Registra los detalles de la situación, incluidas tus emociones y respuestas corporales.
¿Cuáles son los hechos relativos a la situación? _____

_____

Acepta
Observa la situación de manera objetiva. No juzgues, no otorgues un significado personal exagerado ni hagas predicciones futuras.
¿Qué me dicen los hechos? _____

_____

Actúa apropiadamente
En lugar de utilizar estrategias ineficaces (como la evitación, la comunicación ineficaz o las autolesiones), realiza una acción efectiva y apropiada (por ejemplo, afronta la situación, comunícate de manera efectiva y tranquilízate).
¿Cuáles son algunas acciones apropiadas que puedo realizar? _____

_____

_____

* N. del T.: En el original inglés, «La triple A» (ver la nota anterior).

Redefinir la etiqueta de inseguridad

Una vez que has avanzado en ayudar a los clientes a descartar y modificar cualquier pensamiento inexacto o distorsionado y a redefinir estos pensamientos de maneras más realistas, podéis pasar a redefinir la etiqueta de inseguridad. Los clientes pueden obtener una nueva perspectiva al redefinir sus pensamientos automáticos negativos, lo que les permite llegar a nuevas conclusiones que se pueden utilizar para modificar la etiqueta de inseguridad subyacente. Por ejemplo, si un cliente dado puede concluir que tuvo éxito en una determinada situación, entonces la etiqueta de inseguridad de ser un fracasado ya no encaja.

Dado que las etiquetas de inseguridad afectan negativamente a la forma en que los clientes deprimidos se perciben a sí mismos y ven el mundo que los rodea, redefinirlas es importante para la recuperación y para prevenir recaídas. Con este fin, recopila datos actuales y del pasado que ayuden al cliente a examinar las pruebas que hay a favor y en contra de la etiqueta de inseguridad. Estos datos deben centrarse en hechos objetivos y observables, y no en las apreciaciones subjetivas del cliente (pensamientos, sentimientos, motivos de preocupación imaginarios o reflexiones sesgadas sobre el pasado). No permitas que el enfoque se centre en un solo dato; en lugar de ello, observa el panorama general de lo que respalda o no su etiqueta de inseguridad.

A menudo, los clientes intentan que no se tengan en cuenta lo que consideran datos «insignificantes» que constituyen pruebas en contra de su etiqueta de inseguridad. Asegúrate de que valoren cada acción y avance, por más pequeños que sean, para que las pruebas en contra de la etiqueta de inseguridad se acumulen. También puede ser útil mirar los datos disponibles desde el punto de vista de otra persona para tener en cuenta cualquier prueba adicional que el cliente pueda haber pasado por alto. Si en el proceso de reunir estos datos surgen nuevas etiquetas despectivas, asegúrate de abordarlas en otro momento. Aborda las etiquetas de inseguridad de una en una.

Cuando hayas reunido todas las pruebas disponibles, pregunta a los clientes en qué grado creen en las pruebas que apoyan su etiqueta de inseguridad y en qué medida creen en las pruebas que contradicen su etiqueta de inseguridad, en una escala del cero al cien por cien. Conviene que te asegures de haber recopilado suficientes datos para que haya más pruebas en contra de la etiqueta de inseguridad que a favor de ella. Volviendo al ejemplo de la situación de Amy, pudo encontrar un total de once pruebas: cuatro a favor de su creencia de que no daba la talla, las cuales creía con una intensidad del cuarenta por ciento, y siete en contra de la creencia, las cuales creía con una intensidad del sesenta por ciento. Por lo tanto, las pruebas contrarias a su inseguridad le resultaban más creíbles. No es tan relevante la cantidad de elementos que hay en cada columna como la contundencia con la que el cliente cree que estos elementos se corresponden con la realidad.

Pruebas a favor de «no doy la talla»	Pruebas en contra de «no doy la talla»
Estoy haciendo menos de lo que debería. Mi marido no para de darme soluciones. No puedo superar esta depresión. No tengo la figura que quiero.	Entré en la lista de honor del decano[*] en la universidad. Tengo un título superior. Preparo unas comidas deliciosas. Se me da bien cuidar de los demás. Mi matrimonio va bien. Tengo amigos. Cumplo con todas las tareas del hogar.
¿En qué grado crees estas pruebas (del 0 al 100%? 40%	¿En qué grado crees estas pruebas (del 0 al 100%? 60%

Una vez que hayáis reunido todos los datos disponibles, examinad cada elemento de la primera columna (es decir, los que apoyan la

---

[*] N. del T.: La *lista de honor del decano* es un reconocimiento académico otorgado a estudiantes universitarios que han destacado por su rendimiento académico excepcional.

etiqueta de inseguridad) y ayuda a los clientes a llegar a una conclusión alternativa. Pídeles que recontextualicen cada prueba presentando una nueva forma de pensar más realista. Así pasarán a dar menos crédito a la etiqueta de inseguridad. En la tabla que sigue se expone un ejemplo de recontextualización aplicado al caso de Amy.

Pruebas a favor de «no doy la talla»	Recontextualización
• Estoy haciendo menos de lo que debería. • Mi marido no para de darme soluciones. • No puedo superar esta depresión. • No tengo la figura que quiero.	• Estoy deprimida y esto provoca que me cueste hacer cualquier cosa. El hecho de que esté haciendo algo es un logro. • Mi marido no está tratando de ofenderme; solo está intentando ayudar de la manera que sabe. • Aunque la depresión esté teniendo un fuerte impacto en mí, esto no implica que mi carácter sea defectuoso ni que la depresión sea culpa mía. Experimentar dificultades con la depresión es la esencia misma de estar deprimido. • El hecho de que haya ganado peso no significa que sea menos persona. Preferiría no haber subido de peso, pero tengo muchas cualidades que me gustan y que me hacen ser quien soy.

Después de trabajar con los clientes para que recontextualicen cada prueba, pídeles que revisen las respuestas que dieron en la primera tabla y que vuelvan a calificar en qué medida creen en las pruebas a favor y en contra de la creencia negativa. Las recontextualizaciones que han escrito en la segunda tabla deberían haber reducido la fe en la etiqueta de inseguridad. Por ejemplo, después de revisar las pruebas, Amy pasó a creer en las pruebas que apoyaban su etiqueta de inseguridad en un diez por ciento solamente, mientras que pasó a creer en las pruebas contrarias a la etiqueta de inseguridad en un noventa por ciento.

Finalmente, pide a los clientes que lleguen a una nueva conclusión general, mucho más realista. Esta nueva conclusión puede ser completamente opuesta a la etiqueta de inseguridad inicial o puede ser una variación de ella u ofrecer una perspectiva menos extrema. Por ejemplo, en lugar de «no doy la talla», la clienta podría declarar «soy aceptable», «soy suficiente» o «soy válida». Volviendo al ejemplo de Amy, pudo llegar a la siguiente conclusión realista: «Soy lo suficientemente buena tal como soy. Solo estoy deprimida, y esto me hace ser autocrítica».

En la página siguiente encontrarás una hoja de trabajo que puedes utilizar con los clientes para ayudarlos a modificar su etiqueta de inseguridad y a redefinirla como una creencia más realista y útil.

MODIFICA TU ETIQUETA DE INSEGURIDAD

• • • • • •

Redefinir tu etiqueta de inseguridad es importante en tu proceso de recuperación y prevención de recaídas. Escribe tu etiqueta de inseguridad en la siguiente línea y a lo largo de la próxima semana registra las pruebas a favor y en contra de ella.

¿Cuál es la etiqueta de inseguridad? _____

_____

Ahora busca pruebas a favor y en contra de esta creencia.

Pruebas a favor de la etiqueta de inseguridad	Pruebas en contra de la etiqueta de inseguridad

A continuación observa las pruebas que has anotado en cada columna y califica en qué grado les das crédito (del 0 al 100%).

_____%: Pruebas que apoyan la etiqueta de inseguridad
_____%: Pruebas que contradicen la etiqueta de inseguridad

Una vez que hayas examinado las pruebas, vuelve a observar los elementos que constan en la columna de la izquierda (las pruebas a favor de la etiqueta de inseguridad) y piensa en una conclusión alternativa en relación con cada uno.

Pruebas a favor de la etiqueta de inseguridad	Recontextualización

Ahora revisa los porcentajes que has escrito en relación con la primera tabla. ¿En qué grado crees ahora en las pruebas a favor y en contra de la etiqueta de inseguridad (del 0 al 100%)?

_____%: Pruebas que apoyan la etiqueta de inseguridad
_____%: Pruebas que contradicen la etiqueta de inseguridad

¿Qué nueva conclusión general puedes extraer, mucho más realista? Piensa una nueva creencia: _____

_____

_____

_____

Identificar y evaluar las suposiciones condicionales

Como vimos en el capítulo dos, las suposiciones condicionales son las creencias intermedias entre la etiqueta de inseguridad y nuestras estrategias de afrontamiento compensatorias. Son afirmaciones del tipo «si..., entonces...» que rigen la forma en que las personas operan en este mundo. No es necesario clasificar estas suposiciones como negativas o positivas, pero hacerlo puede ser útil, porque las negativas activan la etiqueta de inseguridad, mientras que las positivas reflejan estrategias protectoras que emplean los clientes en un intento de desactivar la etiqueta de inseguridad.

Por ejemplo, una suposición negativa de Amy podría ser «si los demás me hacen comentarios o sugerencias, entonces es que no doy la talla». En consecuencia, cada vez que alguien le da un consejo (su marido, un miembro de la familia, su jefe, un colega, un amigo o un desconocido) está en riesgo de que se active la etiqueta de inseguridad de que no da la talla. Cuando ocurre esto, es probable que exagere la situación, experimente síntomas intensos de malestar emocionales o físicos y empeore su estado de ánimo. A modo de compensación, su suposición condicional positiva podría ser «si soy perfecta y hago todo correctamente, entonces los demás no descubrirán que no doy la talla». Dado que es imposible hacer todo en todas las ocasiones, no digamos ya hacerlo a la perfección, Amy no deja de encontrarse en una posición vulnerable.

Las suposiciones condicionales son verificables. A menudo podemos analizar ejemplos sacados de la vida personal de nuestros clientes para poner a prueba sus ideas. Por ejemplo, ¿cuántas veces no logró Amy hacer algo «perfectamente» desde su punto de vista pero nadie lo notó? Los ejemplos de otras personas también pueden ser útiles para poner a prueba las suposiciones. ¿Conoce Amy a alguien que según ella da la talla pero que no hace todo o no hace las cosas perfectamente? A menudo, poner a prueba las suposiciones requiere establecer experimentos con el fin de demostrar la validez de la hipótesis condicional. Por ejemplo, Amy podría realizar este experimento en el trabajo: podría poner intencionadamente algunos errores de poca importancia en un informe que distribuiría (por ejemplo, errores gramaticales o faltas de ortografía) y ver si alguien se da cuenta. Si alguien los advirtiese, podría ver cuáles son las consecuencias y si podría sobrevivir a ellas (suponiendo que hubiese consecuencias reales). Como en todo buen experimento, sería importante conocer las predicciones de Amy y compararlas con los datos observados para que pudiese modificar su hipótesis.

Recuerda que las suposiciones defectuosas pueden modificarse mediante el uso del interrogatorio socrático y el descubrimiento guiado para ayudar a los clientes a llegar a conclusiones más acertadas y realistas por sí mismos. Para Amy, redefinir sus suposiciones condicionales puede implicar hacer un plan realista de lo que puede lograr, poner más esfuerzo en aquello que puede hacer y aceptar que los comentarios de los demás pueden ser útiles.

En caso de trastorno bipolar

En los clientes diagnosticados de trastorno bipolar, las etiquetas de inseguridad a menudo están asociadas al significado que le dan a su diagnóstico o a la medicación que se les prescribe. Por ejemplo, tal vez crean que están discapacitados, que no son lo suficientemente buenos, que no son aceptables socialmente o que son incompetentes debido a su diagnóstico. De manera similar, pueden considerarse defectuosos, débiles o deficientes si tienen que tomar medicamentos. La terapia ayuda a los clientes con trastorno bipolar a definirse más allá de los límites de su diagnóstico (a través de sus intereses, habilidades, aptitudes, valores, rasgos de personalidad...), lo cual les ayuda a vencer su falta de confianza en sí mismos. También puede ser que acepten tomar medicamentos si reconocen que ceñirse a la medicación es una señal de fortaleza y sabiduría, en lugar de serlo de debilidad e incapacidad.

MANTENER Y FORTALECER LA CONFIANZA
A TRAVÉS DE LA ACCIÓN

La lucha contra la depresión es un proceso que consta de tres pasos. Colocar en su lugar todos ellos –**redefinir**, **relajarse**, **responder**– es vital para el éxito. En el mejor de los casos, si todos estos componentes están en su lugar, los clientes se recuperan de la depresión y no recaen. El primer paso –**redefinir** los pensamientos, las suposiciones y las creencias– es clave para reducir la angustia y mantener los avances. En el terreno situacional, Amy aprendió a ver que los comentarios de su marido pretendían ayudarla y no criticarla. Además, reemplazó su suposición de que tenía que ser perfecta y hacer todo correctamente por otra más razonable que implicaba tener expectativas realistas y reconocer que es aceptable cometer errores. Y lo que es más importante, su etiqueta de inseguridad «no doy la talla» fue sustituida por una visión más precisa y positiva de sí misma: «Soy lo suficientemente buena tal como soy».

El segundo paso, **relajarse**, es la parte fácil. Una vez que los clientes pueden modificar su forma de pensar y concebir creencias más realistas y útiles, es probable que acudan las emociones positivas. De todos modos, no está de más impulsarlas. Puedes ayudarlos a calmar el cuerpo proporcionándoles herramientas prácticas que favorezcan la relajación, como técnicas autocalmantes, la respiración diafragmática lenta, la relajación progresiva y la meditación.

El último paso, **responder**, no solo implica establecer una estrategia conductual que los clientes puedan implementar de inmediato, sino que también implica concebir estrategias que deberán poner en práctica a largo plazo. La depresión resta energía y motivación, y priva de la capacidad de emprender acciones efectivas. Los pensamientos que presentan un sesgo negativo empujan a las personas a renunciar, evitar, escapar, aislarse, retirarse y desconectarse. Por lo tanto, si bien es clave fomentar que los clientes empiecen a actuar, también es fundamental ayudarlos a proseguir con sus avances a largo plazo para que puedan desarrollar y mantener la confianza en sí mismos. A continuación se presentan algunas ideas para ayudarlos a consolidar una visión de sí mismos nueva, más positiva, y a hacer crecer su autoconfianza:

- Anímalos a reconectar con los demás aceptando invitaciones y oportunidades.
- Diles que se defiendan diciendo «no» cuando sea necesario.
- Pídeles que presten atención a los datos que confirman su nueva visión positiva de sí mismos y que los registren a diario. Por ejemplo, proporciónales una hoja de registro diario que puedan usar para anotar los mensajes que reciban que los hagan sentir bien consigo mismos. Pídeles que al final de cada día revisen lo anotado.
- Instrúyelos para que establezcan al menos tres afirmaciones diarias sobre sí mismos que sean coherentes con su nueva autoimagen. Pídeles que practiquen estas afirmaciones a diario y que añadan otras a medida que va aumentando la confianza que tienen en sí mismos.
- Cuando surjan informaciones que hagan dudar a los clientes de sí mismos, pídeles que consideren los hechos y vean si está justificada una conclusión más razonable.
- Indícales que planifiquen una actividad que sea coherente con la visión más positiva que tienen de sí mismos.
- Invítalos a asumir desafíos y a realizar actividades que los saquen de su zona de confort.
- Proporciónales tarjetas de afrontamiento que puedan llevar consigo, ya sea electrónicamente o en papel, que les recuerden las nuevas conclusiones, más realistas, que han sacado sobre sí mismos.

6

ANSIEDAD

EL MODELO COGNITIVO DE LA ANSIEDAD

La ansiedad es una respuesta biológica adaptativa que surge cuando nos enfrentamos a situaciones peligrosas. Nos equipa para afrontar condiciones difíciles y evita que suframos daños. En otras palabras: es el sistema de alarma interno de la naturaleza. Cuando percibimos un peligro, esta alarma interna activa nuestro sistema nervioso simpático, que libera entonces una oleada de adrenalina y desencadena la respuesta de lucha, huida o parálisis. Esta activación fisiológica sirve para aumentar rápidamente la frecuencia cardíaca y bombear más sangre a través del cuerpo, ralentizar la digestión, metabolizar grasas y azúcares para proporcionar energía al cuerpo y liberar sustancias químicas que coagulan la sangre con mayor rapidez.

Cuando creemos que estamos en peligro y experimentamos este tipo de activación fisiológica, nuestra inclinación conductual es sobrevivir luchando contra la amenaza, huyendo de ella o escondiéndonos. Por ejemplo, si nos enfrentamos a la amenaza real de un incendio y no tenemos los recursos necesarios para apagarlo (por ejemplo, no hay ningún bombero en el lugar ni ninguna manguera disponible), entonces la ansiedad que experimentamos es adaptativa, porque nos indica que debemos salir del edificio. La ansiedad solo se convierte en un problema cuando nuestra percepción de la amenaza y de los recursos de los que disponemos es inexacta, pero nuestro cuerpo responde como si el peligro fuera real. En este caso, nuestra inclinación conductual de luchar, huir o quedarnos inmóviles no responde a una buena adaptación.

Según el modelo cognitivo de la ansiedad, todos los trastornos de ansiedad están asociados a una percepción exagerada de la amenaza y a una infravaloración de los recursos. Por lo tanto, el modelo cognitivo es una teoría de evaluación, riesgo y recursos (Beck y Emery, 2005). Cuando un cliente se enfrenta a un estímulo, ya sea externo (por ejemplo, un sonido, un olor o un suceso) o interno (una sensación corporal, un pensamiento, una emoción, un sentimiento o una imagen), el cerebro realiza dos evaluaciones. La primera es relativa a la amenaza. Es decir, ¿en qué grado es peligrosa la situación? Las personas que sufren ansiedad exageran este peligro, porque sobredimensionan la probabilidad de la amenaza y sus posibles consecuencias. La segunda evaluación es relativa a los recursos de los que se dispone o a la capacidad que se tiene de hacer frente a la situación. Quienes padecen ansiedad infravaloran los recursos disponibles, porque no ven fuentes externas a su alcance (por ejemplo, amigos, colegas, profesionales, socorristas...) y no tienen en cuenta su propia capacidad de hacer frente a la situación.

Cuando estas dos evaluaciones indican que existe una amenaza (real o imaginaria) y se cree que los recursos son limitados, se activa la ansiedad. Por ejemplo, piensa en un hombre con fobia social que llega a la consulta de un médico después de meses de espera para que lo visite por un tema de salud importante. Mientras está sentado en la sala de espera, mira a su alrededor y piensa que todos lo están mirando, juzgando y criticando (percepción exagerada de la probabilidad). Para él, que lo juzguen es intolerable (percepción exagerada de la consecuencia) y cree que no es lo bastante fuerte como para soportar este examen (subestimación de la capacidad de hacer frente). Como resultado, huye de la consulta y pierde la ansiada cita, comprometiendo así su salud.

En este ejemplo, las percepciones de amenaza del hombre son exageradas, ya que la mayoría de las personas que están sentadas en salas de espera generalmente no prestan atención a los demás; lo más habitual es que estén absortas en su teléfono, viendo la televisión, leyendo o dormitando. Las probabilidades de que lo estén mirando son bajas y la probabilidad de que lo estén juzgando negativamente es aún más baja, aunque no es cero. En cualquier caso, la opinión de un desconocido con el que coincide por azar no va a afectar a su vida de ninguna manera. No influirá en cómo lo va a tratar el doctor ni en la calidad de la atención médica que va a recibir, ni afectará a lo que sienten por él las personas que le importan. En resumen, no tendrá un impacto significativo en su vida. Además, por desagradable que pueda ser pensar que no le gustamos a alguien, la verdad es que podemos sobrevivir a la crítica.

Como ilustra este ejemplo, las personas que sufren ansiedad experimentan una activación innecesaria de su sistema de alarma interno, lo que las lleva a realizar acciones inapropiadas e ineficaces. Según el modelo cognitivo de la ansiedad, los trastornos de ansiedad tienen en común este sesgo en el procesamiento cognitivo, por lo que su evaluación y su tratamiento son similares en todos los trastornos de este tipo y se pueden adaptar fácilmente para abordar perfiles de síntomas específicos (Clark y Beck, 2010). Lo que diferencia a unos trastornos de ansiedad de otros es el contenido específico de los miedos subyacentes a la ansiedad y las estrategias que emplean las personas para hacerles frente. Por lo tanto, la clave para entender al cliente que sufre ansiedad es identificar el contenido de sus miedos, así como las estrategias conductuales ineficaces que utiliza para lidiar con ellos.

Ilustremos este punto con un ejemplo. Piensa en un hombre que tiene miedo a volar y se niega a viajar en avión. Si lo que tiene es una fobia específica, el contenido de su miedo puede ser que el avión se estrelle y no quiere morir. Pero las fobias específicas pueden ser más complicadas que eso. Tal vez el miedo del cliente a volar no tiene nada que ver con que el avión se estrelle. Quizá teme que morirá y su prometida no estará bien sin él o tal vez duda de si ha hecho suficientes buenas acciones para tener una buena vida después de la muerte.

Por otro lado, imagina que este cliente tiene fobia social. En este caso, su miedo a volar está relacionado con preocupaciones que tienen que ver con la humillación social, como la posibilidad de que haya un mal olor en el avión y todos piensen que proviene de él, lo cual lo llevaría a experimentar una vergüenza insoportable. Finalmente, imagina que está diagnosticado del trastorno obsesivo-compulsivo (TOC). En esta situación, su miedo podría ser que estará sentado en la fila de la salida de emergencia y sabe que experimentará el impulso de abrir la puerta de emergencia y lanzarse fuera del avión. Le preocupa actuar según este pensamiento no deseado e invasivo, aunque no haya pruebas que indiquen que realmente lo haría.

En cada uno de estos escenarios, el mecanismo subyacente que impulsa la ansiedad del cliente es el mismo (una percepción exagerada de la amenaza y una infravaloración de los recursos), pero el miedo específico difiere como función del trastorno (Beck y Emery, 2005). Diferentes miedos dan lugar a síntomas diferentes, por lo que identificar el contenido específico de su miedo es importante para el tratamiento. Por ejemplo, los clientes que tienen una fobia específica se caracterizan por sentir un miedo irracional a determinados objetos o situaciones, y su estrategia de afrontamiento consiste en evitar la exposición al estímulo temido a toda costa. En cambio, los que sufren el trastorno de ansiedad generalizada (TAG) experimentan una ansiedad más difusa en relación con múltiples situaciones, lo que hace que estén muy alerta y preocupados constantemente por sucesos ordinarios.

Por su parte, los clientes que sufren el trastorno de pánico tienen miedo al daño corporal. Interpretan de manera incorrecta ciertas sensaciones corporales como significativamente más peligrosas de lo que son en realidad y manifiestan diversas conductas de evitación para reducir al mínimo la probabilidad de que se presente cualquier síntoma físico. Cuando estos síntomas, inevitablemente, aparecen, los clientes con trastorno de pánico creen que son potencialmente mortales y buscan ayuda médica urgente, por regla general en la sala de urgencias más cercana. El trastorno de ansiedad por enfermedad (lo que comúnmente se conoce como *ansiedad por la salud*) es similar al trastorno de pánico, pero en este caso se tiene miedo a que sobrevenga un problema de salud o una catástrofe *en algún momento*. Los clientes con ansiedad por enfermedad viven en estado de alerta, están muy atentos a cualquier indicio de problema de salud y buscan en exceso que los médicos los tranquilicen. En lugar de dirigirse a la sala de urgencias más cercana, acuden a la consulta del especialista.

En el caso de la fobia social, los clientes tienen miedo a que los demás los juzguen y evalúen negativamente en el contexto de situaciones sociales o de rendimiento, por lo que su estrategia de afrontamiento consiste en evitar totalmente estas situaciones. En el TOC, el miedo está asociado a pensamientos e impulsos invasivos (obsesiones). Los clientes con TOC exageran el poder y la importancia de sus obsesiones, lo que los lleva a intentar eliminar estos pensamientos o a tener diversos comportamientos compulsivos como un medio para neutralizar la ansiedad. Finalmente, el trastorno de estrés postraumático (TEPT) puede concebirse como un problema de ansiedad en el que el contenido del miedo es volver a experimentar el horror de un trauma. Los clientes con TEPT intentan contener los recuerdos traumáticos evitando cualquier elemento asociado al trauma (personas, lugares, sucesos, sentimientos...).

Como ilustran los ejemplos anteriores, los trastornos de ansiedad no solo tienen en común un sesgo cognitivo que hace que se sobredimensione la amenaza y se infravaloren los recursos, sino que, además, en todos ellos se da una estrategia de afrontamiento similar: la evitación. En particular, los clientes suelen evitar directamente las situaciones que les provocan ansiedad, o bien llevan a cabo diversas acciones que les transmiten una sensación de seguridad con el fin de neutralizar cualquier sensación de ansiedad. Por ejemplo, los que padecen ansiedad por enfermedad podrían buscar en exceso que los médicos los tranquilicen y los que sufren trastorno de pánico podrían asegurarse de que haya un hospital cerca cuando salen a espacios públicos. De manera similar, los clientes con fobia social podrían llegar a adoptar medidas extremas para evitar que el mundo los vea ruborizarse, como podrían ser vestir prendas de cuello alto, maquillarse en exceso o peinarse de tal manera que el pelo les cubra el rostro.

La evitación es una estrategia de afrontamiento disfuncional porque es una consecuencia de percepciones poco acertadas. Lo que los clientes creen que los mantendrá a salvo impide su recuperación en realidad. La evitación hace exactamente esto: imposibilita que se produzca un nuevo aprendizaje y refuerza las percepciones imaginarias; evita que los clientes descubran la verdad y les impide adoptar una perspectiva nueva y que se ajuste más a la realidad. Aunque creen que están garantizando su seguridad o evitando el peligro, en realidad están contribuyendo a que la ansiedad persista, porque la evitación fomenta que sigan dando crédito a la percepción distorsionada que tienen del peligro (Clark y Beck, 2010; Salkovskis, 1996).

Es difícil para los clientes abandonar las conductas evitativas porque suponen, erróneamente, que la ansiedad es peligrosa y que el objetivo debería ser extinguirla. Ajustar las expectativas es importante. La verdad es que la ansiedad es un recurso adaptativo, ya que señala la presencia de una amenaza peligrosa. Si desconectáramos el sistema de alarma de la naturaleza, no responderíamos adecuadamente a las amenazas reales y estaríamos abocados a la muerte. *El problema no es la ansiedad en sí, sino los temores de los clientes en torno a la ansiedad.* Por lo tanto, el objetivo del tratamiento es ayudarlos a descubrir que la ansiedad no es peligrosa, para que puedan dejar de practicar la evitación, afrontar sus miedos, evaluar de manera más precisa las amenazas y los recursos, y apagar las falsas alarmas mientras mantienen intacto el sistema de alarma de la naturaleza.

En este capítulo exploraremos los dos componentes de la terapia cognitivo-conductual (TCC) para los trastornos de ansiedad: la reestructuración cognitiva y la terapia de exposición. La reestructuración cognitiva constituye la primera fase del tratamiento; en ella, los clientes aprenden a identificar y modificar los patrones de pensamiento irracionales que contribuyen a su ansiedad. Una vez que han desarrollado las habilidades cognitivas suficientes para manejar su ansiedad, pueden pasar a la segunda fase del tratamiento, que implica el uso de técnicas basadas en la exposición para afrontar aquello que temen. Juntas, la reestructuración cognitiva y la terapia de exposición son útiles para tratar la ansiedad al abordar la tendencia de los clientes a sobrevalorar las amenazas y subestimar su capacidad de hacerles frente.

LA REESTRUCTURACIÓN COGNITIVA

La reestructuración cognitiva ha sido ampliamente establecida en el tratamiento de diversos trastornos de ansiedad, a saber, el trastorno de pánico, la fobia social, el TAG, el TOC y el TEPT (Clark y Beck, 2010). De forma similar a la reestructuración cognitiva para la depresión, el tratamiento para la ansiedad tiene como objetivo identificar y modificar pensamientos no útiles o que no se corresponden bien con la realidad que contribuyen a la angustia de los clientes. Por esta razón, las estrategias de reestructuración cognitiva que veíamos en el capítulo cinco también se aplican al tratamiento de la ansiedad. Sin embargo, con los clientes que sufren ansiedad, el enfoque específico de la reestructuración cognitiva implica abordar su tendencia a sobrestimar la probabilidad (el *error de probabilidad*) y la gravedad de los resultados negativos (el *error catastrófico*), así como su tendencia a subestimar su capacidad de afrontamiento o de utilizar recursos internos y externos (el *error de recursos*). A continuación, procedemos a examinar cada uno de estos tres errores con más detalle.

El error de probabilidad

Los clientes con ansiedad tienden a juzgar erróneamente la probabilidad de que se produzca un resultado negativo. Independientemente de si un determinado suceso es posible, probable o seguro, el cliente que sufre ansiedad percibe erróneamente que se dará el peor escenario posible. Por ejemplo, una clienta con TOC que experimenta obsesiones que tienen que ver con hacer daño a su marido puede creer que el solo hecho de tener estos pensamientos invasivos incrementa la probabilidad de que les haga caso. O un cliente con trastorno de pánico puede creer falsamente que cada vez que siente molestias en el pecho va a tener un ataque al corazón. De manera similar, una clienta con fobia a los gatos puede creer que cualquier exposición a un gato acabará en un ataque por parte del felino, sin que lo haya provocado, del que saldrá muy malparada.

Se trata de contrarrestar el error de probabilidad, lo cual se logra ayudando a los clientes a examinar las pruebas a favor y en contra de su creencia distorsionada. Volviendo al ejemplo de la clienta con TOC que experimenta obsesiones relacionadas con hacer daño, está dando tanto peso al pensamiento como al hecho de actuar a partir del pensamiento. A decir verdad, los clientes suelen dar a los pensamientos más valor del que merecen. Permiten que los pensamientos invasivos tengan más significado del que deberían y dejan que dichos pensamientos definan su carácter (piensan, por ejemplo, que son malas personas por albergarlos). Para abordar el error de probabilidad, puedes probar a realizar un experimento conductual con el fin de determinar la validez de la hipótesis del cliente. Por ejemplo, podrías pedirle a la clienta con TOC que compre un boleto de lotería y piense repetidamente que le va a tocar el gran premio, para que vea si el hecho de pensar esto hace que sea más probable que ocurra. Ayudar a los clientes a entender que los pensamientos no son tan poderosos o significativos como creen les servirá para contrarrestar el error de probabilidad y les permitirá llegar a nuevas conclusiones realistas sobre sus pensamientos invasivos.

En el caso del cliente con trastorno de pánico, puedes contrarrestar el error de probabilidad formulando preguntas orientadoras que le ayuden a examinar la probabilidad de tener un ataque al corazón como resultado de experimentar palpitaciones y sudoración. Es importante señalar que preguntar «¿cuáles son las pruebas a favor y en contra de tu hipótesis?» no suele ser efectivo, ya que normalmente los clientes solo ven las pruebas que respaldan su punto de vista sesgado. Un terapeuta habilidoso utiliza el interrogatorio socrático para guiar a los clientes hacia una conclusión nueva y precisa: «¿Cuántas veces has tenido estos síntomas de pánico? ¿Cuántas veces has tenido un ataque al corazón? ¿Cuántas veces has muerto? ¿Has sometido a evaluación médica estos síntomas? ¿Te han hecho alguna prueba? ¿Cuáles fueron los resultados?: ¿normales, anormales, bajo riesgo, alto riesgo? ¿Te recetaron algún medicamento? ¿De qué tipo, un ansiolítico? ¿Funcionó? ¿Una pastilla ansiolítica hizo que tus síntomas desaparecieran? ¿Podría haber evitado un ataque al corazón esa pastilla? ¿No? ¿Qué te dice esto sobre la probabilidad de tener un ataque al corazón?». En este caso, examinar las pruebas ayuda al cliente a ver que tener un ataque al corazón como resultado de experimentar síntomas de pánico es extremadamente improbable. La nueva conclusión es que la probabilidad de tener un ataque al corazón de resultas de experimentar palpitaciones y sudoración es extremadamente baja.

La dificultad al abordar el error de probabilidad se presenta cuando la evitación por parte de los clientes del síntoma, el objeto o la experiencia que temen les impide poner a prueba su hipótesis de probabilidad. Pongamos como ejemplo el caso de la persona fóbica a los gatos que toma medidas extremas para evitarlos. Le pide a su marido que mire bien el jardín delantero antes de que ella entre en la casa y evita todos los lugares potenciales donde podría haber gatos: su patio trasero, las duchas al aire libre, los restaurantes al aire libre, las tiendas de mascotas, las casas de amigos o familiares que tienen gatos... Esto le impide poner a prueba su hipótesis de que un gato la atacará, lo cual hace que no cuestione el error de probabilidad. Cuando los clientes evitan, los datos que desmienten su hipótesis relacionada con el miedo no están disponibles y su error de probabilidad no puede modificarse.

El error catastrófico

Los clientes con ansiedad no solo sobrestiman la probabilidad de que se produzcan resultados negativos, sino que también sobrestiman lo malos que serán esos resultados. Por lo general, hacen suposiciones catastróficas y creen que se materializará el peor escenario posible. Por ejemplo, un cliente que sufra trastorno de ansiedad generalizada podría sobrestimar la probabilidad de perder un vuelo y creer que perder ese vuelo sería el fin del mundo. En realidad, sin embargo, ese cliente podría disponer de una hora todavía para tomar el vuelo, y otro vuelo podría estar disponible fácilmente una hora después (además de otros cinco más tarde en el día). Existe la posibilidad de que perder el vuelo tenga consecuencias reales, pero tu papel como terapeuta es ayudarlo a ver que esas consecuencias, aunque desagradables, pueden no ser tan catastróficas como ha imaginado.

Para ayudar a los clientes a examinar su pensamiento catastrófico, estas son algunas preguntas útiles que puedes emplear para dirigir la conversación:

- «¿Se corresponden sí o sí con la realidad estos pensamientos?».
- «¿Son coherentes con los datos disponibles estos pensamientos?».
- «¿Cuál es el peor resultado posible, el mejor resultado posible y el resultado más probable?».
- «¿Podrías sobrevivir al peor resultado y sería realmente un problema?».
- «¿Existen otras formas de pensar acerca de esta situación?».
- «¿Son útiles estos pensamientos?».
- «¿Qué le dirías a un amigo o a otra persona que se encontrase en esta situación?».
- «¿Qué recursos tienes dentro y fuera de ti mismo que están ahí para ayudarte a afrontar esta situación?».

Vamos a ilustrar cómo podría desarrollarse una conversación de este tipo. Imagina a una mujer con fobia social que cree que sería el fin del mundo si no le gustase a alguien o si alguien pensase mal de ella. Tu primera línea de preguntas le ayudaría a examinar la validez de sus pensamientos ansiosos. Por ejemplo, podrías preguntarle: «Si no le gustases a alguien o alguien pensara mal de ti, ¿cómo te trataría esa persona? ¿Qué sería indicativo de que te está tratando así? ¿Qué sería indicativo de que *no* te está tratando así? ¿Cómo definiría un observador objetivo el trato de esa persona hacia ti?». A continuación podrías ayudarla a plantearse qué haría *incluso si* ese resultado temido tuviera lugar de veras. Por ejemplo, podrías preguntarle: «¿Cómo afectaría realmente a tu vida que no le gustases a esa persona? ¿Significaría este hecho que no le gustas a ninguna de los 8.083.800.000 personas que hay en la Tierra?». Al ayudar a esta clienta a ver que la opinión de un solo individuo es insignificante en el gran orden de las cosas, descubre que puede tolerarlo si no le gusta a alguien o si alguien la juzga negativamente. En lugar de temer este resultado, puede aprender a aceptarlo como una posibilidad y reconocer que no necesariamente tiene que ser un problema.

Hacer frente a la ansiedad implica, en parte, reconocer que rara vez hay certezas totales en la vida y que pueden producirse anomalías o accidentes. Los clientes no siempre pueden estar totalmente seguros de que no sucederá algo malo. Cuando la probabilidad de que ocurra algo malo es alta, es necesario abordar cómo hacer frente a las consecuencias. Sin embargo, no es útil abordar el pensamiento catastrófico cuando la probabilidad del peligro es inexistente o insignificante. Resolver problemas para cada posibilidad remota de peligro significa que los clientes no pueden estar presentes, experimentar alegría, alcanzar objetivos o mantener conexiones con otras personas. Es absurdo prepararse para hacer frente a un ataque de pájaros en un parque infantil, a un brote de peste bubónica o a un tsunami en un país o estado que no tiene acceso al mar.

El error de recursos

Los clientes con ansiedad infravaloran los recursos de los que disponen dentro y fuera de sí mismos para hacer frente a los peligros a medida que surgen. La terapia implica ayudarlos a ver qué recursos tienen ya a su disposición y también a conseguir recursos internos y externos adicionales. Por ejemplo, un cliente con ansiedad social podría tener que desarrollar habilidades comunicativas o de asertividad, mientras que uno con fobia a conducir podría necesitar clases teóricas de conducción y practicar con un instructor antes de enfrentarse a la carretera. En cuanto a los recursos internos, muchos clientes ya tienen las habilidades necesarias a su disposición o solo necesitan una ejercitación adicional para desarrollarlas aún más. Algunos ejemplos de estos recursos internos son la inteligencia, la astucia, la competencia (en el sentido de ser competente), la espiritualidad, habilidades de afrontamiento, talentos, conocimientos, la personalidad, el sentido del humor, la fuerza física, la resiliencia y, sobre todo, la autoconfianza.

La autoconfianza (confianza o seguridad en uno mismo) es tal vez el recurso interno más importante en el que trabajar en el contexto de la terapia, porque los clientes que sufren ansiedad creen que no pueden hacer nada al respecto, lo cual es una muestra de la falta de confianza que tienen en sí mismos. La verdad es que nadie es impotente. Todos tenemos habilidades, conocimientos y cualidades que nos capacitan para hacer frente a la vida. (Y aunque los clientes carezcan de determinadas habilidades terapéuticas o para la vida, la terapia puede contribuir a que las adquieran). La clave es ayudarlos a ver eso. Al apoyarlos en el desarrollo de la autoconfianza, refuerzas su capacidad de verse a sí mismos como capaces y aceptables, en lugar de que cuestionen su competencia o que son aceptables socialmente (Sokol y Fox, 2009). Aquellos que confían en sus capacidades comprenden que no tienen que ser «perfectos» y que pueden cometer errores, y reconocen que pedir ayuda u obtener más formación no quiere decir que no sean competentes. De manera similar, los que confían en que son aceptables socialmente ya no temen el rechazo (no temen, por ejemplo, no gustar a alguien o que alguien se enoje con ellos), porque saben que estas actitudes de los demás no definen su valor. La autoconfianza es la clave para acabar con la ansiedad infundada. Por lo tanto, definir y registrar claramente las cualidades y los recursos internos y externos de que dispone el cliente es importante en el tratamiento de la ansiedad. Si la inseguridad personal no está presente, la ansiedad no puede existir.

Abordar el error de recursos no significa tan solo ocuparse de los recursos internos, sino también ayudar a los clientes a reconocer los recursos externos a los que tienen acceso. También puede implicar conseguir fuentes adicionales de apoyo para los clientes que se encuentren más aislados socialmente. Los recursos externos pueden incluir una variedad de individuos pertenecientes a la comunidad en sentido amplio, como amigos, familiares, vecinos, buenos samaritanos, policías, bomberos, electricistas, fontaneros, profesionales de la salud mental, médicos, abogados, contables, trabajadores de la construcción y socorristas. Por ejemplo, un conferenciante que teme no poder responder a las preguntas puede aprender a reconocer que determinados miembros del público u otros ponentes pueden saber las respuestas. De manera similar, un ejecutivo que acude a una negociación comercial cuenta con un equipo de abogados, contables y ejecutivos de ventas que tienen la experiencia necesaria para abordar cualquier problema que pueda surgir.

Cuando los clientes son capaces de reconocer los recursos internos y externos de los que pueden disponer, su sensación de peligro se reduce a la mínima expresión y pasan a estar equipados con las herramientas necesarias para pasar a la siguiente fase del tratamiento: la terapia de exposición.

LAS ESTRATEGIAS BASADAS EN LA EXPOSICIÓN

Para preparar a tus clientes para las estrategias basadas en la exposición, empieza por explicarles el modelo cognitivo de la ansiedad en el contexto de sus miedos específicos. ¿Qué temen exactamente? Debes saber qué miedos albergan relacionados con las posibilidades que hay de que se produzca el resultado temido (la probabilidad), las consecuencias que imaginan que tendrá este resultado temido (la gravedad) y los recursos de los que creen disponer para hacerle frente. A continuación, utiliza los principios de la reestructuración cognitiva para ayudarlos a ver que están sobrevalorando las dificultades potenciales e infravalorando los recursos internos y externos a los que tienen acceso.

Una vez que los clientes comprenden el modelo cognitivo de la ansiedad y han sido equipados con conocimientos a través de la reestructuración cognitiva y experimentos conductuales, están listos para iniciar el proceso de la terapia de exposición. La exposición es una oportunidad para que pongan a prueba su hipótesis relacionada con el miedo. Es una herramienta potente para modificar el pensamiento distorsionado que no se corresponde bien con la realidad, ya que proporciona datos concretos y basados en los hechos para contradecir esta hipótesis.

Puedes utilizar varias modalidades de exposición con los clientes: la exposición en vivo, la imaginaria, la interoceptiva y la basada en la realidad virtual. En la **exposición en vivo**, los clientes afrontan directamente su miedo en la vida real. Son ejemplos de exposición en vivo pedirle al cliente que toque un objeto que le dé miedo (una serpiente, pongamos por caso), indicarle que derrame intencionadamente café sobre su camisa y camine en público, o animarlo a que coma solo en un restaurante.

Según Clark y Beck (2010), la mayoría de los terapeutas recomiendan la exposición en vivo siempre que sea posible, pero a veces no es factible. Hay ciertas situaciones en las que la exposición en vivo sería peligrosa, nada práctica o poco ética. En estos casos puede ser efectiva la **exposición imaginaria**, en la que se pide a los clientes que hagan frente a sus miedos en su imaginación. Por ejemplo, puedes indicarle al cliente que imagine que va conduciendo sobre un gran puente, que deja caer la bolsa de la compra y su contenido en el suelo o que tiene un ataque de pánico delante de su hijo. La exposición imaginaria es especialmente apropiada cuando el miedo está asociado a un pensamiento, una imagen o una idea. También puede facilitar que los clientes se aclimaten durante las etapas iniciales de la terapia de exposición, sobre todo aquellos que se resisten a exponerse en la vida real.

La **exposición interoceptiva** es otro tipo de terapia de exposición utilizada para el tratamiento del trastorno de pánico, que implica inducir intencionadamente las sensaciones corporales temidas, como mareos, sudoración, palpitaciones y falta de aire. Por ejemplo, podrías pedirle al cliente que hiperventile a propósito, que respire a través de una pajita estrecha con la nariz tapada, que dé vueltas en una silla, que corra sin moverse del sitio o que mire fijamente un patrón de espiga. La clave de la exposición interoceptiva es producir el síntoma corporal temido.

Finalmente, la **exposición basada en la realidad virtual** implica usar la tecnología para crear una simulación virtual del estímulo temido. El equipo de realidad virtual se puede utilizar para proporcionar una réplica realista de diversas situaciones temidas, como estar en un lugar elevado, en un avión o delante de público.

Los componentes clave de las intervenciones de exposición

Antes de iniciar cualquier tipo de terapia de exposición, es importante proporcionar a los clientes una justificación para hacerlo. Los clientes tienen que entender que hacer frente a sus miedos es necesario para la recuperación. Si mantienen las conductas de evitación nunca dejarán de ser presa de sus miedos, lo que seguirá comprometiendo sus oportunidades, metas e intereses. La evitación no les permite poner a prueba su hipótesis relacionada con el miedo y evita que un nuevo aprendizaje tenga lugar. Ayúdalos a ver que la exposición es lo opuesto a la evitación y el mecanismo a través del cual la hipótesis relacionada con el miedo puede ser desestimada.

En la terapia de exposición, la clave es que los clientes lleguen a nuevas conclusiones más acordes con la realidad en cuanto a sus predicciones y consecuencias temidas. Para que este aprendizaje tenga lugar, primero hay que especificar el resultado temido, hacer que los clientes efectúen la exposición y, después, comentar los resultados. El verdadero éxito radica en llevar a cabo la exposición. Esta tiene éxito si el cliente hace frente al resultado que teme, independientemente de cómo se sienta antes de la actividad, mientras la realiza o una vez finalizada. En realidad, si experimenta una ansiedad elevada en el curso de una exposición, este hecho puede proporcionarle una información aún más convincente en contra de su hipótesis relacionada con el miedo. En particular, si cree que no puede manejarse encontrándose ansioso, esta hipótesis queda anulada cuando ve que ha podido desenvolverse y superar la exposición a pesar de su gran ansiedad. Por ejemplo, un cliente que es capaz de viajar en un ascensor a pesar de su ansiedad descubre que no se asfixiará ni morirá. El éxito radica en el hecho de que ha viajado en el ascensor.

Como ocurre con todo buen experimento, la confiabilidad proviene de la repetición. Las exposiciones deben repetirse con frecuencia para que los clientes puedan sacar conclusiones más acertadas y objetivas sobre sus predicciones. Un éxito único puede parecer un golpe de suerte, pero el éxito a lo largo de exposiciones repetidas es una prueba sólida. Además, la duración de la exposición debe ser lo suficientemente larga para que se produzca el aprendizaje emocional. Las exposiciones demasiado breves no permiten que acontezca este aprendizaje, ya que no tiene lugar un procesamiento de la información. Si los clientes ponen fin a la exposición prematuramente, no descubren que pueden tolerar la ansiedad y que acabarán por habituarse al resultado temido. Por lo tanto, anímalos siempre a permanecer en la exposición más tiempo del que creen que pueden tolerar para que puedan poner totalmente a prueba su hipótesis relacionada con el miedo. Para la exposición en vivo, se suele recomendar una duración de veinte minutos, mientras que otras modalidades de exposición podrían requerir menos tiempo. Por ejemplo, en el caso de las exposiciones interoceptivas, a menudo se pide a los clientes que hiperventilen durante un minuto y repitan este ejercicio varias veces.

Asegurarse de que las exposiciones tengan una duración suficiente es esencial para el tratamiento, pero la cuestión de la intensidad no está tan clara. En general, los niveles subjetivos de angustia que caen en el rango del treinta al cuarenta por ciento se consideran un buen punto de partida, pero nuevos hallazgos parecen indicar que el aprendizaje puede producirse sea cual sea el grado de intensidad. Por un lado, tener un estado de ansiedad elevado es preferible porque permite a los clientes refutar su hipótesis relacionada con el miedo y experimentar un nuevo aprendizaje. Les permite ver que pueden afrontar sus miedos y tolerar las sensaciones incómodas asociadas a la ansiedad. Por otro lado, si la ansiedad se vuelve demasiado intensa, es posible que los clientes necesiten aplicar algunas estrategias de gestión de la ansiedad (como la respiración profunda o técnicas de relajación) para exponerse de forma prolongada y repetidamente (Clark y Beck, 2010).

Las técnicas de gestión de la ansiedad tienen un lado problemático, y es que los clientes pueden comenzar a utilizarlas como una estrategia de evitación, lo que impide que se produzca un nuevo aprendizaje. Esto es especialmente cierto en el trastorno de pánico, ya que quienes lo sufren pueden emplear estrategias de relajación o respiración como medio para evitar los temidos síntomas corporales. Entonces no pueden descubrir que estos síntomas no son tan peligrosos como creen, lo cual les impide ver que su miedo es infundado.

Puede ser difícil convencer a los clientes de que hagan frente a aquello que temen nada menos, por lo que es importante trabajar en colaboración con ellos para decidir con qué lentitud o rapidez quieren abordar las exposiciones. A muchos les puede resultar útil establecer una jerarquía de miedos en la que clasifiquen sus temores desde los menos angustiantes hasta los que les producen más ansiedad. Se trata de que comiencen con las exposiciones que les van a generar menos angustia y de que vayan avanzando por la jerarquía a medida que ganen confianza. El hecho de trabajar con una jerarquía suele implicar una progresión más lenta de la terapia, pero puede hacer que el cliente coopere más y reducir las probabilidades de que abandone prematuramente el tratamiento.

Una vez iniciada la terapia de exposición, es importante que los clientes sigan realizando exposiciones hasta que su grado de desempeño aumente y lleguen a refutar su hipótesis relacionada con el miedo. Pídeles que lleven a cabo exposiciones todos los días, e incluso varias veces al día, hasta lograr el aprendizaje deseado. A medida que vayan afrontando sus miedos y refutando la hipótesis inicial, las exposiciones serán cada vez menos duras, hasta que ya no serán necesarias.

Posibles obstáculos

Cuando los clientes se aferran a comportamientos que les brindan seguridad, las exposiciones pueden resultar inútiles, porque el aprendizaje no tiene lugar. Por ejemplo, una clienta con trastorno de pánico que teme desmayarse puede agarrarse a una mesa cada vez que se siente mareada, lo cual le impide comprobar si realmente se desmayaría. De manera similar, un cliente con TEPT puede disociarse siempre que tiene que relatar la experiencia traumática, lo que le impide descubrir que puede hacer frente a la angustia asociada al recuerdo traumático. O uno que teme conducir sobre puentes puede insistir en conducir siempre en el automóvil del profesor de autoescuela (que tiene acceso al volante y al freno), lo cual le impide darse cuenta de que puede conducir sobre los puentes sin problema. Presta atención a si tus clientes manifiestan comportamientos de seguridad de este tipo, ya que no son admisibles si deben obtener beneficios de las exposiciones.

Además de los comportamientos de seguridad, otro posible obstáculo en la terapia de exposición es que el cliente afronte una situación que está ubicada demasiado arriba en su jerarquía de miedos, lo que ocasionará una perturbación y evitará que se produzca cualquier aprendizaje nuevo. Si ocurre esto, puedes revisar las conclusiones cognitivas que has recopilado previamente con respecto a la percepción que tiene el cliente de los peligros y de los recursos con los que cuenta, reducir la duración de la exposición, retroceder a una situación que se encuentre más abajo en la jerarquía de miedos o acudir a técnicas de relajación para ayudarlo a pasar por la experiencia.

Finalmente, uno de los obstáculos más importantes en la terapia de exposición es la negativa del cliente a practicar la exposición. Para ayudar a los clientes a sentirse más cómodos con las exposiciones, es preferible que las practiquen inicialmente en el contexto de la sesión, para que se sientan más preparados para hacerlo por su cuenta después. Es más fácil practicar en la sesión si la exposición es imaginaria, interoceptiva o basada en la realidad virtual, si bien hay algunas exposiciones en vivo que se pueden llevar a cabo en este contexto. Además, puede ser útil que el cliente cuente con el apoyo de familiares, amigos o la pareja, que puedan ayudarlo a hacer frente a las pruebas de exposición. Finalmente, puedes ayudarlo a superar su reticencia recordándole las razones por las que decidió realizar el trabajo de exposición y recordándole también que si sigue optando por la evitación estará poniendo trabas a su propia recuperación.

RESUMEN: OCHO PASOS PARA LA EXPOSICIÓN

1. Identifica qué están evitando los clientes y de qué tienen miedo.
2. Háblales de la razón de ser de la terapia de exposición y de cómo la evitación impide la recuperación.
3. Recuérdales que el éxito de la exposición radica en hacer frente al miedo; no tiene que ver con cómo se sienten antes de la exposición, mientras la realizan o tras finalizar.

4. Decide qué tipo de exposición es más apropiado. Es posible que se puedan usar varios tipos.

5. Las predicciones de los clientes tienen que estar bien establecidas antes de pedirles que empiecen con las exposiciones.

6. Haz que comiencen a exponerse. Si es necesario, estableced una jerarquía e indícales que empiecen por abajo y vayan ascendiendo.

7. Comentad el resultado de cada exposición para extraer unas conclusiones claras y para que pueda tener lugar un aprendizaje.

8. ¡La práctica es fundamental!

INTERVENCIONES PARA LOS TRASTORNOS DE ANSIEDAD ESPECÍFICOS

Como hemos visto, los trastornos de ansiedad tienen en común que en todos ellos se da una percepción exagerada del peligro y una infravaloración de los recursos (Beck y Emery, 1985). Por lo tanto, el objetivo general del tratamiento es siempre el mismo, ya que implica enseñar a los clientes cómo evaluar de una manera más realista los riesgos y los recursos. Sin embargo, los componentes esenciales del tratamiento varían según el contenido específico del miedo del cliente. Se abordan a continuación intervenciones específicas para varios trastornos de ansiedad comunes, concretamente el TAG, la ansiedad social, el trastorno de pánico, las fobias, el trastorno de ansiedad por enfermedad, el TOC y el TEPT. Más específicamente, veremos los síntomas de cada trastorno y las intervenciones cognitivas y conductuales que se pueden utilizar con cada uno.

El trastorno de ansiedad generalizada

El trastorno de ansiedad generalizada (TAG) implica una ansiedad excesiva y continua en relación con varias áreas de la vida (como pueden ser la salud, la familia, el trabajo o la economía). La característica principal del TAG es una preocupación persistente de que ocurrirá algo «malo» y un deseo de controlar ese suceso. La preocupación ocasional es un componente normal de la vida, pero las personas con TAG experimentan preocupaciones desproporcionadas, ya que tienden a prever desastres a pesar de la falta de indicios de que vayan a producirse. Además, la preocupación que caracteriza a este trastorno es crónica y dominante. No hay una preocupación única acerca de un problema potencial que podría darse, sino que la preocupación está asociada a unos pensamientos obsesivos y rumiativos que toman el control (APA, 2013).

Intervenciones cognitivas

En el TAG, algo muy importante en la reestructuración cognitiva es ayudar a los clientes a ver que la preocupación es disfuncional y no cumple ningún propósito. Las personas con TAG a menudo creen que sus preocupaciones son útiles de alguna manera, por lo que es importante señalar los diversos inconvenientes que presentan. Por ejemplo, la preocupación les causa estrés, interfiere en su concentración y su proceso de aprendizaje, merma su capacidad de experimentar placer y les impide estar plenamente en el presente. Pero aunque se les señalen estos inconvenientes, algunos clientes con TAG seguirán manteniendo creencias positivas sobre la preocupación, al considerar, erróneamente, que preocuparse es una forma de obtener certezas. La clave es ayudarlos a aprender a tolerar la incertidumbre y a aceptar su impotencia. Ocurren cosas malas, sí, pero preocuparse no es una forma de evitar que sucedan o de contribuir a hacerles frente. Ayudar a los clientes a aceptar esta impotencia y esta incertidumbre es un paso crucial.

Además, los clientes deben comprender que resolver problemas no es lo mismo que preocuparse. La resolución de problemas conduce a soluciones, mientras que la preocupación solo implica revisar el problema una y otra vez sin tomar medidas. Por lo tanto, el objetivo es enseñarles a evaluar los peligros con mayor precisión y a resolver problemas y tomar medidas apropiadas solo si hay una amenaza real, en lugar de que sigan preocupándose. Los clientes con TAG tienden a ser buenos solucionadores de problemas y, enfrentados a emergencias reales, tienden a desempeñarse muy bien. Para ayudarlos a ver que poseen estas habilidades en cuanto a la resolución de problemas, puedes pedirles que recuerden experiencias pasadas en las que afrontaron y superaron dificultades con éxito. También puede ser interesante acudir a la visualización y pedirles que imaginen varios resultados posibles con respecto a un escenario temido y que piensen en todas las formas en que podrían lidiar con la situación.

Puedes usar la siguiente tarjeta de afrontamiento para ayudar a tus clientes con TAG a aprender a tolerar la incertidumbre, a mejorar sus habilidades relativas a la resolución de problemas y a romper el ciclo de la preocupación. Y a continuación encontrarás una hoja de trabajo destinada a que evalúen la utilidad de sus preocupaciones.

Tarjeta de afrontamiento

LIBRE DE PREOCUPACIONES

- La preocupación es un trastorno del pensamiento. Me quita energía, me fatiga, me distrae y me tortura de otras maneras también. Interfiere en mi capacidad de estar presente y me impide estar alegre. Mi objetivo es NO PREOCUPARME.
- En lugar de preocuparme, puedo decirme: «No hay nada que pueda hacer en este momento respecto a este problema. Cuando esté preparado, o sea necesario, lo abordaré y afrontaré en ese momento. Por ahora, lo dejaré a un lado».
- Se me da bien solucionar problemas, así que cuando esté listo o sea necesario afrontar el problema, tengo las habilidades para hacerlo.
- No necesito resolver todo de antemano. Está bien no tenerlo todo resuelto.

EVALÚA TUS PREOCUPACIONES

• • • • • •

Cuando tomes conciencia de que te estás preocupando, **DETENTE** y sigue estos pasos:

1. Pregúntate: «¿Cuáles son mis preocupaciones? ¿Es probable que acontezca lo que me preocupa, es una posibilidad remota o es imposible?».

_____

_____

2. Pregúntate: «Si sucediera lo que me preocupa, ¿qué sería lo peor que podría pasar? ¿Y lo mejor? ¿Y lo más probable?».

_____

_____

3. Si lo que te preocupa podría suceder o es probable que suceda (y sería un problema si ocurriera), continúa con la pregunta 4. Sin embargo, si no es posible o probable que acontezca lo que te preocupa (y si no va a suponer un problema en caso de suceder), no tiene sentido que gastes energía pensando en ello.

_____

_____

4. Si es probable que lo que te preocupa suceda y sea un problema, ¿hay algo que puedas hacer al respecto?

_____

_____

5. Si es así, ¿cuáles son tus opciones? Evalúa los pros y los contras de cada opción y elige una línea de acción. Si tus opciones no pueden ejecutarse hasta más adelante, acepta la espera. Si no tienes opciones personales para emprender, acepta que no puedes hacer nada ¡y deja que el universo decida!

_____

_____

Intervenciones conductuales

Dado que los clientes con TAG se encuentran en un estado de tensión constante, también es útil incorporar intervenciones que reduzcan su grado de activación automática. Las intervenciones conductuales que promueven la relajación, como la respiración profunda, la relajación muscular progresiva, el mindfulness, el yoga y el ejercicio, pueden mitigar la tensión y hacer que los clientes estén menos reactivos. Estas intervenciones pueden ser especialmente útiles antes de realizar otras más directas (como la reestructuración cognitiva o la exposición conductual) cuando está presente una ansiedad somática inusualmente intensa (Clark y Beck, 2010). Estas intervenciones no solo calman el cuerpo, sino que también tienen el efecto secundario de reducir la preocupación. Más específicamente, intervenciones como el yoga y el mindfulness pueden ayudar a los clientes a apaciguar su mente meditabunda y sintonizar con su cuerpo. Sin embargo, en el caso de aquellos que temen la ansiedad en sí, la reestructuración cognitiva debe centrarse en ese miedo antes de que se les proporcionen las herramientas que les permitan reducir su experiencia subjetiva de la ansiedad. De lo contrario, las técnicas de relajación podrían convertirse en recursos de evitación.

Otra herramienta conductual útil consiste en que los clientes programen intencionadamente un «tiempo en el que preocuparse» cada día. Los clientes con TAG están consumidos por la preocupación a lo largo de la jornada; no paran de dar vueltas a sus problemas y no llegan a ninguna conclusión. Al programar un tiempo en el que preocuparse, aprenden a posponer sus preocupaciones y continuar con sus actividades diarias. Para implementar esta intervención, empieza por pedirles que identifiquen un período de veinte minutos durante el día que puedan dedicar a preocuparse. A partir de ahí, pídeles que cada vez que se descubran preocupándose a lo largo del día anoten esas preocupaciones y las dejen para el próximo período de cavilación. Es habitual que digan que no pudieron preocuparse durante el tiempo asignado, ya que se encontraron con que el problema que habían previsto no se presentó o no fue tan grave, lo cual hizo que no tuviesen la necesidad de preocuparse tanto. Los clientes también aprenden que al preocuparse hacen que los problemas sean más grandes de lo que son, lo cual conduce a la ansiedad y obstaculiza el pensamiento racional.

TAG: TAREAS TÍPICAS SUGERIDAS

Pide a los clientes:

1. Que practiquen técnicas de relajación.
2. Que programen un tiempo determinado para preocuparse y posterguen cualquier preocupación hasta ese momento.
3. Que lean sus tarjetas de afrontamiento.
4. Que resuelvan problemas en lugar de preocuparse.
5. Que practiquen la tolerancia a la incertidumbre.
6. Que imaginen resultados alternativos a los que temen.
7. Que se recuerden a sí mismos todas las veces que han manejado situaciones difíciles.
8. Que se enfoquen en sus cualidades y las registren para cultivar una imagen positiva de sí mismos.

El trastorno de ansiedad social

La ansiedad social se caracteriza por el miedo al juicio en situaciones sociales o relacionadas con el desempeño. Las personas con ansiedad social temen la posibilidad de la humillación o el rechazo social y tienen pavor al bochorno. Están superatentas a sus procesos internos (por ejemplo, las sensaciones de ansiedad, los pensamientos automáticos distorsionados, la activación fisiológica...) y cavilan sobre cómo las carencias sociales que creen tener las conducirán a «meter la pata» de alguna manera. En consecuencia, tienden a evitar las situaciones sociales, lo que hace que se sientan menos capaces de socializar, salir, viajar, trabajar, estudiar y manejarse en la vida diaria (APA, 2013).

Intervenciones cognitivas

Los clientes con ansiedad social sobrestiman la probabilidad de que los demás les presten atención y experimentan una gran angustia si perciben que están siendo juzgados o rechazados de alguna manera. Debido a que están excesivamente enfocados en las señales internas, las cuales utilizan como un indicador de que son incompetentes en el terreno social, son menos capaces de evaluar objetivamente las señales sociales reales. Por lo tanto, un aspecto fundamental del tratamiento consiste en ayudarlos a examinar los datos reales en lugar de basarse en estas señales internas. Trabaja con ellos para que evalúen los escenarios hipotéticos que temen; haz que observen las señales del mundo exterior y enséñales a cuestionar las evaluaciones distorsionadas que efectúan de las probabilidades.

Por ejemplo, pongamos el caso de un chico que, si bien se encuentra en la etapa tardía de la adolescencia, presenta unos rasgos impúberes que le hacen temer que su falta de desarrollo salte a la vista. Piensa para sí: «Todo el mundo piensa que parezco un niño pequeño. Nadie me tomará en serio. Nadie querrá estar con un niño. Me sentiré humillado». Estos miedos hacen que se niegue a asistir al instituto y, sin poder reunir pruebas que los desmientan, siguen creciendo. La reestructuración cognitiva puede ayudar al chico a evaluar sus pensamientos automáticos con el fin de que pueda emprender una línea de acción más apropiada. Aunque sea cierto que experimenta lo que se conoce como *retraso del crecimiento*, esto no significa que el mundo lo esté juzgando negativamente. En su trabajo de verano, nadie lo trató de manera diferente a los demás. Los clientes no pidieron ser atendidos por un empleado mayor y nadie se burló de su estatura ni de su falta de vello facial. Sus amigos siguen tratándolo como siempre; comparten sus secretos con él, salen con él e incluso se suben con él al coche que ha empezado a conducir tras haberse sacado el carné. La realidad es que todos lo ven como «uno de ellos» y no como un preadolescente. Ayudarlo a darse cuenta de esto le permite regresar al instituto, donde sus miedos se ven aún más desmentidos.

Para poner otro ejemplo, pongamos el caso de una mujer que suda profusamente. Esta mujer imagina que los demás notan su sudor excesivo y se molestan por ello, y supone que sacan diversas conclusiones horribles sobre ella. Su miedo al juicio la lleva a evitar a las personas y a rechazar invitaciones, lo que la desconecta aún más del mundo y refuerza sus miedos. En esta situación, el objetivo de la terapia no es reducir su sudoración, aunque si su miedo a sudar se ve mitigado, la intensidad del sudor disminuirá, probablemente. El objetivo de la terapia es ayudarla a ver que sus pensamientos están caracterizados por unas percepciones de rechazo exageradas. La verdad es que suda más que la persona promedio, pero la mayor parte del mundo no la juzga con tanta dureza como ella misma lo hace. De hecho, muchísimas personas no se dan cuenta de lo que ocurre. Y si bien existe la posibilidad de que a alguien le desagrade su sudor, o lo encuentre negativo de alguna manera, esto no tiene por qué implicar las temidas consecuencias que imagina. Por ejemplo, su sudor no le ha impedido estar felizmente casada, tener unos amigos y unos hijos que la adoran o gozar de éxito en el trabajo. Son las consecuencias de la sudoración que imagina, más que las reales, las que la limitan, por lo que ¿qué importancia podría tener que alguien ahí fuera encontrarse desagradable su sudor? ¿Afectaría eso a alguna de las cosas que son importantes para ella? La reestructuración cognitiva puede ayudarle a darse cuenta de que ella no es su sudor, sino que agrupa un conjunto complejo de cualidades, talentos, gustos y experiencias que hacen de ella una persona capaz y socialmente aceptable.

Finalmente, los clientes con ansiedad social tienden a cavilar sobre los errores que creen que han cometido al reflexionar sobre cualquier tipo de interacción que han tenido con otras personas. Por ejemplo, consideremos el caso de un cliente que cree que no tiene habilidades sociales y que tuvo un mal desempeño en una entrevista de trabajo reciente. Recuerda que no estableció contacto visual, sudó profusamente, tardó demasiado en responder las preguntas y no dio la impresión de ser una persona inteligente. La reestructuración cognitiva puede ayudarle a cuestionar lo que imagina, a evaluar más objetivamente sus percepciones y a cambiar cualquier conclusión incorrecta. Una forma de lograr esto es hacer que reviva la experiencia a través de la visualización o los datos que fueron grabados. Por ejemplo, puedes pedirle que te diga qué le preguntaron concretamente y qué respuestas dio. Entonces queda claro que las respuestas que ofreció en el curso de la entrevista fueron perfectamente apropiadas.

Para ayudar a los clientes a darse cuenta de que la ansiedad social que están experimentando es desproporcionada con relación a las situaciones, entrégales la siguiente tarjeta de afrontamiento. Les recordará que su ansiedad está impulsada por la sobrevaloración de los peligros y la infravaloración de los recursos.

Tarjeta de afrontamiento

EVITAR EL MIEDO AL JUICIO SOCIAL

- La opinión negativa que tenga de mí cualquier persona no tiene que definirme.
- La opinión negativa que tenga de mí cualquier persona no tiene por qué afectarme en absoluto.
- El mundo no me está prestando atención a mí; todos están demasiado ocupados.
- Ser perfecto no es un requisito para tener éxito o ser amado. Puedo aceptar mis defectos.
- Puedo exponerme. No voy a dejar que mi miedo al juicio social me impida perseguir lo que quiero y hacer lo que me gusta.
- Puedo salir de mi cabeza y mirar el mundo que me rodea. Probablemente no sea el monstruo que creo que es.

Intervenciones conductuales

Al tratar la ansiedad social dentro del marco de la TCC, incide en el cambio cognitivo reuniendo datos conductuales en el contexto de las exposiciones. Las exposiciones brindan a los clientes la oportunidad de poner a prueba las predicciones que temen y descartar sus percepciones defectuosas. Por ejemplo, volviendo al ejemplo del estudiante con rasgos prepúberes, la única forma en que puede saber que no lo rechazarán o marginarán es regresar al instituto. De manera similar, la mujer que suda profusamente solo puede superar su miedo enfrentándose al mundo siendo ella misma, con esta característica incluida. En lugar de ocultar su sudor con ropa voluminosa o de correr al baño para secarse la cara, debe aprender a lidiar con el mundo mientras suda, para poder sentirse segura de sí misma y darse cuenta de que el sudor no la define.

Sin embargo, a veces los clientes con ansiedad social llevan tanto tiempo manifestando conductas de evitación que sus habilidades sociales se han deteriorado realmente. De hecho, es comprensible que puedan tener dificultades con la charla trivial si no la han practicado. En estas situaciones, puede ser útil proporcionarles entrenamiento en habilidades sociales. Por ejemplo, puedes ayudarlos a practicar la charla trivial identificando temas que les interesen (programas de televisión, películas, libros, deportes, música...) y promoviendo una conversación sobre estos temas. Se trata de que trabajen en compartir sus opiniones, formular preguntas a otros y tolerar el silencio durante una conversación. Las conversaciones son bidireccionales, por lo que no son los únicos responsables de que fluya.

También podría ser apropiado que practicasen las habilidades que tienen que ver con la asertividad los clientes que se guardan sus opiniones y no expresan sus necesidades. Con este fin, puedes enseñarles las habilidades básicas asociadas al hecho de ser asertivo (manifestar los hechos, hacer saber a los demás cómo se sienten, reconocer el punto de vista del interlocutor y expresar los propios deseos) y después puedes hacer que practiquen el uso de estas habilidades en la sesión en el contexto de situaciones simuladas. Una vez que hayan practicado contigo en la sesión, podrán comenzar a usar las habilidades de la asertividad con las personas con las que se sientan seguros (familiares, amigos cercanos...) y, a partir de ahí, ir ampliando la esfera de aplicación progresivamente. Mostrarse asertivos les resultará incómodo al principio probablemente, pero con el tiempo les irá pareciendo más natural.

ANSIEDAD SOCIAL: TAREAS TÍPICAS SUGERIDAS

Pide a los clientes:

1. Que revisen las tarjetas de afrontamiento para recordar que su ansiedad se debe a que sobrevaloran los peligros e infravaloran los recursos de que disponen.

2. Que recopilen datos reales en situaciones sociales o de desempeño centrándose en las señales externas (en lugar de hacerlo en las internas).

3. Que afronten su miedo al rechazo para demostrarse a sí mismos que pueden sobrevivir a la experiencia. Esto puede implicar ponerse voluntariamente en una situación en la que el rechazo esté garantizado.

4. Que se enfoquen en sus cualidades y las anoten para cultivar una imagen positiva de sí mismos.

5. Que hagan frente a situaciones que han estado evitando.

6. Que se pongan en situaciones incluso más duras que aquellas que más temen.

Puedes entregar a tus clientes la hoja informativa de la página siguiente para que recuerden los principios generales que deben guiar las estrategias basadas en la exposición cuando estén trabajando para hacer frente a sus miedos.

HAZ FRENTE A TUS MIEDOS

• • • • • •

- Planta cara a las situaciones que te dan miedo y observa si tus predicciones en cuanto a lo que temes se hacen realidad.
- Anímate a afrontar los desafíos más incómodos para dejar atrás tus miedos.
- Ten cuidado de no permitir que la evitación sutil coarte tu libertad. Deja que el mundo te vea tal como eres. Camina por ahí cuando estés sonrojado o sudando, cuando tengas manchas de café en la camisa o pintalabios en los dientes, y reconoce que estas imperfecciones no te definen.
- Adquiere habilidades sociales si te faltan. Es posible que la evitación haya hecho que tus habilidades comunicativas o relativas a la asertividad se hayan oxidado. Póntelo fácil para empezar. Por ejemplo, practica la conversación hablando de asuntos triviales con la familia, preguntando dónde encontrar algo en una tienda o iniciando una conversación con un vecino. Practica la asertividad con cuestiones menores, como modificar un elemento de un menú, rechazar una invitación o decir «no» a una petición no razonable; a partir de ahí, avanza paso a paso en la comunicación de tus sentimientos y preferencias a los demás.
- Está bien practicar, si se carece de experiencia sobre todo. La práctica conduce a sentirse a gusto y a adquirir competencia. Por ejemplo, establece un plan diario para entablar una conversación, afirmarte a ti mismo o ponerte en una situación incómoda.
- Recurre a tu red de apoyo social. Nadie dice que siempre debas hacerlo solo.

El trastorno de pánico

Los clientes con trastorno de pánico experimentan ataques de pánico recurrentes e inesperados y viven angustiados ante la posibilidad de tenerlos en cualquier momento. De resultas de esta ansiedad anticipatoria, estos clientes se vuelven hipersensibles a las sensaciones físicas y a menudo buscan asistencia médica inmediata cada vez que surgen determinados síntomas. Pueden adoptar diversas conductas de evitación en un intento de reducir al mínimo la probabilidad de sufrir un ataque de pánico, como disminuir la actividad física o limitar las actividades que creen que podrían inducir el pánico. Esta evitación puede llevar a la agorafobia: los clientes evitan salir de casa por miedo a quedar atrapados y a ser incapaces de escapar si se presentan los síntomas del pánico (APA, 2013).

Intervenciones cognitivas

Los clientes con trastorno de pánico efectúan interpretaciones catastróficas sobre las sensaciones corporales que experimentan durante un ataque de pánico (por ejemplo, temen que están sufriendo un ataque al corazón o que se están volviendo locos), lo cual los lleva a temer los ataques de pánico que puedan producirse en el futuro. Por lo tanto, abordar esta interpretación catastrófica en la terapia es fundamental (Clark y Beck, 2010). El primer paso es identificar el ciclo del pánico de cada individuo con el fin de determinar cuáles son las creencias disfuncionales, los desencadenantes, las evaluaciones y las interpretaciones catastróficas que impulsan su pánico. La siguiente figura ilustra el modelo cognitivo que subyace a este ciclo del pánico básico.

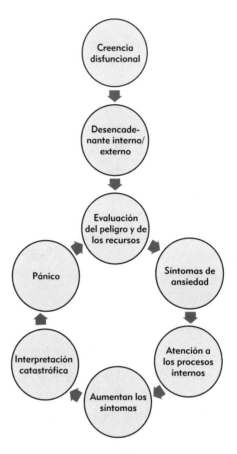

Adaptado de Clark (1986)

Por ejemplo, pongamos el caso de una mujer de sesenta años que alberga la etiqueta de inseguridad «no estoy bien» (*creencia disfuncional*). De camino al trabajo, se da cuenta de que olvidó algo en casa (*desencadenante*) y piensa: «Está claro que mi memoria tiene problemas. No puedo con esto» (*evaluación de peligros y recursos*). A la vez, empieza a sentirse inquieta y experimenta una sensación de hormigueo en el cuerpo (*síntomas de ansiedad*). Sigue enfocándose en estas sensaciones corporales e hiperventila al tratar de respirar profundamente (*atención a los procesos internos*). Como resultado, empieza a sentir calor, experimenta una opresión en el pecho, su corazón late más rápido y siente malestar estomacal (*aumentan los síntomas*). Piensa: «Me estoy volviendo loca. Voy a perder la memoria para siempre» (*interpretación catastrófica*), y comienza a entrar en pánico de inmediato. Piensa: «Nunca me pondré mejor. Estaré así para siempre» (*evaluación de peligros y recursos*), y sus síntomas de ansiedad se perpetúan.

Cada punto en el ciclo del pánico es un punto de comprensión y ofrece una posibilidad de intervención. El punto de intervención más efectivo es el relativo a la interpretación catastrófica. En particular, el interrogatorio socrático guiado puede ayudar a los clientes a evaluar su interpretación errónea y a considerar una conclusión alternativa: que sus síntomas, aunque desagradables, no son peligrosos. En el ejemplo anterior, la clienta teme que se está volviendo loca y perderá la memoria. Esto es especialmente angustiante para ella porque su madre está muriendo y teme no solo perderla a ella sino experimentar una pérdida más global si su memoria desaparece también. La reestructuración cognitiva puede ayudarle a ver que es muy improbable que se vuelva «loca» y sufra un trastorno psicótico a los sesenta años, y que la pérdida de memoria y el olvido son signos normales del envejecimiento. Además, puedes ayudarla a darse cuenta de que los síntomas del pánico desaparecen cuando está distraída o cuando toma su medicamento ansiolítico, lo que respalda la hipótesis de que estos síntomas son un resultado de la ansiedad y no de una enfermedad no diagnosticada.

Si bien la reestructuración cognitiva es un componente del tratamiento del trastorno de pánico en la TCC, por lo general no es suficiente. Muchos clientes con trastorno de pánico se han sometido a numerosas pruebas y han consultado a muchos médicos y, a pesar de que no haya ningún dato que avale la existencia de un peligro, siguen creyendo que tienen un problema de salud importante. Por lo tanto, abordar sus interpretaciones catastróficas a través de intervenciones conductuales es otro componente clave del tratamiento. Estas intervenciones son especialmente importantes cuando la evitación agorafóbica es relevante.

Intervenciones conductuales

La exposición interoceptiva

La principal intervención conductual para el trastorno de pánico es la exposición interoceptiva, que implica exponer adrede a los clientes a las sensaciones corporales que temen. El objetivo de la exposición interoceptiva es provocar estas sensaciones corporales temidas, dejar que surja cualquier creencia no útil, convivir con las sensaciones corporales temidas sin distraerse ni evitarlas y permitir que tenga lugar un nuevo aprendizaje sobre ellas. Lo más útil es provocar los síntomas corporales que los clientes temen más, si bien esto puede requerir avanzar por una jerarquía y comenzar con los síntomas que provocan menos angustia.

Estas sensaciones corporales pueden suscitarse de diversas maneras, según cuáles sean los síntomas que los clientes teman más. Por ejemplo, un cliente que teme que se le acelere el corazón puede correr sin moverse de sitio o hacer saltos durante un minuto, mientras que uno que teme marearse y desmayarse puede girar en una silla. El objetivo es tratar de inducir un ataque de pánico o intentar suscitar unos síntomas que sean prácticamente idénticos a los del pánico. La hoja para el terapeuta «Ejercicios de exposición interoceptiva» (ver página 226) presenta unos ejercicios más específicos que puedes utilizar para inducir determinados síntomas de pánico.

Antes de dar inicio a las exposiciones interoceptivas, empieza por pedir a los clientes que se puntúen en una escala de unidades subjetivas de angustia. Esta puntuación te proporcionará una medida de referencia de su ansiedad para que puedas evaluar en qué grado la intensifica la exposición. A continuación, revisa los síntomas de ansiedad específicos que experimentan durante los ataques de pánico e identifica su hipótesis relacionada con el miedo. Hacer esto te ayudará a determinar si la exposición está logrando provocar el resultado que temen. Finalmente, comienza a inducir intencionadamente los síntomas que temen a través de la exposición interoceptiva. Las «Pautas para la exposición interoceptiva» (página 228) contienen los pasos que hay que dar en este proceso, los cuales incluyen cómo procesar la exposición y ayudar a los clientes a sacar unas conclusiones nuevas y más realistas en cuanto a sus síntomas de pánico.

EJERCICIOS DE EXPOSICIÓN INTEROCEPTIVA

● ● ● ● ● ●

Justificación

Los ejercicios de exposición interoceptiva intentan simular sensaciones corporales temidas para evaluar las hipótesis de peligro de los clientes. Se pueden probar varios ejercicios interoceptivos para producir el síntoma o los síntomas temidos y poner a prueba la predicción del peligro. Es factible llevar a cabo inducciones utilizando más de un ejercicio interoceptivo a la vez, y hacerlo puede facilitar la activación del miedo. Cuanto más diversas sean las sensaciones, más generalizado será el aprendizaje. Por lo tanto, los ejercicios que producen síntomas que el cliente no suele experimentar también pueden ser útiles. La duración de la exposición es flexible, ya que el objetivo es que los clientes se expongan durante la cantidad de tiempo que les permita experimentar los síntomas que temen, poner a prueba su hipótesis relacionada con el miedo y aguantar más rato del que creían que podían soportar. Permitir que abandonen la exposición solo refuerza su miedo, ya que valida su hipótesis de que si hubieran continuado con la exposición se habría producido un resultado negativo con toda probabilidad.

Práctica

Las exposiciones interoceptivas deberían llevarse a cabo en el entorno terapéutico antes de que los clientes las practiquen por su cuenta. A muchos les resulta útil introducir variaciones en el ejercicio de exposición al practicar por su cuenta con el fin de fortalecerse completamente contra el miedo exagerado e inapropiado que tienen a sufrir un daño corporal.

Algunas ideas para provocar...

... mareo, vértigo, hormigueo, náuseas, sudoración

☐ Hiperventilación/hiperrespiración (por ejemplo, hacer respiraciones superficiales por la boca y la nariz a un ritmo rápido de cien a ciento veinte respiraciones por minuto) durante un minuto más o menos.

☐ Girar en una silla varias veces.

☐ Levantarse rápidamente de una posición sentada.

☐ Para conseguir la sudoración, encender un calefactor mientras se practica lo anterior.

... falta de aire o sensación de asfixia

☐ Respirar a través de una pajita manteniendo la nariz tapada durante unos cuarenta y cinco segundos.

☐ Aguantar el aire durante treinta segundos.

☐ Sentarse con una manta o un abrigo pesado cubriendo la cabeza.

... aceleración de la frecuencia cardíaca

☐ Correr sin moverse del sitio durante dos minutos.

☐ Hacer saltos de tijera durante dos minutos.

☐ Subir y bajar escaleras durante un minuto.

... sensación de irrealidad

☐ Mirarse a sí mismo en el espejo durante tres minutos.

☐ Mirar una luz fluorescente y después intentar leer algo.

☐ Mirar durante tres minutos un punto pequeño (del tamaño de una moneda más o menos) pegado en la pared.

☐ Mirar un patrón de espiga durante tres minutos.

PAUTAS PARA LA EXPOSICIÓN INTEROCEPTIVA

● ● ● ● ● ●

1. Informa a los clientes de que te gustaría realizar un experimento diagnóstico con ellos para entender mejor su pánico y ayudarlos a sobrellevarlo.

2. Si aún no lo has hecho, toma nota de los síntomas de ansiedad que experimentan durante un ataque de pánico e identifica su hipótesis relacionada con el miedo.

3. Antes de comenzar con la exposición, pídeles que califiquen su ansiedad en una escala del 0 al 10 para obtener una medida de referencia de su angustia.

4. Seguidamente, inicia la exposición. Puedes empezar con cualquiera de los ejercicios que contiene la hoja informativa anterior, «Ejercicios de exposición interoceptiva», en función de cuáles sean los miedos específicos del cliente. Recuerda que se trata de inducir un ataque de pánico intencionadamente. Si tiene que ser útil, puedes practicar el ejercicio junto con el cliente y guiarlo para que continúe. Si el ejercicio que has elegido no suscita los síntomas temidos, podrías probar con otro (por ejemplo, contener la respiración durante treinta segundos, girar en una silla, correr sin moverse del sitio, respirar a través de una pajita...).

5. Durante la exposición, pregunta a los clientes:

- ¿Qué síntomas físicos estás experimentando?
- ¿Qué grado de ansiedad estás sintiendo en una escala del 0 al 10?
- ¿Hay pensamientos rondando por tu cabeza? En caso de que sí, ¿cuáles son? ¿Cuál es tu peor miedo?

6. Una vez que los clientes hayan finalizado la exposición, pídeles que vuelvan a calificar su ansiedad en una escala del 0 al 10. Dependiendo de la intensidad de su ansiedad y su capacidad para procesar la exposición, elige una de las dos opciones siguientes:

- **Opción 1:** Comenzar a procesar la experiencia (salta al paso 7).
- **Opción 2:** Si el cliente experimenta un grado de ansiedad abrumador que le impediría procesar significativamente la exposición, prueba primero una de las siguientes técnicas de gestión de la ansiedad. De todos modos, recuerda que el objetivo es que los clientes acaben por hacer frente a los síntomas que temen, por lo que no conviene que utilicen estas técnicas para controlar el pánico a largo plazo.
  * Acude a la distracción durante unos minutos y hablad sobre algo relevante e inocuo para el cliente, como un programa de televisión o una película.
  * Pídele que practique la respiración diafragmática. Indícale que cierre la boca y haga tres respiraciones muy lentas a través de la nariz. Se recomienda que cada respiración dure de seis a doce segundos.
  * Pídele que lea en silencio un párrafo de atrás hacia delante o que describa un cuadro que tengas colgado en la pared.
  * Indícale que nombre todos los estados de Estados Unidos.*

7. Pregúntale hasta qué punto ha sido similar la experiencia que ha tenido en la exposición a las que tiene durante los ataques de pánico. Pídele que puntúe esta similitud en una escala del 0 al 10.

8. Pregúntale sobre las conclusiones a las que ha llegado después del ejercicio. Por ejemplo, ¿qué pensamientos catastróficos tuvo durante la exposición? ¿Alguno de ellos se hizo realidad? Si se utilizaron las técnicas de reducción de la ansiedad de la opción 2, ¿qué dice eso acerca de la gravedad o peligrosidad de los síntomas? Recuerda que estás conduciendo a los clientes hacia una nueva hipótesis: que los síntomas no son peligrosos. Si concluyen que pueden controlar sus síntomas, entonces pueden darse cuenta de que no entrañan peligro.

---

* N. del T.: Las autoras están pensando en los lectores estadounidenses. En el ámbito hispánico tal vez se les podría indicar que enumeren los países de Europa o de América del Sur.

9. Para ayudar a los clientes a darse cuenta de que tienen un papel en el desencadenamiento de sus ataques de pánico, señálales cómo influyen en el empeoramiento de sus síntomas al centrar demasiado la atención en los pensamientos que temen o al hiperventilar. Por ejemplo, indícales que intenten provocar los síntomas respirando rápidamente por la nariz, y verán que es imposible generarlos. Los experimentos que demuestran la capacidad de manipular los síntomas validan la hipótesis de que no hay que temerlos.

10. Trabaja con los clientes para redactar una tarjeta de afrontamiento que resuma sus conclusiones. Esta tarjeta debe incluir una declaración que refleje una hipótesis nueva (y fiel a la realidad) con respecto a los síntomas que temen, los datos que respaldan esta nueva hipótesis, la acción apropiada (si es necesaria) y una declaración clara que especifique que los síntomas, por incómodos que sean, no son peligrosos y acabarán por desaparecer sin necesidad de realizar ninguna intervención. Por ejemplo: «Pensé que iba a _____ [sufrir un ataque al corazón, desmayarme, asfixiarme, etc.] pero no fue así. Estos síntomas pueden ser desagradables, pero no me harán daño. Están impulsados por mis pensamientos aterradores y por el hecho de que enfoco demasiado la atención en mi cuerpo. Al respirar normalmente, puedo hacer que estos síntomas desaparezcan. Esto me indica que no son peligrosos». La tarjeta de afrontamiento de muestra de la página siguiente ilustra las nuevas conclusiones a las que llegó la mujer de sesenta años a partir de sus exposiciones interoceptivas. Esta tarjeta de afrontamiento es el resultado del trabajo realizado con la reestructuración cognitiva y la exposición.

11. Una vez que los clientes hayan llevado a cabo las exposiciones interoceptivas en el contexto de la sesión, asegúrate de que continúen practicándolas como tarea para que el nuevo aprendizaje pueda seguir produciéndose entre sesiones. Después de cada exposición, pídeles que sigan escribiendo conclusiones y anímalos a leerlas regularmente. También puedes hacer que completen la hoja «Registro del pánico» (página 233) para ver cómo cambian sus reacciones frente al pánico con el tiempo mediante la práctica continua de la exposición interoceptiva.

Tarjeta de afrontamiento de muestra

- Estos síntomas no me harán enloquecer. Si estuviera volviéndome loca, ya habría perdido la cabeza hace mucho tiempo. Aunque la ansiedad sea terrible, no puede dañarme ni hacer que enloquezca o que experimente un daño físico.
- Lo sé por estas razones:
  * El hecho de hiperventilar me llevó a sufrir un ataque de ansiedad, pero las sensaciones de pánico desaparecieron cuando empecé a respirar de otra manera. Si la ansiedad indicara la inminencia de un peligro físico, no podría haber obtenido este resultado.
  * La ansiedad se puede controlar. Hago que sea peor al centrarme en las sensaciones e hiperventilar. El hecho de que pueda controlar los síntomas significa que no son peligrosos.
  * La ansiedad no es más que una manifestación de estrés. No es algo grave.
  * La ansiedad es angustiante, pero no perjudicial.
  * He tenido ansiedad muchas veces, pero nunca he enloquecido ni he perdido la memoria. Los síntomas acaban por desaparecer en todas las ocasiones, independientemente de cómo responda.
- **La conclusión:** ¡La ansiedad no puede hacerme daño y desaparecerá!

TARJETA DE AFRONTAMIENTO DEL PÁNICO

● ● ● ● ● ●

Elabora una tarjeta de afrontamiento que detalle tu hipótesis nueva y más afín a la realidad, los datos que respaldan esta nueva hipótesis, la acción apropiada (si es necesaria) y una declaración clara que especifique que los síntomas, por más incómodos que sean, no son peligrosos y acabarán por desaparecer sin que ninguna intervención sea necesaria.

_____

_____

_____

_____

_____

_____

_____

_____

_____

_____

Hoja de trabajo para el cliente

REGISTRO DEL PÁNICO

• • • • •

El hecho de registrar los episodios de pánico puede ayudarte a ver si tus reacciones al pánico y a la ansiedad alta cambian con el tiempo. Anota ejemplos de pánico y ansiedad alta, el contexto en el que se produjeron estos episodios, qué síntomas experimentaste, cómo interpretaste las sensaciones, qué respuesta diste al pánico y si acabaste por tener un ataque de pánico completo.

Día, hora y duración del episodio de pánico	Contexto en el que tuvo lugar el episodio de pánico y su intensidad (del 0 al 10)	Descripción de los síntomas de pánico	Interpretación de las sensaciones	Tu respuesta al episodio de pánico. ¿Qué hiciste? Anota cualquier medicamento que tomaras y las dosis

¿Fue este un ataque de pánico total? En caso de que no, explica por qué:

_____

_____

Gestión de la ansiedad a corto plazo

Durante las exposiciones interoceptivas, el objetivo es que los clientes utilicen la reestructuración cognitiva para responder a los síntomas de pánico que experimentan y que convivan con las sensaciones corporales que temen sin distraerse ni evitarlas. Sin embargo, como mencionábamos en las «Pautas para la exposición interoceptiva» (página 228), a veces es necesario enseñar a los clientes técnicas de gestión de la ansiedad a corto plazo, como la distracción, pasar a centrarse en otra cosa y la respiración profunda, con el fin de que puedan mitigarse los síntomas físicos. A corto plazo, el uso de estas técnicas puede animarlos a permanecer en situaciones que les suscitan ansiedad y reducir al mínimo la evitación fóbica. Estas técnicas también evitan que consuman medicamentos ansiolíticos adictivos de acción corta.

El uso de técnicas de gestión de la ansiedad a corto plazo no tiene por qué impedir el aprendizaje nuevo si ayudas a los clientes a entender que el hecho de que estas herramientas funcionen es indicativo de que sus síntomas no pueden ser graves o peligrosos. Además, es importante ir reduciendo gradualmente el uso de estas estrategias con el tiempo. El objetivo final es que afronten sus síntomas mediante la reformulación cognitiva o con el apoyo de una tarjeta de afrontamiento, sin necesidad de nada más. Se presentan a continuación dos tarjetas de afrontamiento que puedes darles para ayudarlos a superar el deseo de continuar usando técnicas de distracción y medicamentos ansiolíticos a largo plazo.

Tarjeta de afrontamiento

NO NECESITO DISTRAERME

A corto plazo, la distracción es excelente para ayudarme a seguir practicando la exposición a mis miedos. Sin embargo, a largo plazo tengo que hacer frente a mis pensamientos atemorizantes de que voy a _____ [sufrir un ataque al corazón, desmayarme, asfixiarme, etc.] respondiendo a estos pensamientos y siguiendo con la práctica de las exposiciones.

Tarjeta de afrontamiento

NO NECESITO MEDICAMENTOS ANSIOLÍTICOS

No necesito medicamentos para frenar la ansiedad. La ansiedad no es más que el sistema de alarma normal de mi cuerpo. Es una respuesta humana ante la vida. Puedo reducir la ansiedad mediante la respiración profunda y puedo evitar el pánico recordándome que no hay peligro. Debo seguir trabajando en superar la ansiedad por medio de las palabras.

Evitación fóbica

Una vez que has abordado el miedo al daño corporal mediante el uso de la exposición interoceptiva, los clientes están listos para abordar la evitación fóbica. Tanto si su evitación fóbica es limitada como si es importante, el trabajo cognitivo y conductual previo les ha proporcionado conocimientos que harán que este próximo paso del trabajo de exposición les resulte menos abrumador. Para ayudarlos a superar su agorafobia, les pedirás que se induzcan intencionadamente síntomas de pánico en las situaciones o entornos que más temen (como podrían ser estar fuera de casa, ir a lugares públicos o encontrarse en medio de una multitud). Por ejemplo, un hombre con miedo a sufrir un ataque al corazón podría correr solo y respirar fuerte deliberadamente hasta sentir incomodidad o una mujer que teme desmayarse podría ir a un centro comercial lleno de gente y dar vueltas en círculos.

A algunos clientes no les hace falta la exposición gradual; están preparados para hacer frente a las situaciones que antes les suscitaban temor e inducirse adrede síntomas de pánico sin que haya que incitarlos mucho. Sin embargo, aquellos que tienen conductas de evitación más importantes podrían requerir una exposición más gradual y escalonada. Por ejemplo, es posible que debáis establecer una jerarquía de situaciones temidas y que tengas que pedir a los clientes que avancen despacio en la inducción de síntomas de pánico en estas situaciones.

Con el tiempo, el trabajo terapéutico puede llegar a abordar lo que desencadenó la aprensión inicial del cliente. No importa qué fue lo que originó las sensaciones corporales en sí, ya que cualquier estímulo tiene el potencial de provocar una respuesta corporal; lo importante es examinar la creencia central subyacente, o etiqueta de inseguridad, que hizo que pasase a estar vulnerable frente al pánico. ¿Se ve a sí mismo como débil, vulnerable, incompetente o defectuoso? Si es así, mientras albergue esta etiqueta de inseguridad estará en riesgo de experimentar de nuevo los síntomas del pánico. Continuar con el trabajo cognitivo y los experimentos conductuales puede ayudar a los clientes a recopilar las pruebas que necesitan para contrarrestar sus etiquetas de inseguridad y superar su trastorno de pánico.

TRASTORNO DE PÁNICO: TAREAS TÍPICAS SUGERIDAS

Pide a los clientes:

1. Que revisen las tarjetas de afrontamiento que les recuerdan que sus síntomas son desagradables pero no peligrosos.
2. Que se induzcan sensaciones físicas que temen practicando la exposición interoceptiva en casa intencionadamente y con regularidad. Podrían plantearse probar distintos tipos de exposiciones.
3. Que hagan frente a las situaciones temidas que habían evitado previamente.
4. Que practiquen intencionadamente y de manera regular la exposición interoceptiva en estas situaciones temidas.
5. Que lleven un registro del pánico para ver si sus reacciones al pánico cambian con el tiempo.
6. Que centren la atención en sus cualidades y las anoten para aumentar su autoconfianza.
7. Que redefinan los pensamientos automáticos que les suscitan ansiedad de tal manera que contradigan su etiqueta de inseguridad.
8. Que busquen los desencadenantes que los hacen sentir aprensivos y examinen si la percepción que tienen de los peligros y los recursos se corresponde bien con la realidad.

Las fobias específicas

Las fobias específicas se caracterizan por un miedo excesivo e irracional hacia determinados objetos o situaciones. Estas fobias pueden guardar relación con una variedad de estímulos, como insectos u otro tipo de animales (arañas, perros...), el entorno natural (las alturas, la oscuridad...), situaciones (volar, conducir...), la tríada sangre-inyecciones-heridas (las agujas, ver sangre...) u otros factores no específicos (vomitar, los sonidos fuertes, los payasos...). Los clientes que tienen una fobia específica pueden experimentar ansiedad solo con pensar en el estímulo que temen. Además, el miedo o la ansiedad generados por el estímulo hacen que intenten evitar los lugares, las situaciones y los objetos asociados al estímulo (APA, 2013).

Intervenciones cognitivas

En el caso de las fobias específicas, los datos indican que la reestructuración cognitiva rara vez es suficiente para poner fin a estos miedos (Clark y Beck, 2010). De todos modos, al preparar al cliente para que se enfrente a los objetos que teme, puede ser útil identificar la hipótesis de peligro que contribuye a su miedo y recopilar datos en contra de esa hipótesis. Por ejemplo, una clienta con fobia a los gatos podría creer que todos los gatos domésticos la atacarán y le arañarán los ojos. Puedes ayudar a prepararla para las exposiciones hablándole del tamaño de los gatos domésticos, subrayando su naturaleza asustadiza y señalando la gran cantidad de personas de todas las edades (incluso niños pequeños) que tienen gatos como mascotas o se encuentran con ellos en situaciones cotidianas sin sufrir daño.

Aunque la exposición en vivo se emplea comúnmente en el tratamiento de las fobias específicas, en ocasiones no resulta necesaria, especialmente cuando el objeto temido es considerado repugnante de manera generalizada, como sucede con las imágenes de vómito, por ejemplo. Cuando cualquier persona experimentaría una respuesta visceral, la exposición directa se vuelve innecesaria. En estos escenarios, la reestructuración cognitiva sin la exposición al objeto puede ser suficiente.

Intervenciones conductuales

La exposición en vivo es el tratamiento de primera línea para las fobias específicas, y por lo general es necesaria con el fin de poner a prueba la hipótesis relacionada con el miedo y acabar con este (Clark y Beck, 2010). Como debe hacerse siempre que se quiere llevar a cabo una buena exposición, primero tienes que identificar la predicción que teme el cliente, realizar un experimento conductual por medio de exposiciones y después abordar sus observaciones desde un punto de vista objetivo, como si el cliente fuera un científico entrenado, para llegar a unas conclusiones nuevas y realistas. Si presenta una evitación fóbica especialmente importante, puede ser necesario llevar a cabo estas exposiciones a un ritmo más lento, avanzando gradualmente por una jerarquía de miedos. Por ejemplo, volviendo al ejemplo de la clienta que tiene fobia a los gatos, podrías empezar haciendo que vea vídeos de gatos hasta que se habitúe a la ansiedad provocada por esta exposición y experimente un nuevo aprendizaje. Después podría trabajar gradualmente para llegar a estar con un gato en la misma habitación y, finalmente, podría acariciar un gato.

La construcción de una jerarquía de miedos requiere establecer puntos de referencia para los estímulos que suscitan miedo, por lo general en forma de unidades subjetivas de angustia (SUD, por sus siglas en inglés), que van del 0 al 100. A continuación se identifican y clasifican en la jerarquía los objetos, animales, actividades o situaciones temidos, desde los que suscitan menos ansiedad hasta los que ocasionan más. Seguidamente, los clientes se preparan para hacer frente a estos estímulos temidos realizando una evaluación precisa de la amenaza percibida, así como de los recursos con los que cuentan para lidiar con dicha amenaza. Dotados de mayor confianza al saber que no se les está pidiendo que hagan frente a un peligro real y que disponen de recursos, están listos para comenzar el trabajo de exposición.

Independientemente de la velocidad con la que avancen los clientes por su jerarquía de miedos, es vital repetir las exposiciones con frecuencia para seguir contradiciendo las expectativas falsas. Por ejemplo, podrías pedirle a la clienta con fobia a los gatos que visite a un amigo que tenga un gato como mascota. Incluso si experimenta una ansiedad intensa al entrar en la casa de su amigo, al continuar con la exposición descubrirá que puede tolerar la ansiedad y que su malestar se mitiga con el tiempo. Además, si puede ver que el gato de su amigo inicialmente se aleja cuando ella entra, que se frota suavemente contra su pierna al regresar y que su amigo tiene los dos ojos perfectamente intactos, estos datos contradecirán su hipótesis relacionada con el miedo (que todos los gatos domésticos la atacarán y le arañarán los ojos).

Cuanto más variadas sean las exposiciones, más generalizado será el aprendizaje. Es fundamental que los clientes dejen de evitar lo que temen, o su miedo irracional seguirá afectando su vida. Afrontar los miedos es la única manera de permitir que se produzca un nuevo aprendizaje y tomar conciencia de que no hay peligro.

FOBIAS ESPECÍFICAS: TAREAS TÍPICAS SUGERIDAS

Pide a los clientes que realicen las siguientes tareas:

1. Que hagan frente, con regularidad y repetidamente, al objeto, el animal, la actividad o la situación que temen.
2. Que consulten las tarjetas de afrontamiento que les recuerdan que el peligro que están percibiendo es exagerado y carece de fundamento.
3. Que se enfoquen en sus cualidades y las anoten para incrementar su autoconfianza.
4. Que afronten las situaciones que han estado evitando, independientemente de la posibilidad de que el objeto temido pueda estar presente.

El trastorno de ansiedad por enfermedad

El trastorno de ansiedad por enfermedad, también conocido como *hipocondría* o *ansiedad por la salud*, está asociado a una preocupación

excesiva por enfermar gravemente, incluso después de que las pruebas médicas pertinentes hayan desmentido que exista cualquier problema de salud subyacente. Los clientes que tienen el trastorno de
ansiedad por enfermedad no muestran síntomas físicos que respalden
sus motivos de preocupación, pero aun así temen sufrir un problema
de salud catastrófico en algún momento. Por lo tanto, están supera-
tentos a las señales de su cuerpo, y a menudo malinterpretan síntomas físicos que reflejan sensaciones corporales normales o molestias
corporales que no son indicativas de un problema de salud grave y
buscan compulsivamente certezas médicas de si están enfermos o no
(APA, 2013).

Intervenciones cognitivas

Los clientes que sufren el trastorno de ansiedad por enfermedad están obsesionados con los estímulos internos (dolores de estómago,
decoloración de la piel, presión en la cabeza…) y basan sus creencias
distorsionadas relativas a la salud en observaciones incorrectas que
los convencen de que estas creencias son verdaderas. Por ejemplo, a
menudo buscan información en Internet y se dirigen a personas que
forman parte de su vida para que les proporcionen una retroalimentación que respalde sus falsas hipótesis. Además, están muy atentos a
síntomas que corresponden a funciones corporales normales, lo cual
solo favorece que sigan preocupándose por la salud. Por ejemplo, una
clienta con molestias intestinales puede temer perder el control de
sus intestinos, lo que la lleva a experimentar una tensión y un malestar intestinales aún mayores. Otro caso podría ser el de un cliente que
teme tener cáncer de garganta y experimenta opresión en esa zona
después de tomar una comida abundante; a la vez, traga repetidamente para asegurarse de que no tiene dificultades para hacerlo, lo que
solo hace que experimente un malestar mayor en la garganta y refuerza su creencia de que tiene cáncer.

La ansiedad que experimentan estos clientes no proviene de los síntomas físicos en sí, sino de la angustia que sienten en relación con lo que significan los síntomas. Por lo tanto, la reestructuración cognitiva puede ayudarles a comprender que han basado sus conclusiones en determinadas observaciones y que otras explicaciones alternativas podrían ser válidas. Por ejemplo, al cliente que cree que tiene cáncer de garganta se le puede pedir que considere otras posibles causas para sus síntomas. ¿Comió en exceso? ¿Comió demasiado rápido? ¿Consumió alimentos picantes o grasosos? ¿Bebió demasiado alcohol o cafeína? ¿Está experimentando más estrés de lo habitual? Al examinar estos factores, puede evaluar explicaciones alternativas y considerar la posibilidad de que sus síntomas sean el resultado de la indigestión o el reflujo ácido.

Al trabajar con los clientes para tomar en consideración unas causas alternativas para sus síntomas, no hay que hacer que se sometan a más exámenes médicos, tranquilizarlos o hablar largamente sobre los síntomas. Se trata de que contemplen explicaciones alternativas para sus síntomas y, a la vez, toleren la incertidumbre de que podrían tener un problema de salud importante algún día. Esto podría ocurrir independientemente de lo que hagan o dejen de hacer, y preocuparse por ello no evitará que suceda. Al ayudar a los clientes a aceptar su impotencia, los impulsas a tomar el control y a vivir su vida en lugar de preocuparse.

Intervenciones conductuales

La intervención conductual más importante para el trastorno de ansiedad por enfermedad es ayudar a los clientes a tener menos conductas que perpetúen sus miedos, lo cual incluye comportamientos relacionados con la salud (como el de explorar el cuerpo en busca de signos de enfermedad) y la búsqueda de seguridad. Si tocan constantemente algo que les preocupa, esto solo servirá para aumentar la hinchazón, el enrojecimiento y el malestar. De manera similar, aunque la

exploración corporal y la búsqueda de seguridad resultan en una reducción temporal de la ansiedad, estos comportamientos la aumentan a largo plazo, porque perpetúan las preocupaciones relacionadas
con la salud. La búsqueda de seguridad también puede ser contrapro-
ducente porque no es raro que los clientes se centren selectivamen-
te en la información que tienda a confirmar el resultado que temen.

Por lo tanto, una vez que has trabajado con ellos para que toleren la incertidumbre y tomen en consideración explicaciones alternativas para sus síntomas, es importante que practiquen la resistencia
al impulso de buscar información médica o seguridad en los demás.
Por ejemplo, imagina que tienes una joven clienta a quien su familia
llama «la gallina nerviosa» porque interpreta cualquier síntoma corporal como una señal de desastre inminente. En su mente, todo lo
que podría ser un problema de salud va a serlo, y será de carácter catastrófico. Después de trabajar con ella para establecer algunas refor-
mulaciones cognitivas, oriéntala para que practique la resistencia al
impulso de actuar a partir de cualquier compulsión relacionada con
la salud. Por ejemplo, cada vez que reciba una información médica
ambigua, podría tener adrede el pensamiento «probablemente no sea
algo horrible, así que no dramatices», en lugar de buscar información
en Internet. O si encuentra un bulto en su cuerpo, podría llevar a cabo
el experimento de ver si desaparece en unos días, en lugar de apresurarse a ver al médico como habría hecho en el pasado. O si está fuera
de la ciudad y empieza a gotearle la nariz, podría decirse lo siguiente,
en lugar de apresurarse a regresar: «Lo más probable con diferencia
es que esto sea un resfriado. Piensa en cuántas personas tienen res-
friados y cuántas tienen neumonía». Finalmente, en lugar de que se
infravalore, puedes ayudarla a contemplar la idea de que puede manejar estas situaciones. Indícale que recuerde que si alguna vez tiene
un problema de salud real contará con mucha ayuda externa y podrá
recibir atención médica de calidad en instalaciones adecuadas en las
que trabajarán profesionales cualificados.

TRASTORNO DE ANSIEDAD POR ENFERMEDAD: TAREAS TÍPICAS SUGERIDAS

Pide a los clientes:

1. Que tomen en consideración explicaciones alternativas para sus síntomas corporales.
2. Que acepten vivir con incertidumbre y piensen en todas las formas en que la incertidumbre ha llevado a cosas positivas.
3. Que resistan el impulso de buscar seguridad.
4. Que eviten someterse a más pruebas médicas.
5. Que realicen el experimento de no centrarse en sus síntomas y ver qué sucede.
6. Que practiquen estrategias de relajación o distracción cuando la ansiedad los impulse a investigar sus síntomas.

El trastorno obsesivo-compulsivo

El trastorno obsesivo-compulsivo (TOC) fue eliminado de la categoría de trastornos de ansiedad en la quinta edición del *Manual diagnóstico y estadístico de los trastornos mentales* (*DSM-5*) y reubicado en una nueva categoría diagnóstica, «TOC y trastornos relacionados» (APA, 2013). De todos modos, el mecanismo que subyace en el TOC sigue siendo el mismo que sustenta todos los trastornos de ansiedad: la exageración del peligro y la infravaloración de los recursos. Por lo tanto, muchos profesionales de la salud mental siguen considerando que es un trastorno de ansiedad y siguen tratándolo como tal.

Los clientes que padecen el TOC experimentan unos pensamientos invasivos recurrentes e incontrolables (obsesiones) que les roban tiempo e interfieren en su desempeño diario. El contenido de las obsesiones puede ser muy diverso; puede incluir el miedo a contaminarse, pensamientos sexuales no deseados, pérdida del control, obsesiones religiosas, obsesiones relacionadas con el daño o una preocupación por la simetría o por que las cosas estén como tienen que estar. Los clientes con TOC ven estos pensamientos invasivos como más peligrosos e importantes de lo que son, lo cual hace que experimenten una ansiedad y una angustia extremas. A la vez, intentan eliminar estos pensamientos o manifiestan varios comportamientos rituales (compulsiones) para neutralizar la angustia y evitar el resultado que temen (APA, 2013).

Intervenciones cognitivas

El tratamiento convencional para el TOC es la exposición con prevención de respuesta (EPR), que implica (1) exponer a los clientes a los pensamientos, situaciones u objetos que desencadenan sus obsesiones y (2) acudir a la prevención de respuesta para abstenerse de manifestar comportamientos rituales en respuesta a las obsesiones. Sin embargo, antes de proceder directamente con las exposiciones, ayuda a los clientes con TOC a redefinir los sistemas de creencias cognitivos que tienen que ver con sus obsesiones. Estos clientes creen que los pensamientos invasivos comunes son estímulos que deben temer. Al ayudarlos a ver que todo el mundo los tiene, puedes acercarlos a un punto en el que ya no teman estos pensamientos y, a la vez, ya no necesiten realizar esfuerzos para neutralizarlos o evitarlos. Compartir con ellos una lista de pensamientos e impulsos invasivos mencionados por personas comunes puede ser útil para proporcionarles este cambio de perspectiva tan necesario (estamos hablando por ejemplo del impulso de golpear o dañar a alguien, el pensamiento de que un ser querido sufre un accidente, o el deseo de arrojarse desde un balcón).

Además, el análisis del proceso interno puede ayudar a los clientes a entender cómo se perpetúa su TOC y en qué puntos hay la opción de intervenir. El proceso típico es este:

Examinemos por ejemplo el caso de Skyler, una alumna de secundaria cuyos rituales del TOC le impiden participar en encuentros sociales, la hacen llegar tarde al instituto y perturban su sueño. Ve una camisa negra en su armario y piensa que puede haberla tocado (*desencadenante*). Entonces la invade este pensamiento: «He tocado la camisa negra y ahora va a ocurrir algo malo en el terreno social» (*pensamiento invasivo*). Su *ansiedad* se dispara y piensa: «Si hago mi ritual, podré sentirme mejor y evitar que ocurra algo malo» (*impulso de neutralizar la ansiedad*). En consecuencia, comienza su ritual, que implica ordenar su habitación y repetir este proceso siete veces (*ritual compulsivo*).

El primer punto en el plan de intervención es ayudar a los clientes a que se sientan motivados a participar, o al menos acepten participar, en el tratamiento. Deberán examinar los pros y los contras de realizar rituales o reprimir pensamientos. En el caso de Skyler, puedes ayudarla a ver que ejecutar rituales presenta varios inconvenientes. Por ejemplo, hace que siempre llegue tarde a los lugares y le impide perseguir determinados objetivos o formar parte de algo. Además, aunque hacer rituales puede contribuir a mitigar un poco la ansiedad a corto plazo, ningún ritual termina con ella completamente. También es ineficaz a largo plazo, porque la ansiedad no deja de perpetuarse. Trabaja con los clientes para que obtengan esta comprensión, de tal manera que estéis en la misma sintonía, e indícales que elaboren una tarjeta de afrontamiento en la que conste por qué tiene sentido para ellos dejar de realizar rituales. La tarjeta de afrontamiento de Skyler podría ser esta:

Tarjeta de afrontamiento de Skyler

PREVENCIÓN DE RITUALES

El objetivo es dejar de practicar rituales. ¿Por qué? Porque llevan tiempo, son agotadores y me impiden ir a la cama. Al dejar de hacer los rituales, puedo aprender a no incomodarme por las

---

sensaciones de ansiedad y a superar mi miedo a estas sensaciones. También dejaré de molestar y preocupar a mis padres, me
sentiré mejor conmigo misma, seré más independiente, podré
pasar tiempo con mis amigos, no me perderé las fiestas de pija-
mas y recuperaré el control de mi vida.

En segundo lugar, debes trabajar para hacer que la experiencia
de la ansiedad sea menos perturbadora haciendo que los clientes la
teman menos. Con este fin, primero debes identificar qué les parece
insoportable o aterrador en relación con la ansiedad o la incomodidad. En el caso de Skyler, su ansiedad está relacionada con las dudas
que tiene en cuanto a ser aceptable socialmente, ya que cree que si
está ansiosa dirá algo inapropiado en situaciones sociales y la rechazarán. De manera similar, un ingeniero de *software* podría pensar: «Si no
alivio la ansiedad, cometeré un error y perderé el trabajo». Observa
que en ambos casos el miedo o la ansiedad están directamente vinculados a una inseguridad subyacente. Abordar este miedo implicará
utilizar la reestructuración cognitiva para modificar la etiqueta de inseguridad y fortalecer la autoconfianza. Skyler puede descubrir que es
socialmente aceptable y que un solo comentario no va a determinar
lo que piensen de ella los demás. El ingeniero puede descubrir que es
bastante competente y que incluso si su desempeño es inferior al ideal
sigue siendo muy superior al promedio.

También puede ser útil que los clientes practiquen la exposición
interoceptiva, para que se den cuenta de que no tienen por qué temer los síntomas físicos de la ansiedad. Sin embargo, a diferencia de
lo que ocurre en el trastorno de pánico, que suele requerir exposiciones repetidas, una sola exposición interoceptiva suele bastar para
demostrar a los clientes con TOC que la ansiedad no es peligrosa. Una
vez que hayas trabajado con ellos para reducir su miedo a la ansiedad,
pídeles que elaboren una tarjeta de afrontamiento en la que sinteticen
lo que han aprendido.

Tarjeta de afrontamiento

HACER FRENTE A LA ANSIEDAD

La ansiedad no es peligrosa. No puede hacerme daño. No necesito hacer que desaparezca. Basta con que la reconozca diciéndome a mí mismo: «Me siento ansioso, ¿y qué?». El solo hecho de que sienta ansiedad no significa que tenga que actuar a su dictado. La dejaré en paz y pasará.

El siguiente paso de la intervención es el más fundamental, y consiste en abordar el propio pensamiento invasivo. Los clientes con TOC presentan lo que se conoce como *fusión pensamiento-acción*, que implica la creencia equivocada de que el solo hecho de tener un pensamiento hace que sea más probable que este se haga realidad. Este error de pensamiento los lleva a confundir el pensamiento con la acción: creen que el hecho de tener un pensamiento hace que sea más probable que este se manifieste, que tener un pensamiento es tan malo como actuar a su dictado y que estos pensamientos reflejan un carácter débil. Con una simple inducción a la exposición, puedes enseñarles que los pensamientos no son tan importantes ni peligrosos como parecen invasivo. Por ejemplo, pídeles que piensen «está lloviendo», «voy a ganar la lotería» o «deseo golpearte», y que observen si ocurre alguna de esas cosas. La verdad es que cualquiera de estas cosas podría suceder, pero no porque la hayan pensado o la hayan sentido.

También puedes llevar a cabo un experimento más desafiante, como pedir a los clientes que escriban que tú o alguna otra persona que se encuentre en el entorno inmediato va a morir dentro de los próximos dos minutos. La terapia de inundación* puede ser especialmente útil en este caso; pídeles que piensen en la declaración o la

---

* N. del T.: La terapia de inundación o terapia implosiva (flooding) consiste en exponer al paciente de manera intensiva y prolongada a la situación o estímulo temido, con el objetivo de acabar con la respuesta de ansiedad asociada.

escriban no solo una vez, sino una y otra vez. Esto hará que experimenten ansiedad, la cual querrán neutralizar tachando la declaración o rompiendo el papel. Ayúdalos a resistir el impulso de hacerlo. La verdad es que alguien podría morir, pero en caso de ser así, la causa no será un pensamiento o una declaración escritos. Se trata de que los clientes descubran que los pensamientos y los deseos invasivos no son más que una expresión de la ansiedad y que son el fruto de una dinámica normal y cotidiana de la psique humana.

Además, ten cuidado de no pasar demasiado tiempo evaluando la validez de los pensamientos y los deseos invasivos de los clientes, ya que esto fomenta más la obsesión. Sin embargo, la primera vez que habléis de uno de estos pensamientos no está de más evaluar si vale la pena preocuparse. Una vez establecido que el pensamiento no es más que el TOC hablando, es fundamental no darle ningún poder ni ninguna importancia. A continuación puedes pedirles que redacten una tarjeta de afrontamiento que les recuerde el error de pensamiento que hay detrás de la fusión pensamiento-acción.

Tarjeta de afrontamiento

HACER FRENTE A LOS PENSAMIENTOS INVASIVOS

Racionalmente, sé que este pensamiento no es correcto. Es un pensamiento ridículo y erróneo. No hay ninguna conexión entre lo que pienso y lo que sucede. No hay ninguna conexión entre el pensamiento y la acción. Está hablando el TOC, no la realidad.

Intervenciones conductuales

El tratamiento efectivo para el TOC no solo implica ayudar a los clientes a entender que sus pensamientos invasivos no son tan peligrosos o importantes como parecen. De hecho, muchos reconocen que sus obsesiones son irracionales, pero aun así sienten la necesidad de realizar

249

rituales con el fin de neutralizar la ansiedad. Por lo tanto, un componente fundamental del tratamiento para el TOC es la prevención de la respuesta. Consiste en que los clientes deben abstenerse de reprimir los pensamientos o de ejecutar rituales compulsivos en respuesta a sus obsesiones. Por lo general, es demasiado difícil para ellos dejar de manifestar totalmente sus comportamientos compulsivos sin establecer primero una jerarquía que los conduzca a realizar cada vez menos rituales, progresivamente. Para empezar, pueden demorar la ejecución de los rituales y después poner fin a ciertos tipos de rituales. Otras opciones son comenzar por prescindir de hacer rituales en ciertos momentos del día o en determinados lugares. También pueden hacer algo que obstaculice la acción compulsiva, como acudir a la distracción, si con ello tardan más en ceder al impulso. El objetivo es llegar a no practicar ningún ritual en absoluto con el tiempo.

Hay situaciones que constituyen oportunidades en sí mismas. Son aquellas en que los clientes se ven expuestos a algo que activa su obsesión pero no tienen la posibilidad material de llevar a cabo su ritual. Por ejemplo, un cliente que tenga miedo a contaminarse puede tocar accidentalmente algo «sucio» pero no estar cerca de un baño, lo que lo obliga a lavarse las manos más tarde o incluso, tal vez, le impide hacerlo. Aprovecha estas situaciones como experiencias de aprendizaje; ayuda a los clientes a ver que, aunque la prevención de la respuesta fue forzada en este caso, les dio la oportunidad de poner a prueba sus miedos.

Se incluye a continuación una tarjeta de afrontamiento de muestra que los clientes pueden usar para resistir el impulso de tener comportamientos compulsivos al empezar con la exposición con prevención de respuesta (EPR); le sigue el plan de EPR que estableció Skyler con el fin de renunciar a sus rituales compulsivos.

Tarjeta de afrontamiento

RESISTIR EL IMPULSO

Puedo avanzar muy despacio, dando pequeños pasos. En cualquier caso, tengo que hacer frente a mi miedo para superarlo. Cuando resisto el impulso de neutralizar la ansiedad, me siento peor temporalmente, pero me vuelvo más fuerte a largo plazo. Dejo que los pensamientos obsesivos estén ahí y tengo en cuenta que no debo darles un significado que no tienen. Al resistir el impulso aumenta mi confianza, la cual hace que me resulte más fácil enfrentarme al TOC.

PLAN DE EXPOSICIÓN Y PREVENCIÓN DE RESPUESTA DE SKYLER

1. Tengo que sentirme cómoda con la ansiedad. Puedo tolerar las sensaciones de ansiedad. La ansiedad no es nada que haya que temer; es controlable y se puede manipular. Solo es un síntoma y no puede hacerme daño.
2. Para enfrentarme a la ansiedad y deshacerme del TOC de una vez por todas, voy a ir avanzando por esta jerarquía de exposiciones:
   - Mirar una camisa negra.
   - Oler una camisa negra.
   - Tocar directamente una camisa negra.
   - Ponerme una camisa negra sobre el hombro.
   - Ponerme una camisa que estuvo junto a una camisa negra.
   - Ponerme una camisa negra.
3. Para demostrarme que puedo tolerar la ansiedad y que no le tengo miedo, voy a empezar a alterar mi ritual nocturno.

Intentaré aplicarme la loción una sola vez y cerraré la puerta del dormitorio y apagaré la luz una vez solamente. Ahuecaré la almohada y la giraré tres veces sin seguir un orden. Probaré a cambiar el orden que sigo al examinar la habitación.

4. ¡No cederé! Puedo sentirme a gusto sin hacer los rituales. Puedo practicar no hacer los rituales todos los días. Puedo sentirme a gusto sin hacer los rituales si no cedo. No tengo que hacer estos rituales en absoluto.

5. Me recordaré todos los días que no existe ninguna relación entre hacer rituales o tomar una decisión (en lugar de otra) y que ocurra algo malo. Esta conexión parece verdadera, pero desde un punto de vista objetivo no lo es.

6. Cuando aparezca un pensamiento invasivo en mi cabeza, puedo recordarme que no es más que un pensamiento invasivo. Las personas comunes también los tienen. Lo que hace que estos pensamientos deriven en el TOC es el miedo que se les tiene. Si intento eliminar el pensamiento, hablará más alto y se volverá más fuerte y vívido. No rehuiré estos pensamientos; dejaré que fluyan.

7. Me recordaré regularmente que tengo tendencia a sufrir ansiedad, por lo que mi estrés va a presionar el botón que activa el TOC.

8. Sobre todo voy a recordar que soy una persona socialmente aceptable, divertida y cariñosa, y que nada de lo que diga o haga en un momento dado podrá contrarrestar las pruebas a este respecto que se han ido acumulando a lo largo de toda mi vida.

TOC: TAREAS TÍPICAS SUGERIDAS

Pide a los clientes:

1. Que hagan una lista de todos los inconvenientes y todas las ventajas que presenta el hecho de continuar con los rituales frente a resistir el impulso de seguir con ellos, y que lleguen a una conclusión general.
2. Que se sometan a pensamientos invasivos (ya sea verbalmente, por escrito o en su mente) mientras resisten el impulso de ejecutar rituales o reprimir estos pensamientos.
3. Que lean las tarjetas de afrontamiento que han elaborado en el contexto terapéutico.
4. Que hagan frente a la ansiedad en lugar de tratar de hacer que desaparezca.
5. Que se enfoquen en sus cualidades positivas y las anoten para reforzar una imagen positiva de sí mismos.

El trastorno de estrés postraumático

El trastorno de estrés postraumático (TEPT) fue reclasificado como un trastorno relacionado con el trauma y el estrés en el *DSM-5* (APA, 2013). De todos modos tiene sentido, en un plano teórico, abordarlo bajo el paraguas de la ansiedad, ya que el TEPT implica el miedo a revivir el horror de un trauma. Los clientes con TEPT a menudo experimentan recuerdos invasivos recurrentes o pesadillas asociados con el trauma, y cualquier desencadenante que les recuerde el trauma les suscita una angustia extrema. En consecuencia, intentan evitar las señales internas (recuerdos, pensamientos, emociones) y externas (personas, lugares, situaciones) asociadas con el relato del trauma. El TEPT puede concebirse como una reacción «normal» a circunstancias anormales, que se extiende en el tiempo más allá de su utilidad y más allá del marco en el que tuvo sentido. En particular, los clientes que padecen el TEPT experimentan una respuesta de lucha o huida hiperactiva y prolongada, que se manifiesta repetidamente a pesar de no haber ningún factor estresante o ninguna amenaza real presente.

Intervenciones cognitivas

Los elementos clave en el tratamiento del TEPT, independientemente del protocolo que se siga (por ejemplo, la exposición prolongada, la terapia de procesamiento cognitivo o la TCC), son la reestructuración cognitiva y la exposición (Clark y Beck, 2010). Por lo general, no debería empezarse el tratamiento formal hasta que los síntomas de los clientes lleven tres meses ocasionándoles angustia e interfiriendo en su actividad diaria. Esta no es una pauta rígida, pero debe tenerse en cuenta que presionar a los clientes para que trabajen en su relato traumático prematuramente puede ser perjudicial. Ten presente que la mayoría de las personas se recuperan de los traumas sin someterse a ninguna intervención formal y que los síntomas iniciales pueden ser de naturaleza médica (pueden deberse, por ejemplo, a una lesión cerebral, al efecto secundario de algún medicamento o a un dolor físico). Además, el trabajo con el TEPT está contraindicado si los clientes todavía mantienen una relación con su agresor, si presentan una disociación grave, si no recuerdan correctamente la situación traumática o si están consumiendo sustancias y no pueden acudir a la terapia con la mente clara (Foa, Hembree y Rothbaum, 2007).

Como es el caso con todos los trastornos de ansiedad, el objetivo del tratamiento en el TEPT es corregir las evaluaciones negativas del trauma y sus secuelas. Sin embargo, tratar el TEPT es especialmente difícil, ya que los individuos que lo sufren suelen recordar mal la situación traumática (a menudo recuerdan los sucesos en un orden alterado) y presentan una sensibilización perceptual elevada frente a los desencadenantes relacionados con el trauma (lo que los hace propensos a activarse fácilmente y a revivir el trauma como si aún estuvieran allí) (Clark y Ehlers, 2004).

Además, si bien la evitación es un obstáculo en el tratamiento de cualquier trastorno de ansiedad, es un problema especialmente acusado en el TEPT. La mayoría de los clientes no quieren pensar en lo que sucedió, hablar de ello ni revivirlo, lo cual puede hacer que te encuentres muy limitado a la hora de trabajar con este trastorno. Por lo tanto, ayúdalos a reconocer las bondades que presenta el hecho de dejar de evitar el relato del trauma y los estímulos asociados a este. La evitación permite que el recuerdo traumático siga al mando y perturbando su vida y probablemente llevará a que los síntomas empeoren. Trabaja con los clientes para ayudarlos a entender que al reexaminar el relato del trauma se dan la oportunidad de trabajar con los recuerdos, reducir su impacto y pensar en ellos de una manera más útil y acertada. Se incluye a continuación una tarjeta de afrontamiento de muestra que los clientes pueden utilizar para reunir el valor necesario para dejar de evitar el relato del trauma.

Tarjeta de afrontamiento

SUPERAR LA EVITACIÓN

No puedo huir si quiero mejorar. La evitación impide la recuperación. Si sigo huyendo, el recuerdo seguirá al mando. Por más aterradora que me parezca la afirmación siguiente, la verdad es que puedo superar el recuerdo si me enfrento a él. Puedo plantarle cara. Puedo ser libre.

Una vez que los clientes están dispuestos a trabajar con su relato del trauma, el objetivo es que aprendan a tolerar y procesar los pensamientos y las emociones complejos y conflictivos asociados al trauma. Aquellos que han vivido situaciones traumáticas presentan una variedad de errores de pensamiento que los llevan a mantener una visión negativa de sí mismos, del mundo y del futuro, lo que les sirve para perpetuar interpretaciones erróneas de amenazas externas (por ejemplo, «el mundo es un lugar peligroso») e internas (por ejemplo, «soy defectuoso», «no puedo cuidar de mí mismo», «estoy muerto por dentro» o «soy débil»). Utilizando el diálogo socrático (examinando puntos de vista y perspectivas alternativos, analizando las implicaciones de determinadas creencias, etc.), puedes ayudarlos a cambiar las creencias que mantienen sobre sí mismos y el mundo. En particular, la reestructuración cognitiva puede ayudar a abordar las cogniciones integradas en el recuerdo traumático –incluidas aquellas basadas en el miedo («voy a morir»), el enojo («me están lastimando deliberadamente»), la culpa («es culpa mía») y la vergüenza («me están avergonzando»)–, así como cogniciones que siguen ahí después del evento traumático («tengo que estar alerta todo el tiempo», «nunca me sentiré bien», «merezco que me castiguen»...).

Pongamos, a modo de ejemplo, el caso de la víctima de un robo que cree que es culpa suya haber estado en un vecindario peligroso en el momento del asalto y que a las personas malas les ocurren cosas malas. La reestructuración cognitiva puede ayudar a esta clienta a darse cuenta de que si bien suceden cosas malas, no es seguro que pasen siempre. Además, pueden ocurrirle a cualquier persona. Asimismo, puede aprender a aceptar que el robo no fue culpa suya ni un reflejo de su valía, sino un evento aleatorio. En lugar de pensar que no se puede confiar en nadie, puede aceptar que hay personas que nunca le harían daño, que se preocupan por ella y en las que se puede confiar.

Intervenciones conductuales

Además de la reestructuración cognitiva, el tratamiento del TEPT requiere el uso de estrategias basadas en la exposición, que incluyen la exposición imaginaria (revivir la situación traumática en la imaginación) y la exposición en vivo (acercarse a situaciones relacionadas con el trauma en la vida real). Esta última suele mandarse como tarea para realizar entre sesiones. Las exposiciones son un componente importante del tratamiento porque permiten a los clientes modificar cualquier cognición no útil relativa al trauma y les ayudan a encontrar un sentido a los malos recuerdos. Las estrategias basadas en la exposición son necesarias para descubrir las cogniciones relacionadas con el trauma y proporcionan información para que prevalezcan unas percepciones nuevas que se correspondan mejor con la realidad. A veces, los clientes recuerdan el evento de manera diferente a como ocurrió, lo que hace que alberguen sentimientos de culpa o vergüenza respecto a algo que no fue culpa suya. Como terapeuta, puedes ayudarlos a contemplar esos recuerdos de una forma más realista.

Además, las exposiciones les permiten enfrentarse a situaciones que habían estado evitando y a darse cuenta de que son seguras, lo cual modifica las cogniciones que albergaban sobre el peligro. Por ejemplo, un cliente que estuvo en un horrible accidente en el que hubo varios vehículos afectados y múltiples víctimas podría estar evitando intencionadamente la parte de la carretera en la que se produjo el accidente. Idealmente, regresar a esa parte de la carretera y pasar tiempo viendo pasar los coches puede cambiar su percepción errónea de que aún existe un peligro inminente y de que siempre se producirá un accidente allí. Si es necesario, ir por esa parte de la carretera, primero como pasajero y después como conductor, contribuirá a reforzar el nuevo aprendizaje de que el hecho de que haya ocurrido una tragedia en ese lugar no significa que aún esté ocurriendo o que vaya a acontecer de nuevo.

Normalmente, antes de empezar con las exposiciones es útil enseñar a los clientes alguna técnica de relajación para facilitar que realmente las lleven a cabo y para evitar que se impliquen demasiado con el relato del trauma. Al narrar el recuerdo traumático, los clientes excesivamente implicados pueden acercarse demasiado a la situación y revivirla como si se estuviera produciendo de nuevo. Cuando ocurre esto, puede ser que se descompensen mediante la disociación, mostrando comportamientos regresivos[*] (incontinencia urinaria o fecal, por ejemplo) o rompiendo a llorar de forma incontrolable. En estos casos, se pueden utilizar técnicas de relajación para volver a centrarlos y recordarles que están a salvo. Al retomar la exposición, prueba a modificar los procedimientos para reducir la implicación: pide a los clientes que hablen en pasado, que mantengan los ojos abiertos o que relaten por escrito la situación traumática en lugar de hablar de ella. Por otro lado, si el cliente está demasiado poco implicado, pídele que hable en primera persona, que cierre los ojos y que utilice sus sentidos para conectar mejor con el suceso.

Examinemos el caso de una estudiante universitaria que se culpaba a sí misma por una experiencia de violación que sufrió en una cita. No podía regresar a su apartamento, donde tuvo lugar la violación, y no soportaba estar en el hogar familiar, ya que creía que sus padres también la culpaban por lo sucedido y la idea de hacer frente al enojo que percibía en ellos le resultaba insoportable. Evitaba a sus amigos y estaba faltando a su empleo de verano por miedo a sufrir un colapso emocional o a que le hiciesen preguntas que no quería responder. Cuando acudió en busca de tratamiento, no quería hablar de la violación, por lo que al principio de la terapia abordamos su problema de evitación en general y la ayudamos a establecer metas para que recuperase su vida. Con el tiempo, pudo narrar la situación traumática, aunque revivirla fue una tarea dolorosa y difícil. Después de relatar el recuerdo traumático una sola vez, reconoció de inmediato que sus conclusiones originales de autoinculpación carecían de fundamento: «Sentía que dejé que ocurriera, por lo que estaba enojada conmigo misma. Ahora sé que no pude hacer nada. No permití que sucediera, sino que me intimidó. Fue más fuerte que yo. Me atacó un monstruo. Lo culpo a él, a la persona que lo hizo. ¡Me he dado cuenta de pronto! Ahora tengo el poder. Lo que hizo estuvo mal. Sigo estando completa.

---

[*] N. del T.: Los comportamientos regresivos corresponden a etapas anteriores en el desarrollo de la persona, que ya había superado, si bien vuelven a manifestarse bajo ciertas circunstancias.

Puedo sanar. Él no consiguió nada. La evitación significa que le estoy dando el poder de quitarme cosas. No voy a dejar que eso suceda».

Una vez que reconoció que la culpa la tenía él, pudo hacer frente a sus padres y darse cuenta de que el enojo de estos estaba dirigido hacia él y no hacia ella. Pudo afrontar las situaciones y a las personas que había estado evitando, lo que la llevó a explicar su historia. Las reacciones que suscitó con su relato fueron más positivas de lo que había llegado a imaginar, e incluso la designaron gestora de riesgos en su hermandad, lo que garantizaba que reviviría su historia sin miedo con la esperanza de proteger a otras personas.

TEPT: TAREAS TÍPICAS SUGERIDAS

Pide a los clientes:

1. Que narren el recuerdo traumático escuchando o leyendo su propio relato. También pueden hacerlo contando su historia a otras personas.
2. Que practiquen técnicas de relajación.
3. Que hagan frente a situaciones que han estado evitando.
4. Que se recuerden a sí mismos las nuevas conclusiones que han obtenido al evaluar el relato del trauma y continúen recopilando pruebas que respalden sus puntos de vista nuevos.
5. Que se centren en sus cualidades positivas en lugar de permitir que el TEPT alimente sus inseguridades.
6. Que recuperen su vida y realicen actividades que han estado evitando.

Resumen: Los trastornos de ansiedad

Los clientes con trastornos de ansiedad tienden a sobrevalorar la probabilidad y la gravedad de los sucesos negativos e infravaloran la capacidad que tienen de hacerles frente. El uso de la reestructuración cognitiva junto con las exposiciones es una magnífica manera de abordar y modificar estas creencias distorsionadas. Las exposiciones son experimentos conductuales que les permiten poner a prueba la validez de su hipótesis relacionada con el miedo. En particular, las exposiciones les ayudan a determinar si el resultado que temían se produjo realmente (y, en caso de ser así, si fue tan malo como pensaban) y, lo más importante, si contaron con los recursos necesarios para hacer frente a las situaciones. Está claro que si se encuentran delante de ti hablando sobre la exposición después de haberla llevado a cabo es que poseen estos recursos.

7

IRA

EL MODELO COGNITIVO DE LA IRA

La ira puede ser una señal de advertencia importante que indica la necesidad de actuar y protegernos de sufrir daño. Sin embargo, lo más habitual es que tenga su origen en percepciones equivocadas que nos causan una angustia innecesaria, nos llevan a realizar actos inapropiados y hacen que lamentemos nuestras palabras y acciones más tarde. Surge de expectativas incumplidas o frustradas que suelen expresarse en forma de presuntas obligaciones (una determinada persona o situación «debería...» o «tendría que...») (Beck, 1999). La ira acecha justo en la superficie y hace que nos enfoquemos en la injusticia, que veamos comprometida nuestra capacidad de evaluar objetivamente las situaciones y que nos concedamos permiso para actuar de formas imprudentes.

Como en el caso del tratamiento de la ansiedad, el tratamiento de la ira no consiste en eliminar la emoción de la ira, sino en ayudar a los clientes a reconocer cuándo es el resultado de una forma errónea de pensar. Cuando los clientes suponen que otras personas «deberían» ceñirse a algo, están suponiendo que tienen control sobre los demás y el mundo que los rodea. Para que puedan liberarse de esta ira hay que enseñarles que nosotros, como humanos, no tenemos poder sobre lo que piensan, sienten o hacen los demás, ni control sobre el mundo externo. Además, si bien no tenemos un control total sobre las emociones que sentimos o los pensamientos que surgen en nuestra mente, sí podemos controlar cómo elegimos actuar en respuesta a estos pensamientos o emociones.

Al ayudar a los clientes a aprender a aceptar que no pueden ni cambiar a los demás ni cambiar el mundo, pueden aprender a reemplazar sus exigencias poco realistas por solicitudes más razonables («sería agradable si...», «preferiría...», «me gustaría que...», «ojalá...»). Sustituir la exigencia por la solicitud mitiga la ira y les permite profundizar en los pensamientos perturbadores que albergan respecto a una situación dada. A menudo hay sentimientos de miedo o dolor detrás de una expectativa no cumplida. Preguntarles qué significa para ellos la exigencia no cumplida, o qué indica en cuanto a ellos mismos, puede hacer surgir estos pensamientos automáticos para que puedan ser evaluados más a fondo. A menudo, los pensamientos automáticos que tienen los clientes sobre estas expectativas no cumplidas son erróneos o exagerados. Una manera de ayudarlos a identificar y modificar cualquier distorsión mental es pedirles que se imaginen en el lugar de la otra persona. Anímalos a imaginar lo que podría haber estado pensando y sintiendo el otro, o qué circunstancias podrían haberlo llevado a reaccionar de la manera en que lo hizo. También puedes pedirles que piensen en cómo les gustaría que los tratasen en una situación similar y que se planteen tener este comportamiento con la persona que los hizo enojar.

Pondremos como ejemplo el caso de Alex, que había salido del trabajo y tenía prisa por llegar a casa para hacer la cena para la familia. Había planeado parar un momento en la tienda de comestibles para comprar los ingredientes que necesitaba para la cena. Casi sin creer en su suerte, vio una plaza de aparcamiento justo frente a la tienda, pero antes de tener la oportunidad de estacionar, otra mujer ocupó el lugar. Se enfureció por el hecho de que otra persona hubiese tomado la plaza que había estado esperando, por lo que bajó la ventanilla y comenzó a insultar a la mujer: «¿Cómo te atreves? ¡No deberías haberme quitado el lugar! ¡Eres una persona horrible!». Continuó gritándole a la otra mujer mientras se alejaba para buscar otro sitio donde aparcar. Cuando las dos mujeres se encontraron de nuevo en la tienda, Alex volvió a atacar verbalmente a su presunta adversaria: «¡Me has quitado el lugar adrede! ¡Otra más que trata de aprovecharse de mí!».

En este ejemplo, la ira de Alex surgió de la creencia de que la otra mujer le había quitado *su* lugar. Fue esta creencia la que la llevó a experimentar tanta angustia, la que la hizo insistir en la injusticia que percibía y la que la condujo a reaccionar de manera inapropiada. Si se le enseñan a Alex habilidades cognitivas para que pueda identificar sus pensamientos y explorarlos, podrá reconocer que su pensamiento puede haber sido distorsionado por varios errores cognitivos, como el enfoque en la exigencia («no debería haberme quitado el lugar»), las conclusiones precipitadas («lo hizo a propósito») y el etiquetado («es una persona horrible»).

Además, el objetivo de la gestión de la ira es ayudarla a evaluar el significado que le dio a la injusticia que percibió, ya que los pensamientos automáticos que experimentó estaban vinculados a la suposición de que los demás se estaban aprovechando de ella, lo que activó su creencia subyacente de que era un ser indefenso. El papel del terapeuta es ayudar a Alex a evaluar estos pensamientos automáticos, a recopilar datos a favor y en contra de ellos y a tomar en consideración explicaciones alternativas para el comportamiento de la mujer (por ejemplo, es posible que no se diese cuenta de que Alex quería aparcar allí). Alex también puede llegar a una conclusión más lógica sobre la situación en general poniéndose en el lugar de la otra mujer y reflexionando sobre si este incidente tiene tanta importancia como la que le ha dado.

Por otra parte, la terapia puede ayudarle a considerar que incluso si la mujer le quitó el lugar a propósito (lo cual es posible), ella no podía controlar las acciones de la otra mujer. A veces las personas hacen cosas que nos parecen injustas, pero no está en nuestras manos controlar sus actos. Además, aunque las acciones de la mujer fuesen ofensivas, no necesariamente estaban dirigidas personalmente contra Alex. El terapeuta puede ayudarla a practicar la aceptación de que ninguno de nosotros podemos controlar todo en nuestro entorno, pero sí podemos gestionar nuestra forma de responder a él y aprender a decir «¿y qué más da?».

Las páginas siguientes contienen varias hojas informativas, hojas de trabajo y tarjetas de afrontamiento que puedes proporcionar a los clientes para determinar en qué medida están alimentando su ira las expectativas o exigencias no cumplidas y para ayudarlos a reformular estas exigencias como declaraciones de preferencias más razonables.

PALABRAS CLAVE A LAS QUE PRESTAR ATENCIÓN

• • • • • •

Cuando tenemos la expectativa de que otras personas hagan algo («debe[s]», «tiene[s] que», «debería[s]», «tendría[s] que»), podemos experimentar ira si estas expectativas no se cumplen. Una forma de ayudar a reducir los sentimientos de ira es reformular estas exigencias como preferencias más razonables: «estaría bien que», «preferiría que», «me gustaría que», «ojalá»... He aquí algunos ejemplos:

En lugar de:	Piensa:
«Deberías...». «Tienes que...». «Debes...». «Tendrías que...».	«Ojalá...». «Me gustaría que...». «Preferiría que...». «Estaría bien que...».
«Deberías haberme llamado anoche». «Tienes que hacerme este favor». «Debes dejar de trabajar hasta tan tarde». «Tendrías que conducir más despacio».	«Ojalá me hubieses llamado anoche». «Me gustaría que pudieses hacerme este favor». «Preferiría que dejases de trabajar hasta tan tarde». «Estaría bien que condujeses más despacio».

Hoja de trabajo para el cliente

REFORMULA LA EXPECTATIVA

● ● ● ● ● ●

En este ejercicio, examinarás dos escenarios hipotéticos para ver cómo podrías reformular una declaración exigente como una declaración de preferencia más razonable, redefinir el significado de las exigencias no cumplidas y plantearte acciones más apropiadas. A continuación se proporciona un escenario de muestra; le siguen dos escenarios en blanco para que los completes tú mismo.

Escenario de muestra: vas a la tienda a comprar algunas cosas que te hacen falta y tienes prisa por llegar a casa. Mientras esperas en la fila para pagar, el cajero empieza a conversar con el cliente que te precede, lo cual ocasiona un pequeño atasco en la fila.

Declaración exigente	**Reformulación**
El cajero debería dejar de hablar de una vez y atender al siguiente cliente.	Ojalá el cajero dejase de hablar y se diese prisa.

Significado atribuido	
Lo está haciendo a propósito para que llegue tarde. ¡Qué desconsiderado!	Es probable que solo trate de ser amable. Tal vez no quiera ser descortés y dejar con la palabra en la boca a la persona que le está hablando. Que sea amable con este cliente no quiere decir que sea desconsiderado conmigo. No sabe que tengo prisa.

Acciones posibles	
Permanecer allí dando golpecitos con un pie en el suelo, exasperado por la espera. Mirar al cajero con gesto de desaprobación.	Con asertividad y educación, pedirle al cajero si podría apresurarse, dado que tienes prisa. Y esperar con paciencia, consciente de que elegiste hacer un recado a pesar de tener el horario apretado.

Escenario 1: estás conduciendo de regreso a casa desde el trabajo y te estás acercando a un cruce. Adviertes que el semáforo está en amarillo, así que aceleras e intentas pasar antes de que cambie a rojo. Sin embargo, la conductora que te precede frena bruscamente, lo cual hace que tú también tengas que frenar.

Declaración exigente
¿Qué demonios haces, mujer? No deberías ser tan estúpida como para frenar de golpe con el semáforo en amarillo. ¡Deberías haber pasado!

↓

Significado atribuido
No tiene ninguna consideración hacia los demás y podría haber provocado un accidente en cadena. No debería estar en la carretera. ¡Qué acción tan irresponsable!

↓

Acciones posibles
Tocar la bocina repetidamente para que avance. Mostrarle el dedo medio o gritarle por la ventana.

Reformulación
_____
_____
_____

↓

_____
_____
_____
_____
_____
_____

↓

_____
_____
_____
_____

Escenario 2: hoy es tu cumpleaños y llevas todo el día esperando a que tu hijo te llame. Te envió un mensaje en Facebook y un mensaje de texto, pero aún no ha descolgado el teléfono para llamarte, y el día casi ha terminado.

Declaración exigente
Es ridículo que mi hijo no se haya tomado un minuto para llamarme el día de mi cumpleaños. Debería haberlo hecho.

Reformulación
_____
_____
_____

↓   ↓

Significado atribuido
No se preocupa por mí. No soy lo bastante imortante para él como para que considere prioritario mi cumpleaños.

_____
_____
_____
_____

↓

↓

Acciones posibles
Mostrarse molesto con él la próxima vez que llame. Evitar el contacto con él por un tiempo.

_____
_____
_____
_____

Tarjeta de afrontamiento

LIBÉRATE DE LA IRA

- No dejes que la ira te atrape. Permanece atento a la ira derivada de formular una exigencia.
- Identifica la declaración exigente («debe[s]...», «tiene[s] que...», «debería[s]...», «tendría[s] que...»).
- No te impongas «deberías» a ti mismo.
- No impongas «deberías» a los demás.
- Sustituye la exigencia por una declaración de preferencia («ojalá...», «me gustaría que...», «preferiría que...», «estaría bien que...»).
- Recuerda que no puedes determinar lo que otras personas piensen, digan o hagan.
- Ten cuidado de no interpretar mal el hecho de que no se cumplan tus expectativas.
- Acepta que no puedes determinar cómo se comportarán los demás y que tampoco puedes controlar el mundo.

Hoja de trabajo de muestra

REGISTRO DE LA IRA

• • • • •

Siempre que te invada la ira, utiliza esta hoja de registro para buscar la herida o el miedo que subyace a tu enojo, así como los pensamientos que impulsan estos sentimientos. Examina la validez de estos pensamientos y pregúntate si te estás tomando la situación de forma personal o si estás interpretando en exceso. Intenta tomar en consideración todas las explicaciones y posibilidades alternativas para lo sucedido y deja que los hechos te ayuden a llegar a conclusiones más acertadas. A continuación se proporciona un registro de muestra, y posteriormente una hoja de registro en blanco para que la utilices.

Los hechos (lo que habéis dicho o hecho tú u otra persona; lo que ha ocurrido)	Tu expectativa (Exigencia)	Tu interpretación (Significado atribuido)	Sustituye la exigencia (Deseo, preferencia)	Cuestiona el significado atribuido (Visión alternativa)
El marido ha dejado un montón de ropa sucia en el suelo.	Debería poner su ropa sucia en el cesto. Sentimiento(s): Enojada, frustrada.	Lo ha hecho a propósito para sacarme de quicio. Sentimiento(s): Herida.	Me gustaría que pusiese su ropa sucia en el cesto.	No es que no le importe. Es que siempre ha sido una persona descuidada. No va a cambiar, por lo que no servirá de nada que le exija que lo haga. Tengo que aceptar este aspecto negativo y a la vez recordar que sus cualidades lo contrarrestan con creces. Es inteligente, amable, un buen amigo, responsable, digno de confianza y atractivo.

Hoja de trabajo para el cliente

REGISTRO DE LA IRA

• • • • • •

Los hechos (lo que habéis dicho o hecho tú u otra persona; lo que ha ocurrido)	Tu expectativa (Exigencia)	Tu interpretación (Significado atribuido)	Sustituye la exigencia (Deseo, preferencia)	Cuestiona el significado atribuido (Visión alternativa)
	Sentimiento(s):	Sentimiento(s):		

LA ACTIVACIÓN DE LA IRA

Enfocarse en los pensamientos impulsados por la ira («¡cómo se atreve!», por ejemplo) no hace más que incrementar la activación autónoma, lo que agrava aún más los síntomas físicos y emocionales. Los músculos se tensan, la ansiedad aumenta y los clientes pueden no ser capaces de evaluar objetivamente la situación. A la vez, actúan a partir de suposiciones equivocadas (por ejemplo, «se lo merece; ¡debo dejar claro mi punto de vista!»), de lo cual resulta una acción ineficaz. Por ejemplo, los clientes enojados se desahogarán y actuarán de una manera agresiva o impulsiva, en lugar de expresar sus necesidades de un modo más adecuado.

En los casos en que la ira ha alimentado emociones intensas, es útil pedirles que evalúen la intensidad de su enojo en una escala del 1 al 10. Si su puntuación es de 8 o superior, ello es indicativo de que deben desconectar de la situación y utilizar estrategias de relajación o distracción para reducir la activación. Después de practicar estas estrategias durante una cantidad de tiempo establecida, pueden volver a ponerse una puntuación y regresar a la situación cuando estén menos reactivos y puedan pensar con más claridad. Para ayudarlos a adoptar el hábito de gestionar la activación de su ira, proporciónales la siguiente tarjeta de afrontamiento, así como la hoja informativa que se incluye a continuación.

Tarjeta de afrontamiento

GESTIÓN DE LA ACTIVACIÓN DE LA IRA

Las personas no siempre me escuchan. No siempre hacen lo que quiero, no siempre piensan como yo y no siempre valoran lo que hago. No puedo controlar sus actos. Puedo aceptar que a veces ignorarán mis deseos. Aunque desearía que esto no fuera así, puedo aceptar la realidad. Cuando estoy enojado, puedo calmarme practicando la respiración profunda, dando un paseo o usando alguna otra técnica de relajación.

ATENUAR LA ACTIVACIÓN

• • • • • •

Cuando las emociones nos embargan, es difícil que pensemos con claridad y nos comportemos de manera responsable. Si ves que tu ira te está dominando, dedica un momento a tomar distancia y evaluar la intensidad de tus sensaciones de ira sirviéndote de esta escala:

0	1	2	3	4	5	6	7	8	9	10
Nada irritado / Un poco irritado / Algo frustrado / Muy irritado / Enojado / Furioso										

Si has puntuado tu ira con un 8 o un número superior, esto es indicativo de que debes hacer una pausa y controlar tus emociones. Calma tu cuerpo utilizando algunas de las técnicas de relajación o distracción que se indican seguidamente. Regresa a la situación una vez que tu ira haya descendido hasta un nivel manejable y puedas pensar con más claridad, y después encauza la energía de tu ira hacia la acción constructiva. También es útil que practiques estas técnicas incluso si no estás emocionalmente alterado; así potenciarás tu capacidad de gestión de las emociones y te resultará más fácil mantenerlas bajo control.

- Practica la respiración diafragmática.
- Cuenta hasta veinte.
- Aplica técnicas de relajación muscular progresiva.
- Da un paseo.
- Haz ejercicio.
- Visualiza una escena relajante.
- Mira la foto de una señal de *stop*.
- Ve televisión.
- Escucha música.

LA COMUNICACIÓN ASERTIVA

La comunicación asertiva hace que seamos mucho más efectivos al transmitir nuestro mensaje y aumenta la probabilidad de que veamos satisfechas nuestras necesidades. Ser asertivo significa expresar de forma clara y directa los propios pensamientos, los propios sentimientos y el curso de acción deseado. Implica transmitir el propio punto de vista con claridad y expresarnos como lo hacemos cuando mantenemos una conversación normal y tranquila. La asertividad contrasta con la pasividad y la agresividad extremas, que son estilos de comunicación menos efectivos. Estas modalidades de comunicación se encuentran en un continuo que va desde la pasividad hasta la agresividad, con la asertividad en el medio:

| Pasiva | Asertiva | Pasivo-agresiva/Agresiva |

La comunicación pasiva implica esencialmente no comunicarse. Manifestamos este tipo de comunicación cuando no decimos nada, cuando esperamos que los demás nos lean la mente o cuando expresamos nuestras necesidades de manera poco clara y diluida. En el otro extremo del continuo se encuentra la comunicación agresiva, que implica mostrarse amenazador, plantear exigencias o presionar a los demás. La comunicación agresiva pretende intimidar a los demás u oponerse a ellos y puede ser vista como hostil, destructiva y contundente. Este tipo de comunicación también puede implicar mostrarse agresivo de manera pasiva. En lugar de expresarnos directamente, decir «no» o manifestar una opinión, ser pasivo-agresivo implica ceder con intención desafiante. Por ejemplo, alguien puede «olvidar» intencionadamente realizar una tarea importante que le ha pedido otra persona, en lugar de decirle directamente que no puede acometerla. El sarcasmo o las indirectas también son estrategias de comunicación pasivo-agresiva.

La tabla que sigue incluye algunos ejemplos de cada tipo de comunicación:

Comunicación pasiva	Comunicación asertiva	Comunicación agresiva	
		Comunicación pasivo-agresiva	Comunicación agresiva
«Espero que alguien venga a ayudarme con este proyecto».	«Te agradecería mucho que me ayudases con este proyecto».	«Me pondré con esto enseguida». (Pero no lo hace).	«¡Tienes que hacer esto ya!».
«Sé que probablemente estés ocupado y no tengas tiempo para hablar, por lo que puedes devolverme la llamada si quieres».	«Hoy no podría ayudarte, pero mañana sí podré hacerlo».	«Te habría propuesto que nos hubiésemos encontrado si hubieses llamado».	«¡Te exijo que dejes lo que tienes entre manos y hagas lo que quiero ahora!».
«Ojalá pudiese decir lo que pienso, pero me limitaré a estar de acuerdo con todo lo que digan».	«Me sentí triste cuando cancelaste nuestros planes. Agendemos otra fecha ahora mismo».	«¡Uy!, olvidé darte este mensaje tan importante de parte de tu jefe».	«¿Cómo has podido ser tan estúpido como para olvidarlo?».

LA COMUNICACIÓN ASERTIVA

● ● ● ● ● ●

La comunicación asertiva incrementa al máximo la probabilidad de que obtengas lo que deseas. En lugar de exigir, gritar o amenazar, ser asertivo significa que pides explícitamente lo que te gustaría obtener. Cuando gritas, tu voz se oye, pero tu mensaje no es escuchado. Para ser asertivo, abstente de formular preguntas que comiencen con «¿por qué?», ya que ello daría lugar a una actitud defensiva y excusas interminables, pero no produciría resultados. Comunica tus necesidades asertivamente, con una voz clara y tranquila. Haz saber a los demás lo que hicieron (o no hicieron), lo que dijeron (o no dijeron) y cómo te hizo sentir su comportamiento. A continuación, expresa lo que te gustaría obtener. Debes estar dispuesto a tener en cuenta a los demás y a escuchar lo que tienen que decir, y a buscar soluciones de compromiso cuando sea apropiado.

PASOS PARA LA COMUNICACIÓN ASERTIVA

1. **Declara los hechos.** Lo que sucedió (o no sucedió) o lo que se dijo (o no se dijo).
2. **Expresa cómo te sientes.** Expón tus emociones sobre la situación.
3. **Declara lo que te gustaría.** ¡No plantees exigencias! Di qué te gustaría, qué prefieres o qué deseas.
4. **Ten en cuenta a la otra persona.** Aplica la escucha activa.
5. **Contempla una solución de compromiso.** Encuentra un punto en el continuo que tenga sentido para ambos.

Cuidado: No grites, no hagas preguntas que empiecen con «¿por qué?», no esperes pasivamente a que la otra persona te lea la mente, no le digas al otro lo que «debería» hacer.

EL CONTROL EFECTIVO

El control efectivo implica ser capaz de resistir la tentación de actuar a partir de los impulsos agresivos, incluso cuando se experimenta ira. Una forma de ayudar a los clientes a controlarse más es indicarles que efectúen un análisis de los costos y beneficios que presenta el hecho de dejarse llevar por el impulso del enojo. En particular, deberían sopesar las ventajas y los inconvenientes que presenta reaccionar con agresividad. Como terapeuta, es probable que no te cueste nada identificar estos inconvenientes. Sin embargo, al completar este análisis de costos y beneficios, conviene reconocer que la expresión agresiva presenta tanto beneficios (llama la atención de las personas, permite a los clientes conseguir lo que desean...) como inconvenientes (se llama la atención de forma negativa, se pierde credibilidad, se ponen en peligro relaciones u oportunidades...).

Ten en cuenta que aunque los clientes puedan identificar algunas ventajas en el hecho de dejarse llevar, es probable que estas ventajas sean más percibidas que reales. Por lo tanto, el uso de preguntas guía puede ayudarles a obtener una lista más larga y efectiva de los inconvenientes que presenta manifestar comportamientos impulsivos. Aquí tienes algunos ejemplos de preguntas guía que puedes usar para ayudar a los clientes a llegar a esta conclusión:

- «Imagina cómo te sentirías _____ (minutos, días, semanas, meses, años) después de realizar esa acción».
- «Si un amigo te expusiera esa misma situación y te dijera que tuvo ese comportamiento, ¿qué le dirías?».
- «¿Cómo afectará esto a la relación cuando ya no estés molesto?».
- «¿Cómo te sentirías y qué pensarías si alguien te respondiera de esa manera?».
- «Si tratasen así a alguien a quien aprecias, ¿qué le dirías a esa persona?».

- «¿Qué podrían pensar de ti los demás después de que hayas tenido ese comportamiento? ¿Cuáles podrían ser las consecuencias generales?».

La lista de consecuencias negativas siempre puede incluir el reconocimiento de que actuar a partir de la ira puede hacer que digan cosas de las que se arrepientan, que sean arrestados, que arruinen relaciones, que queden aislados o que su estado de ánimo se vea afectado negativamente; el hecho de dejarse llevar por la ira también va a reforzar las opiniones negativas que tengan de ellos otras personas, alejará a los demás y evitará que puedan gozar de nuevas oportunidades. Si son capaces de reconocer que reaccionar impulsivamente no es el camino correcto, las creencias basadas en el enojo a partir de las cuales se sienten autorizados a dejarse llevar dejarán de conducirlos por un mal camino.

Entrega la hoja de trabajo de la página siguiente para que los clientes efectúen un análisis de los costos y los beneficios la próxima vez que sientan ira y se estén planteando actuar de forma agresiva o problemática.

ANÁLISIS DE COSTOS Y BENEFICIOS DE DEJARSE LLEVAR POR LA IRA

• • • • • •

A veces nos dejamos dominar por las emociones, lo que hace que tengamos un comportamiento reactivo. Utiliza esta hoja de trabajo para examinar los costos y beneficios de reaccionar con agresividad en comparación con el uso de una estrategia alternativa. Podrías cuestionar tus datos haciéndote estas preguntas: ¿invitan las pruebas a sacar una nueva conclusión?, ¿hay un precio más alto que se deba considerar? Seguidamente, saca una conclusión general para poder mostrarte efectivo en lugar de reactivo.

Ventajas de reaccionar con agresividad	Inconvenientes de reaccionar con agresividad

Ventajas de acudir a una estrategia alternativa	Inconvenientes de acudir a una estrategia alternativa

Conclusión: _____

JUNTANDO TODO: DESVIAR LA IRA

El ejemplo que sigue ilustra cómo los principios examinados en este capítulo pueden cambiar el curso de la ira y llevar a tus clientes por un camino más efectivo que les permita evaluar objetivamente las situaciones y responder de formas adecuadas.

La situación:
Will está limpiando la casa de su amigo John cuando llega otro amigo para usar el ordenador.

La exigencia:
«Debería saber que no puede entrar mientras estoy limpiando. ¿Es que no ha visto mi coche? Tendría que ser más considerado».

Gestión de la ira activada:
Will se da cuenta de que su ira ha subido hasta el 9, por lo que decide ir a otra habitación y hacer algunas respiraciones profundas. Al cabo de unos minutos, su ira ha bajado hasta un nivel manejable.

Nuevo significado:
«Es un chico nervioso que es presa de la ansiedad. Todo lo que está tratando de hacer es gestionar su agitación y usar el ordenador le ayuda. Sus emociones están al mando, no su cerebro. No es que se propusiera molestarme. No sabía que yo estaría aquí y es probable que ni siquiera advierta que no lo quiero aquí. Podría mostrarme comprensivo, incluso amable, puesto que sé que no quiere perjudicarme adrede».

Significado atribuido:
«¡No me lo puedo creer! ¿Se supone que tengo que dejarlo entrar? ¡Qué falta de consideración! Mi tiempo no importa, se ve. Piensa que el mundo gira a su alrededor».

Análisis de costos y beneficios:
Will piensa en algunas de las ventajas que tendría reaccionar con agresividad (probablemente el amigo se iría y él podría terminar de limpiar) y en algunos de los inconvenientes (se sentiría culpable y John podría disgustarse con él y pedirle que no volviese a limpiar su casa nunca más). Se da cuenta de que dar rienda suelta a la ira no es lo que más le interesa.

Acción apropiada:
Will deja que el amigo use el ordenador y termina la limpieza tan pronto como el amigo se marcha.

Impulso de acción inapropiada:
Will siente el deseo de explotar y decirle al amigo: «¡Tienes que irte ahora mismo!».

Redefinición:
«No puedo determinar cómo tiene que comportarse el resto del mundo. Estaría bien que el mundo siguiera mis reglas, pero no puedo exigir que él vea el mundo como yo lo hago. Mis reglas y expectativas no son las mismas que las suyas, por lo que ni siquiera es consciente de que está rompiendo una regla mía».

Resultado final:
Las sensaciones de ira y molestia de Will se mitigan. Se siente bien consigo mismo por no haberse dejado dominar por la ira. Se da cuenta de que no es que no tenga autoridad, sino que tiene el control cuando no deja que la cólera se apodere de él. Planea usar estas herramientas en el trabajo, cuando está conduciendo y en su vida personal.

LA AUTOCONFIANZA

Como hemos visto anteriormente, el significado que otorgan los clientes a sus exigencias no satisfechas suele estar impulsado por sentimientos subyacentes de dolor o miedo, y este dolor y este miedo suelen estar vinculados a creencias centrales asociadas a la inseguridad personal. En particular, cuando formulan el juicio de que «deben», «deberían» o «tienen que» cumplir con alguna expectativa, su inseguridad puede activarse si no dan la talla. Esto hace que se enojen consigo mismos, lo que da lugar a un ciclo continuo de juicio, crítica y enfado.

Por ejemplo, considera el caso de una ejecutiva de negocios que se enoja consigo misma cuando sus cifras de ventas no son tan altas como pensaba que deberían ser. Piensa para sí: «Debería poder hacerlo mejor. Tendría que ser más organizada y eficiente, y debería tener más éxito». El significado que hay detrás de esta expectativa no cumplida está impulsado por su etiqueta de inseguridad subyacente: «Soy una fracasada. Soy perezosa». Como resultado, empieza a dudar de sí misma y se cuestiona si tiene lo necesario para tener éxito, lo que hace que se incrementen su estrés, su enojo, su frustración y sus sentimientos depresivos.

Algo que tendrá que hacer esta clienta para superar su enojo será examinar las muchas otras explicaciones plausibles acerca de por qué sus cifras de ventas son más bajas de lo que esperaba. Por ejemplo, su ámbito de negocio es difícil, conseguir una cartera de clientes lleva tiempo y ella es relativamente nueva. Aun así, está aumentando de manera sostenida su cartera de clientes y su jefe está contento con sus avances. Trabaja muchas horas y cuenta con la inteligencia y la experiencia necesarias para rendir bien en su empleo. Todo esto demuestra que ni es perezosa ni es una fracasada, independientemente de la cantidad de ventas que consiga. Si fuese perezosa, no se molestaría en acudir a la oficina, hacer llamadas o mandar correos electrónicos. Si fuese una fracasada, no pondría empeño y no habría conseguido ningún cliente. En realidad, se esfuerza en exceso, trabaja demasiadas horas y hace muchos sacrificios y ajustes en su vida personal debido al trabajo. Y aunque sus cifras de ventas no son tan altas como le gustaría, son más que suficientes para que su jefe la tenga en muy buena consideración.

Cuando la inseguridad personal acecha, cualquier elemento que apoye la tesis de los clientes de que son unos fracasados no hace más que incrementar su inseguridad y su enojo. Una forma de ayudarlos a plantar cara a sus exigencias no realistas y a que confíen más en sí mismos es hacer que presten atención a sus cualidades positivas y reconozcan sus logros. Así podrán darse cuenta de que las exigencias que se autoimponen son poco razonables, probablemente. Para ayudarlos a cultivar esta perspectiva alternativa, proporciónales la siguiente tarjeta de afrontamiento y la hoja de trabajo que se encuentra a continuación.

Tarjeta de afrontamiento

VENCER LA INSEGURIDAD PERSONAL

Puedo superar mi inseguridad haciendo lo siguiente:

1. No ponerme etiquetas desagradables que no merezco.
2. Mirar todo lo que puedo hacer, he hecho y estoy haciendo.
3. Reconocer tanto mis esfuerzos como mis éxitos.
4. Considerar que las exigencias que me imponga pueden ser poco razonables.
5. Recordarme a mí mismo que no estar a la altura de mis expectativas no significa que no dé la talla.
6. Tener presentes mis cualidades y mantenerme enfocado en lo que quiero.

REÚNE DATOS PARA APOYAR TU AUTOCONFIANZA

• • • • • •

Podemos sentirnos enojados con nosotros mismos cuando creemos que no hemos cumplido con nuestras propias expectativas. Para superar este enojo, tenemos que vencer la inseguridad prestando atención a nuestros logros y cualidades positivas. Utiliza esta hoja de trabajo para recopilar datos que respalden tu autoconfianza. Escribe cinco o más acciones específicas, positivas y efectivas que hayas realizado hasta ahora en el día de hoy, y a continuación indica qué dicen de ti estos actos.
Por ejemplo:

1. Le he hecho un cumplido sincero a alguien.
2. He llegado puntual al trabajo a pesar de no querer ir.
3. He devuelto una llamada que estaba en mi lista de tareas.
4. He finalizado un proyecto laboral.
5. He llamado a una amiga que está pasando por un mal momento para hacerle saber que me importa.

Significado: soy una buena persona que en general hace cosas positivas.

Ahora es tu turno:
1. _____
2. _____
3. _____
4. _____
5. _____

Significado: _____

8

TRASTORNOS POR CONSUMO DE SUSTANCIAS

C omo ocurre con muchos otros problemas psicológicos, el consumo abusivo de sustancias puede entenderse desde la perspectiva de que los problemas con el uso del pensamiento y los patrones de conducta disfuncionales llevan a los clientes a ceder ante los impulsos problemáticos. Según el modelo cognitivo de la recaída (Beck, Wright, Newman y Liese, 1993), cuando los clientes que presentan una adicción experimentan un estímulo desencadenante (como puede ser volver a casa después de un día estresante en el trabajo o dirigirse a un restaurante para comer), se activan sus creencias subyacentes relacionadas con las sustancias (por ejemplo, «beber es la única forma que tengo de manejar el estrés»), lo cual influye en el desarrollo de pensamientos automáticos inclinados hacia este tipo de consumo (por ejemplo, «tengo que relajarme; necesito una bebida»). Estos pensamientos automáticos, a su vez, conducen a un incremento de los deseos y las ansias, lo cual favorece las creencias favorables al consumo («dejaré de beber mañana», «acabaré esta botella y ya está», «solo tomaré una copa»), las cuales, a su vez, justifican el deseo de consumir. Seguidamente, los clientes recurren a estrategias instrumentales para acceder a la sustancia deseada, lo que desemboca en un consumo continuado o una recaída.

Este capítulo explora en detalle el modelo cognitivo aplicado al consumo de sustancias (alcohol y drogas) y las intervenciones que se pueden realizar. Sin embargo, antes de comenzar a implementar estas estrategias terapéuticas es necesario abordar el que tal vez sea el problema más importante al trabajar con los clientes que tienen una adicción: lograr que se comprometan.

MOTIVACIÓN Y COMPROMISO

A menudo, el obstáculo más grande en el tratamiento del consumo de sustancias es que los clientes que sufren una adicción no reconocen que hay un problema, y, en caso de que sí, por lo general no están comprometidos a trabajar en él. En muchos casos buscan tratamiento (o se les ha ordenado que sigan uno) porque ha tenido lugar algún suceso negativo que los ha obligado a abordar su adicción (por ejemplo, conducían bajo los efectos del alcohol, han sido detenidos, se han divorciado o han perdido el empleo). Por lo tanto, el primer paso en el tratamiento debe ser trabajar para motivar más a los clientes y lograr que se comprometan.

Una forma de ayudarlos a que estén más dispuestos a participar en el tratamiento y propulsarlos hacia la recuperación es pedirles que realicen un análisis de costos y beneficios del consumo de sustancias, en el que consideren los pros y los contras de seguir con el consumo frente a renunciar a su adicción (Liese y Franz, 1996). Dado que los clientes tienden a centrarse en los beneficios del consumo y a ignorar sus consecuencias negativas o a restarles importancia, este análisis puede respaldar el abandono del hábito al demostrarles que la abstinencia presenta grandes ventajas frente al mantenimiento del consumo, que presenta grandes inconvenientes.

Veamos a modo de ejemplo el caso de Jim, quien tenía antecedentes de consumo excesivo de alcohol pero creía que no tenía un problema con la bebida. Durante los últimos meses fue cediendo cada vez más a su impulso de beber con mayor frecuencia, lo que llevó a que su esposa solicitara el divorcio sin previo aviso. Una noche, fue arrestado por conducir bajo los efectos del alcohol después de chocar contra un auto aparcado. Este pequeño accidente le complicó las cosas al ser detenido, pero por fortuna no había nadie en el coche estacionado y nadie resultó herido. En consecuencia, se le ordenó buscar tratamiento para su consumo de alcohol. Inicialmente, Jim se resistió a la terapia; insistía en que no tenía ningún problema y no la necesitaba. Dio excusas para el accidente (afirmó que estaba exhausto mientras conducía) y culpó a su esposa por poner fin al matrimonio.

El tratamiento se centró primero en ayudar a Jim a elaborar una lista de pros y contras con respecto a su consumo de alcohol, a partir de lo cual tomó conciencia del problema que tenía con la bebida y pasó a estar más receptivo al tratamiento. En su análisis de costos y beneficios destacan los inconvenientes que presenta el hecho de seguir bebiendo y las ventajas que presenta la sobriedad. Aunque el análisis de costos y beneficios también reconoce las ventajas de beber (y las desventajas de la sobriedad), estos elementos incluyen un replanteamiento objetivo que le permite a Jim ver el panorama general con respecto a su problemático consumo.

Ventajas de beber

1. Me ayuda a relajarme, pero me ha llevado a perder a mi familia y a ser arrestado.
2. Adormece los sentimientos de vergüenza, pero ahora estoy fichado por la policía y todo el mundo sabe que fui arrestado por conducir bajo los efectos del alcohol. Incluso los amigos de mis hijos lo saben.
3. Me hace sentir bien en el momento, pero provoca que me cueste levantarme e ir a trabajar por la mañana.
4. Me gusta beber, pero quiero elegir a mi esposa por encima de la botella.

Inconvenientes de beber

1. Puedo morir o matar a alguien.
2. Mantengo un contacto limitado con mis hijos.
3. Estoy incapacitado para trabajar o para vivir de forma independiente.
4. Ofrezco un mal modelo parental a mis hijos.
5. Me expongo a que me vuelvan a arrestar por conducir bajo los efectos del alcohol.
6. El alcoholismo tiene un impacto negativo en mi salud.

Ventajas de no beber

1. Ofrecer un buen modelo parental a mis hijos.
2. Tener más oportunidades de estar con mi familia.
3. Conservar el empleo y vivir sin depender de nadie.
4. Mayor confianza en mí mismo.
5. Evitar más arrestos por conducir bajo los efectos del alcohol.

Inconvenientes de no beber

1. Tolerar las sensaciones asociadas a la abstinencia, pero solo durante un tiempo, porque pasarán.
2. Hacer frente al caos que he provocado, pero puedo trabajar para arreglarlo y evitar que empeore; y, con suerte, podré obtener lo que quiero a la larga.

Una vez que hayas trabajado con los clientes en la elaboración del análisis de costos y beneficios en relación con el consumo de sustancias, pídeles que reevalúen los aspectos positivos de mantener el consumo y los aspectos negativos de la abstinencia. El objetivo es que vean que la ausencia de consumo presenta más ventajas. Ayúdalos a llegar a una conclusión acertada a partir de su análisis de costos y beneficios, que puedan usar a modo de declaración de afrontamiento. Por ejemplo, la conclusión de Jim podría ser la siguiente: «A corto plazo, beber me permite no afrontar mi situación y la vergüenza, pero a largo plazo mis problemas no desaparecen nunca; solo empeoran. Puedo superar mi vergüenza y reemplazarla por el orgullo teniendo el coraje de hacer frente a mis errores y mostrando a mis hijos que es posible superar la adversidad. Aunque pueda tener que tolerar algunas sensaciones desagradables para hacer esto, recuperar la sobriedad me permitirá hacer frente al desastre que he generado y solucionarlo de una vez por todas».

En la página que sigue encontrarás una hoja de trabajo que puedes utilizar con los clientes para efectuar este análisis de costos y beneficios y llegar a una conclusión saludable en cuanto a la conveniencia de trabajar para abandonar el consumo de sustancias.

ANÁLISIS DE COSTOS Y BENEFICIOS DEL CONSUMO DE SUSTANCIAS

• • • • • •

Utiliza esta hoja de trabajo para examinar las ventajas y los inconvenientes de mantener el consumo de sustancias en comparación con prescindir de ellas. Al mismo tiempo, intenta identificar los «peros» que se oponen a las ventajas del consumo (por ejemplo, «me hace sentir bien, pero...») y los inconvenientes que presenta el hecho de no consumir (por ejemplo, «la abstinencia puede ser difícil, pero...»).

Ventajas de consumir sustancias	Inconvenientes de consumir sustancias
_____	_____
_____	_____
_____	_____
_____	_____

Ventajas de no consumir sustancias	Inconvenientes de no consumir sustancias
_____	_____
_____	_____
_____	_____
_____	_____

Conclusión general (asegúrate de tener en cuenta los «peros» al definir esta perspectiva realista, objetiva): _____

EL MODELO COGNITIVO DE LA RECAÍDA

Los estímulos desencadenantes

Los desencadenantes del consumo de sustancias pueden adoptar la forma de varios estímulos de alto riesgo, que pueden ser externos o internos. Los desencadenantes externos incluyen personas, lugares o cosas asociados al deseo de consumir (por ejemplo, un minibar surtido en una habitación de hotel, una copa de vino vacía en una mesa, entrar en un bar, tocar un instrumento musical), mientras que los desencadenantes internos incluyen sensaciones corporales, imágenes, pensamientos o sentimientos. Los desencadenantes internos más comunes son las sensaciones de estrés, ansiedad, aburrimiento, euforia o frustración, así como las reacciones corporales que suelen acompañar a estas sensaciones.

En las primeras etapas de la recuperación sobre todo, es preferible que los clientes eviten sus desencadenantes cuando sea posible, implementando planes específicos para eliminarlos o reducir su impacto (por ejemplo, solicitar al hotel que retire el contenido del minibar, pedirle al camarero que se lleve las copas de vino vacías o evitar el bar). Estos desencadenantes externos pueden evitarse en ocasiones, pero no siempre. Por ejemplo, si un cliente tiene que asistir a un evento importante en el que se va a servir alcohol, puede mitigar este desencadenante llenando su copa de champán con agua, colocándose físicamente en el extremo de la sala opuesto a donde se encuentra el bar o contando con la compañía de una persona sobria.

Sin embargo, a veces es más difícil, incluso imposible, evitar los desencadenantes. Esto es así con los desencadenantes internos especialmente, que incluyen emociones y sensaciones corporales. Cuando la evitación no es una opción, trabaja de manera colaborativa con los clientes para idear formas en que puedan reducir el impacto del desencadenante o hacerle frente. Es importante que aprendan a afrontar sus desencadenantes a pesar de la incomodidad o el miedo que puedan causarles. Ayúdalos a reconocer que estas sensaciones son temporales y pasarán incluso si no hacen nada. Además, aunque las sensaciones puedan ser incómodas, eso no significa que tengan que actuar a su dictado; tienen la opción de no hacer nada. En lugar de evitar la incomodidad, pueden hacerle frente y sentirse empoderados. Por ejemplo, en el caso del aburrimiento, puedes ayudarlos a superar esta sensación recordándoles que el aburrimiento es un estado temporal que pueden tolerar o mediante la programación de actividades conducentes a superarlo.

De manera similar, pongamos por caso que tienes como cliente a un hombre alcohólico en proceso de recuperación que está experimentando estrés y frustración en relación con su trabajo, que es un desencadenante para su consumo de alcohol. Puedes reducir el estrés de este cliente haciendo que lo vea como algo normal y temporal dentro de la dinámica natural de su empleo. También podéis elaborar un gráfico circular de lo que es importante en su vida para que reconozca que el trabajo solo constituye una pequeña parte de lo que realmente le importa. Además, puedes pedirle que escriba los beneficios que obtiene de su trabajo y que le ayudan a disfrutar de su vida personal (por ejemplo, su empleo le permite ser dueño de una casa, tener unas vacaciones agradables, estar apuntado a un gimnasio, interactuar con buenos amigos que también son colegas de trabajo, etc.). El tratamiento puede asimismo ayudarle a reconocer y aprovechar el apoyo que él y sus colegas se brindan mutuamente; por ejemplo, puede pedir ayuda o delegar en el trabajo.

El estrés disminuye cuando las personas creen que cuentan con los recursos necesarios para hacer frente a sus dificultades. Puedes pedir a los clientes que practiquen la gestión del estrés a diario realizando actividades que encuentren placenteras o fomenten su sensación de logro y que los lleven a apartar la atención de sus impulsos. Por ejemplo, pueden lidiar con los desencadenantes por alguno de estos medios: hacer ejercicio, ver la televisión, ducharse, bañarse, pasear al perro, escuchar música, hacer trabajos en el jardín, cocinar, meditar, leer, oler su aroma favorito... La lista de actividades relajantes posibles es interminable.

Las creencias subyacentes relacionadas con las sustancias

Los desencadenantes representan la primera etapa en el ciclo del consumo de sustancias porque hacen surgir creencias subyacentes relacionadas con las sustancias que perpetúan la adicción. Por lo general, estas creencias son percepciones exageradas o sesgadas de la sustancia o el comportamiento. Son ejemplos de creencias de este tipo «solo puedo disfrutar tocando la guitarra cuando tengo un colocón»,[*] «beber es la única manera en que puedo manejar el estrés», «soy más sociable y aceptable socialmente cuando estoy borracho» o «tengo que beber para ser uno más entre mis amigos». Ninguna de estas creencias es verdadera al cien por cien, y la mayoría no lo son en absoluto.

Ayudar a los clientes a evaluar estas creencias es otro paso hacia la recuperación. La evaluación de estas creencias desacertadas se puede realizar mediante el uso de preguntas guía, que permiten a los clientes tomar conciencia de sus errores de pensamiento, o indicándoles que efectúen un experimento conductual para poner a prueba la validez de sus creencias relacionadas con las sustancias. Por ejemplo, si un cliente cree que tocar la guitarra bajo los efectos del alcohol es la única forma que tiene de disfrutar tocando música, pídele que ponga a prueba esta hipótesis intentando hacerlo sin beber. Tal vez descubra que si está sobrio no solo disfruta tocando la guitarra, sino que también le gusta poder recordar las notas y escribirlas. De manera similar, puedes desmontar la creencia «tengo que beber para ser uno más entre mis amigos» ayudando al cliente a ver todos los factores que lo conectan con sus amigos más allá del consumo de alcohol, como pueden ser los pasatiempos e intereses que comparten (por ejemplo, el entusiasmo por los deportes, la política, las películas o las vacaciones). El objetivo es ayudar a los clientes a desarrollar creencias alternativas que contrarresten el deseo de consumir (por ejemplo, «puedo hacer mejor música cuando estoy sobrio» o «no necesito beber para que mis amigos me consideren uno de ellos»).

---

[*] N. del T.: *Colocón* es un término coloquial que hace referencia al efecto intenso del alcohol o una droga.

Los pensamientos automáticos inclinados hacia el consumo de sustancias

Las creencias relacionadas con las sustancias participan en el ciclo de la adicción dando lugar a los pensamientos automáticos inclinados hacia el consumo de sustancias. Son pensamientos como «necesito una bebida», «tengo ganas de colocarme» o «estaría bien abrir una botella», que intensifican el impulso de consumir. Para que los clientes no se limiten a aceptar estos pensamientos tal como se presentan, acude a preguntas básicas para que examinen la validez de esos pensamientos y tomen en consideración otros puntos de vista. Por ejemplo, en lugar de «necesito beber para reducir el estrés», un replanteamiento más apropiado podría ser este: «Quiero una bebida, pero no *necesito* tomar una. Una bebida significa no tener vida hogareña, tener resaca, estar sin trabajo y una imagen fea de derrota». De manera similar, en lugar de «me merezco esta bebida», los clientes podrían pensar: «Hoy he trabajado duro, pero beber no es la única forma que tengo de recompensarme. Puedo darme una ducha caliente, recibir un masaje relajante o regalarme una sesión de pedicura».

El incremento de los deseos apremiantes y las ansias

Cuando los clientes experimentan pensamientos automáticos inclinados hacia el consumo de sustancias, pasan a tener un gran deseo de consumir, y la imagen mental de ceder a este impulso tiende a alimentar esta ansia. Por ejemplo, un alcohólico puede imaginarse una botella de licor y pensar en lo bien que se sentiría al beberla, mientras que un adicto a la cocaína puede imaginar que la fuma en una pipa mientras se ríe y siente el placer del colocón. Para que los clientes manejen estas ansias, pídeles que practiquen reemplazar estas imágenes positivas por imágenes negativas que reflejen las experiencias reales que han tenido en el pasado. Por ejemplo, los alcohólicos pueden sustituir la imagen de la botella de licor por el recuerdo de estar inclinados sobre el inodoro cubiertos de vómito, con el estómago retorciéndose, con un dolor de cabeza terrible y el olor del desayuno de su familia provocándoles náuseas. De manera similar, en lugar de recordar la euforia asociada al consumo de *crack*, el adicto podría recordar las sensaciones de terror y sufrimiento asociadas a la abstinencia, como una ansiedad creciente, el deseo de salir de la propia piel, unos nervios insoportables, el corazón acelerado y un dolor de cabeza intenso.

Orientar a los clientes en cuanto a sus ansias y deseos puede ayudarles a reconocer que acuden en oleadas y que si no ceden a ellos terminan por pasar. Las intervenciones cognitivas también pueden ayudarles a replicar a sus deseos apremiantes. Por ejemplo, pueden elaborar tarjetas de afrontamiento para recordarse que el solo hecho de tener un deseo no significa que tengan que hacerle caso, que pasará y que se sentirán orgullosos de resistir el impulso. También puedes intentar encontrar ejemplos de otras áreas de su vida en las que hayan utilizado el autocontrol de manera efectiva y con buenos resultados. Finalmente, pueden usar estrategias de relajación o distracción para sobrellevar el impulso hasta que pase (por ejemplo, pueden practicar la respiración profunda, realizar actividades placenteras, meditar, hacer ejercicio o conectar con un amigo que les brinde apoyo).

La exposición interoceptiva es otra forma de orientar a los clientes sobre los deseos apremiantes y las ansias. A menudo, tienen la idea equivocada de que la única manera de mitigar un ansia es cediendo a ella, cuando la verdad es que las ansias pueden reducirse sin ceder al impulso. La hiperrespiración es una exposición interoceptiva que suele inducir ansias en las personas que abusan de las sustancias, y finalizar esta exposición lleva a una reducción de estas ansias, lo que ayuda a los clientes a concluir que las ansias pueden desaparecer sin ceder al impulso.

Directrices para el terapeuta

EXPOSICIÓN INTEROCEPTIVA AL IMPULSO

• • • • • •

Paso 1. Indícale al cliente que evalúe la intensidad de su impulso de consumir en una escala del 0 al 10.

Paso 2. Pídele que hiperventile durante un minuto, haciendo respiraciones profundas por la boca.

Paso 3. Pídele que evalúe nuevamente la intensidad de su deseo utilizando la misma escala de 10 puntos.

Paso 4. Inicia una conversación distractora sobre algo que sea relevante e interesante para él (películas, política, deportes...) o pídele que cierre la boca y haga algunas respiraciones lentas por la nariz. Así se reducirá la excitación provocada por la hiperrespiración y en principio se mitigará el impulso.

Paso 5. Pídele que vuelva a evaluar la intensidad de su deseo utilizando la misma escala de 10 puntos.

Paso 6. Hablad de lo que pensaba de sus ansias con el objetivo de que llegue a otro tipo de conclusiones. Por ejemplo, es muy posible que sostuviera esta hipótesis: «No puedo tolerar las ansias. Solo desaparecerán si consumo. No tengo ningún control sobre ellas». A partir de la exposición interoceptiva que se acaba de exponer, sin embargo, podría concluir que las ansias pueden disminuir sin que haya que ceder a ellas.

Utiliza la hoja de trabajo que se incluye a continuación para efectuar un seguimiento del alcance de las ansias de tus clientes y para ver cómo las están afrontando. Pídeles que registren cualquier desencadenante que se presente durante la semana, sus pensamientos y sentimientos subsiguientes, la intensidad de su deseo y su respuesta de afrontamiento. Revisa el registro en cada sesión semanal para poder identificar las áreas en las que esté realizando progresos el cliente, así como cualquier dificultad que haya que abordar.

REGISTRO DIARIO DE ANSIAS Y RESPUESTAS DE AFRONTAMIENTO

• • • • • •

Utiliza esta hoja de trabajo para registrar cualquier desencadenante que surja diariamente y a lo largo de la semana. Anota las situaciones difíciles que despertaron tu anhelo de consumir e identifica los pensamientos o sentimientos que te provocaron malestar. A continuación registra la intensidad de tu deseo (utilizando la escala que sigue) y cómo lidiaste con él.

0	10	20	30	40	50	60	70	80	90	100

Ningún deseo / Algún deseo / Anhelo moderado / Anhelo elevado / Ansia extrema

El ejemplo que sigue te muestra cómo completar la hoja de trabajo; a continuación encontrarás algo de espacio para que efectúes algunos registros.

Situación/Desencadenante: Entré en casa y no había nadie.

Pensamientos o sentimientos: Estaba enojado y disgustado porque mi esposa se había ido sin avisarme. Me sentí triste al pensar que todo había terminado y a continuación me dije: «Necesito una copa».

Grado de deseo: 60 %.

Respuesta de afrontamiento (lo que hiciste o te dijiste): Me dije a mí mismo que no necesito beber y que puedo afrontar mejor esta situación si no bebo.

Fecha: _____

Situación/Desencadenante: _____
_____

Pensamientos o sentimientos: _____

_____

Grado de deseo: _____%

Respuesta de afrontamiento (lo que hiciste o te dijiste): _____

_____

Fecha: _____

Situación/Desencadenante: _____

_____

Pensamientos o sentimientos: _____

_____

Grado de deseo: _____%

Respuesta de afrontamiento (lo que hiciste o te dijiste): _____

_____

Fecha: _____

Situación/Desencadenante: _____

_____

Pensamientos o sentimientos: _____

_____

Grado de deseo: _____%

Respuesta de afrontamiento (lo que hiciste o te dijiste): _____

_____

Las creencias favorables al consumo

Cuando existen ansias, es más fácil que los clientes cedan a ellas si escuchan sus creencias favorables al consumo, que justifican el deseo de consumir. Algunas creencias de este tipo son «todos los demás están muy animados, bebiendo y drogándose»; «solo tomaré una calada; nadie se enterará»; «me lo merezco»; «puedo retomar el rumbo mañana» o «¿y qué?; las cosas están fatal de todos modos». Estas creencias convencen a los clientes de ceder ante sus impulsos. Pero pueden aprender a contradecirlas con replanteamientos más racionales y verdaderos en lugar de ceder. Por ejemplo, la verdad es que no todos los presentes están particularmente animados, y que la mayoría no están ebrios o drogados. De manera similar, puedes recordar a los clientes que no es realista creer que pueden tomar una sola copa o fumar una sola calada, porque la experiencia nos dice que una nunca es suficiente y siempre son más. También es irrelevante si alguien se entera de que han consumido, porque las consecuencias negativas estarán ahí de todos modos, y hay algo incluso más importante: «Yo lo sabré, y eso arruinará mi objetivo y destrozará mi autoestima. Postergar la abstinencia aunque sea un minuto solo empeorará mi situación. Las cosas están mal para mí, pero pueden empeorar. No usaré esto como excusa para tomar el camino equivocado». Los clientes recuperan su poder cuando contradicen las creencias favorables al consumo.

Las estrategias instrumentales

Si los clientes hacen caso a sus creencias favorables al consumo, utilizan diversas estrategias instrumentales para acceder a la sustancia elegida y ceder a sus impulsos. Por ejemplo, podrían encontrarse con amigos para tomar algo en un bar, ir a una fiesta en la que haya drogas, pasar tiempo con un amigo que conoce a gente que vende drogas, ir al hipódromo o permitir que el minibar permanezca abastecido y accesible. En relación con las estrategias instrumentales, la clave de la intervención es poner obstáculos que interfieran en la capacidad de los clientes de actuar según sus impulsos o ansias. Para dificultar el acceso, indícales que adapten sus horarios, cambien de ruta y cuenten con la ayuda de recursos externos, como tutores, amigos, familiares o reuniones de grupos de doce pasos. Anímalos a confiar en personas que no consumen y buscar su consejo. En lugar de encontrarse con amigos en un bar, pueden ir al gimnasio o asistir a una reunión de doce pasos. En lugar de pasar tiempo con un amigo que facilita el consumo de sustancias, pueden ir a la casa de un amigo al que no le gustan las juergas. En lugar de ir al hipódromo, pueden ir al cine. Y en lugar de permitir que el minibar permanezca abastecido, pueden pedir que lo vacíen o cerrar la puerta con llave y entregarla en la recepción.

Las recaídas puntuales o prolongadas

Si un cliente acaba por ceder a sus ansias, esto puede representar una recaída temporal en su recuperación o puede dar lugar a una recaída que implique un consumo más prolongado. No es raro que las personas que lidian con una adicción experimenten una recaída, ya que entre el cuarenta y el sesenta por ciento de los que han sido tratados por drogadicción o alcoholismo recaen dentro del primer año de tratamiento (McLellan, Lewis, O'Brien y Kleber, 2014). Sin embargo, una recaída puntual no tiene que ser sinónimo de empezar a andar por una senda de destrucción interminable. Una recaída puntual es un error que los clientes pueden aprovechar como una oportunidad de aprendizaje para fortalecer su determinación de seguir trabajando para abandonar el consumo. Trabaja con ellos para resolver su contratiempo e identificar los problemas que facilitaron la recaída. Cada punto del camino ofrece una oportunidad de entender algo y llevar a cabo una intervención. Nunca es demasiado tarde para una intervención y un cambio de rumbo. La posibilidad de la recuperación está siempre ahí.

El modelo cognitivo del abuso

Utilizando el modelo cognitivo como marco, puedes delinear el camino de abuso que han seguido tus clientes e identificar los diversos puntos que llevaron a su desliz o recaída reciente. Definir este camino te proporciona los datos necesarios para intervenir y poner a los clientes en la senda que conduce a la recuperación. Recuerda que cada punto del camino ofrece una posibilidad de intervención. Regresando al ejemplo anterior centrado en Jim, este podría ser un esquema de su abuso del alcohol, que incluye las intervenciones que podrían llevarse a cabo a lo largo del camino:

1. **Estímulo desencadenante:** sin previo aviso, la esposa de Jim solicita el divorcio. Se le informa de que ya no es bienvenido en las vacaciones familiares y se le pide que se vaya de casa.

Intervenciones

- Reforzar la capacidad de Jim de hacer frente al estrés: «Puedo aceptar la decepción que experimento al ser excluido por la familia, pero no tengo por qué dejar que se convierta en depresión al darles vueltas a pensamientos de desesperanza. Que no me quieran con ellos ahora no significa que vaya a ser siempre así. Si estoy sobrio, los datos hablarán por sí mismos».
- Hacer que Jim se relacione más con otras personas en lugar de que se quede ensimismado solo en casa (por ejemplo, puede ir al gimnasio o al centro comercial, o visitar a su madre).

2. **Creencia relacionada con las sustancias:** «La única manera de sobrellevar y olvidar mi terrible situación es beber».

Intervenciones

• Redefinir la creencia: «Beber no hará que esta situación desaparezca; incluso podría empeorarla. Mantenerme sobrio significa que estoy afrontando y resolviendo problemas, lo que acabará por reparar esta situación».

• Practicar la nueva creencia: «Beber es un escape y no una forma efectiva de afrontar nada».

3. **Pensamientos automáticos inclinados hacia el consumo de sustancias:** «Pobre de mí, debería estar con mi familia de vacaciones. No debería tener que mudarme. Esto es muy injusto. No me lo merezco».

Intervención

• Redefinir el pensamiento automático: «Dada mi conducta, es comprensible que haya agotado la paciencia de mi esposa. Podría haber lastimado o incluso matado a alguien conduciendo ebrio. La verdad es que he tenido que experimentar todo este dolor para llegar a reconocer que tengo un problema. Ahora que estoy trabajando en ello, creo que merezco ser parte de mi familia y haré todo lo posible para recuperarla».

4. Incremento de los deseos apremiantes y las ansias: Jim imagina que va a un bar, toma algo y se siente mejor.

Intervenciones

- Reemplazar la imagen positiva por una imagen negativa: Jim podría imaginarse esposado, arrastrado hacia el vehículo policial y sentado solo en una celda sin nadie a quien llamar.
- Utilizar estrategias de relajación o distracción para retrasar la acción motivada por el deseo apremiante, sabiendo que este pasará.

---

5. Creencia favorable al consumo: «Merezco una bebida después de todo por lo que he pasado».

Intervención

- Redefinir la creencia: «Conducir borracho me ha metido en dificultades, pero puedo sobrellevarlo. Puedo encontrar una vivienda cerca del transporte público, andar en bicicleta, usar servicios de entrega y pedir ayuda a otras personas. Sí, me siento mal por mí mismo, pero he hecho mucho por crearme este problema y puedo mejorarlo o empeorarlo. Merezco ser parte de mi familia más de lo que merezco una bebida, y no quiero sabotear esta posibilidad».

---

6. Estrategias instrumentales: se sube al coche y se dirige al bar más cercano.

Intervención

- Realizar actividades alternativas: en lugar de ir al bar, Jim puede ir al gimnasio, asistir a una reunión o cocinar una cena excelente.

---

7. Recaída puntual: en el bar, Jim pide una bebida. Luego pide otra, y otra, y otra. Al final de la noche, conduce a casa ebrio, choca contra un auto estacionado y es arrestado por conducir bajo los efectos del alcohol.

Intervención

- Seguir manifestando comportamientos que faciliten la recuperación y afirmen el objetivo de la sobriedad (por ejemplo, permanecer en terapia y comenzar a asistir a reuniones de grupos de doce pasos).

Puedes utilizar la hoja de trabajo de la página siguiente para definir el camino del abuso de cada uno de tus clientes y para establecer posibles intervenciones en cada etapa.

Hoja de trabajo para el terapeuta

EL CAMINO DEL ABUSO

• • • • • •

Trabaja con tu cliente para definir el camino específico que lo lleva a consumir sustancias. En cada punto del camino, anota cualquier intervención que podría ayudarle a tomar otro rumbo.

1. Estímulo desencadenante: _____

_____

Intervención: _____

_____

_____

_____

_____

2. Creencia relacionada con la sustancia: _____

_____

Intervención: _____

_____

_____

_____

_____

3. Pensamientos automáticos inclinados hacia el consumo de sustancias:

_____

_____

Intervención: _____

_____

_____

_____

_____

4. Incremento de los deseos apremiantes y las ansias: _____

_____

Intervención: _____

_____

_____

_____

_____

5. Creencias favorables al consumo: _____

_____

Intervención: _____

_____

_____

_____

6. Estrategias instrumentales: _____

_____

Intervención: _____

_____

_____

_____

_____

7. Recaída (puntual):_____

_____

Intervención: _____

_____

_____

_____

_____

LA POSIBILIDAD DE RECAÍDA

Incluso si llevan algún tiempo sobrios o limpios, no es raro que los clientes estén en peligro de experimentar una recaída. Algunos de los factores determinantes más comunes son la reaparición de pensamientos automáticos inclinados hacia el consumo de sustancias (por ejemplo, pensar que no pasa nada por tomar drogas o alcohol ocasionalmente) y la exposición a desencadenantes de alto riesgo (como pueden ser celebraciones de aniversario, un estrés agudo, noticias negativas, eventos traumáticos, una enfermedad, problemas interpersonales o problemas laborales). Es inevitable que los clientes experimenten pensamientos o situaciones que activen el deseo apremiante de consumir, por lo que es importante prepararlos de antemano. Ayúdalos a identificar y abordar sus puntos débiles en lugar de ignorarlos. La clave para el bienestar a largo plazo es no permitir que se desanimen y alentarlos a aprovechar cada paso en falso como una oportunidad para luchar con mayor ahínco, aprender de sus errores y aceptar que son adictos, planteándose la recuperación como una cruzada de por vida. Reflejar esto en una tarjeta de afrontamiento refuerza el aprendizaje.

Pongamos el caso de Sami como ejemplo. Cuando llevaba casi dieciocho meses sin consumir *crack*, decidió que el consumo ocasional podría ser apropiado. Se puso en contacto con un amigo y buscó *crack* aprovechando que había ganado algo de dinero con su nuevo empleo. Se drogó, posteriormente se sintió fatal y acudió de inmediato a buscar tratamiento; afirmó que no quería ir por ese camino. Con el tratamiento, pudo ver que esa recaída temporal le estaba ofreciendo la oportunidad de fortalecerse contra el consumo de sustancias. *A posteriori*, aprendió que la adicción al *crack* es un problema de por vida que nunca podrá manejar: incluso un solo consumo es demasiado, porque ninguna cantidad es suficiente. Al recordarse a sí misma que hay personas en su vida que se preocupan por ella, que quiere estar ahí para esas personas y que desea preservar tanto su calidad de vida como el dinero destinado al alquiler, pudo definir una declaración de afrontamiento que reforzó su compromiso con la abstinencia: «Puedo hacerlo. Ya no soy débil. Ya no soy impotente».

Mantente siempre alerta frente a los pensamientos automáticos relacionados con las sustancias que perpetúan la recaída (por ejemplo, «solo quiero salir y portarme mal; quiero un poco de juerga») y asegúrate de que los clientes dispongan de las herramientas que deben permitirles responder a estos pensamientos con la voz de la razón. Por ejemplo, ¿realmente quiere portarse mal un cliente dado? ¿O lo que quiere verdaderamente es otra cosa? ¿Qué falta en su vida y cómo puede trabajar para obtenerlo? Asegúrate de que los clientes sepan qué comportamientos los llevarán a meterse en problemas con toda probabilidad (por ejemplo, saltarse las reuniones del grupo de doce pasos, dirigirse al antiguo vecindario, intentar ponerse en contacto con amigos que abusan de sustancias...) y anímalos a hacer todo lo posible para acabar con estos comportamientos. Recuérdales los inconvenientes asociados a este tipo de acciones y las ventajas que presenta tomar un camino alternativo.

Además, ten cuidado de no dejar que se impongan creencias erróneas, como pueden ser «todos los demás llevan bien lo de consumir» o «todos mis esfuerzos no están dando resultados». Recuerda a los clientes que nadie que consuma sustancias lo lleva bien realmente, porque todos somos responsables ante nosotros mismos. Además, la vida no es una línea recta, sino un camino sinuoso y lleno de baches. A veces, los clientes tienen la expectativa de que la recuperación les traerá todo tipo de cambios positivos e irreales, y se decepcionan cuando esto no es así. Ayúdalos a enfocarse en el cambio que pueden traer a su propia vida y en los cambios que ya les han aportado beneficios.

También es útil que examinen regularmente su análisis de costos y beneficios relativo al consumo de sustancias y que actualicen continuamente esta lista añadiendo cada vez más razones por las que abstenerse de consumir. Ver cómo es su vida cuando están sobrios o limpios en comparación con cómo es cuando se encuentran bajo el influjo de las sustancias puede contribuir a que se comprometan más con la abstinencia. Ayúdalos a que vean en qué medida está dando frutos el hecho de no consumir; trabaja con ellos para que vean todas las satisfacciones que han obtenido y todo lo que han logrado (y siguen logrando). Al identificar todos los beneficios que presenta el hecho de llevar una vida en la que no tienen cabida las sustancias, los clientes recuerdan lo que perderían si retomaran el consumo. Haz que traigan a la memoria qué persona quieren llegar a ser y pregúntales qué camino les ayudará a conseguirlo. Nadie quiere perder lo que tiene, pero a menudo debemos ver lo que tenemos para apreciarlo.

Finalmente, recuérdales que no son su adicción. El abuso de sustancias es un patrón de conducta problemático y a menudo autodestructivo, que no lleva a nada bueno. Sin embargo, esto no significa que las personas que tienen una adicción sean inherentemente malas o inmorales, o que merezcan cualquier otra etiqueta negativa autoimpuesta. Para conformar una visión más positiva de sí mismos, los clientes tienen que aceptar que su adicción es un problema relacionado con su carácter, pero que no define su carácter. Por ejemplo, cuando Sami llegó a estar limpia, creyó que era una persona diferente, lo cual la hizo sentir como una impostora. La terapia le ayudó a ver que no había una «vieja Sami» y una «nueva Sami», sino que solo existía ella. Pudo entender que siempre había sido una mujer digna de amor y capaz, si bien estaba lidiando con las dificultades propias de una adicción. Actuar de acuerdo con estas creencias le ayudó a mantenerse en el camino de la abstinencia.

Para ayudar a tus clientes a superar los deslices y recaídas y regresar al camino de la recuperación, puedes proporcionarles cualquiera de las tarjetas de afrontamiento que se incluyen a renglón seguido.

Tarjeta de afrontamiento

NO DEJES QUE UNA RECAÍDA TEMPORAL SE CONVIERTA EN PERMANENTE

¡No te desanimes! Utiliza cualquier error como una oportunidad para luchar con mayor ahínco. Aprende de tus errores. Acepta que eres una persona que tiene una adicción y que la recuperación es una cruzada de por vida.

Tarjeta de afrontamiento

PUEDO RESISTIR EL IMPULSO

Los desencadenantes están en todas partes. Evitarlos no es suficiente, pero puedo esforzarme e intentarlo. Cuando sienta el deseo o el ansia de consumir, puedo hacer lo siguiente:

- Evitar a las personas, los lugares y las cosas que puedan ser problemáticos.
- Practicar este pensamiento: «No puedo consumir con éxito bajo ninguna circunstancia. Pensar de esta manera aumenta al máximo la probabilidad de éxito y la aceptación».
- Recordarme a mí mismo momentos en los que el consumo me hizo sentir muy mal (por ejemplo, conducir hacia el trabajo intentando no marearme, mirarme en el espejo y ver mi cara hinchada, enfrentarme al miedo de mis hijos y la tristeza de mi esposa).
- Visualizar un gran fin de semana estando sobrio o limpio de sustancias (por ejemplo, imaginarme desayunando tortitas y beicon, divirtiéndome con la familia, abrazando a mis hijos, siendo feliz).

TERAPIA COGNITIVO-CONDUCTUAL – GUÍA COMPLETA PARA TERAPEUTAS

- Recordarme que el estado alterado solo me hace sentir bien un rato (entre diez y quince minutos) pero está asociado a unos resultados negativos mucho más duraderos (sentirme mal, perder el trabajo, problemas legales, perder a la familia).
- Recordar las malas consecuencias del consumo (estar solo, enfermo, sin amor, sin placer, sin logros, sin hogar, sin dinero, sin nada).

Tarjeta de afrontamiento

PUEDO PERMANECER SOBRIO/LIMPIO

- No quiero consumir.
- Estar limpio o sobrio debe ser lo más prioritario; todo lo demás debe ser secundario en relación con esto.
- Siempre he sido una buena persona y lo sigo siendo.
- Siempre he sido una persona capaz y que puede gustar a los demás, y esto sigue siendo así.
- No puedo rendirme. Tengo que seguir trabajando en esto.
- El solo hecho de que quiera consumir no significa que deba hacerlo.
- Puedo sobrevivir a las sensaciones difíciles.
- Seguiré el programa. Funciona.
- No puedo hacerlo solo, pero esto no significa que sea débil.
- Dejar que otros me ayuden indica que soy inteligente y fuerte.
- Soy un adicto. No hay excusas.
- El consumo me quita poder y fuerza.
- Resistirme al anhelo de consumir me hace sentir poderoso y orgulloso.
- Puedo con esto.

9

TRASTORNOS DE LA PERSONALIDAD, AUTOAGRESIÓN Y TENDENCIAS SUICIDAS

EL MODELO COGNITIVO DE LOS TRASTORNOS DE LA PERSONALIDAD

Los trastornos de la personalidad se caracterizan por un patrón de pensamientos, sentimientos y conductas duradero e inflexible, cuyo inicio suele tener lugar en la adolescencia o la adultez temprana (APA, 2013). Según el modelo cognitivo de los trastornos de la personalidad, los individuos que sufren estos trastornos mantienen un conjunto central de creencias negativas o etiquetas de inseguridad, lo que los lleva a tener pensamientos automáticos distorsionados en respuesta a las situaciones que se producen a su alrededor. Estos pensamientos automáticos asociados a una situación, a su vez, activan una angustia emocional y fisiológica, y dan lugar a patrones de conducta disfuncionales (Beck, Davis y Freeman, 2015). En consecuencia, quienes padecen un trastorno de la personalidad tienen problemas con diversas áreas de la vida, como pueden ser el ámbito del trabajo, el social y otros.

Se cree que las creencias negativas que caracterizan a los trastornos de la personalidad están influidas y sostenidas por una predisposición genética más ciertas experiencias vitales. En particular, las características temperamentales observadas en el niño en crecimiento (como pueden ser un comportamiento hiperdependiente, la timidez o la rebeldía) persisten a lo largo del período de desarrollo desde la infancia hasta la adolescencia tardía y la adultez (Kagan, 1989), y pueden expresarse, sin solución de continuidad, en trastornos de la personalidad específicos, como el trastorno por dependencia, el trastorno por evitación u otros (Beck et al., 2015). La expresión continua de estos patrones de conducta en la adultez está influida por el hecho de que nuestras tendencias innatas pueden acentuarse o mitigarse a partir de nuestras experiencias de vida. Por ejemplo, si un niño es especialmente temeroso y se aferra al progenitor, este último puede ofrecerle una protección y un cuidado continuos que no hacen sino alimentar sus ideas de dependencia.

Por lo tanto, las predisposiciones innatas y las influencias ambientales dan forma a nuestros sistemas de creencias y a las estrategias que implementamos, pero no las determinan. No todos los niños temerosos se convertirán en adultos nada propensos a correr riesgos. La influencia que ejercen los mensajes que recibimos y nuestras experiencias de vida, junto con la interpretación que hacemos de estas experiencias, es un factor que fortalece o debilita nuestras predisposiciones tempranas. Por ejemplo, un niño que llora y se aferra al progenitor al entrar en la clase de preescolar puede tener un progenitor que permanece ahí y lo reconforta, o puede tener un progenitor con otro carácter, que se va para que el niño aprenda que puede sobrevivir por sí mismo. La primera situación puede reforzar la sensación de indefensión del niño, mientras que la segunda puede reforzar un sentimiento de independencia. Por otro lado, un niño con sensibilidad al rechazo puede interpretar esta situación de manera diferente; puede concluir que es amado si el progenitor se queda y que no es amado si el progenitor se va.

Tanto los factores genéticos como los ambientales hacen que quienes tienen un trastorno de la personalidad manifiesten una cognición, unos sentimientos y unas motivaciones diferentes de los que manifiestan las personas que no tienen un trastorno de este tipo (Beck et al., 2015). Lo que diferencia un trastorno de la personalidad de otro es el contenido de las creencias centrales que los clientes tienen sobre sí mismos, las suposiciones bajo las cuales operan y el tipo de comportamientos que suelen manifestar (Beck et al., 2015). Por ejemplo, la clave del trastorno de personalidad histriónica es la creencia «no estoy capacitado para manejar la vida por mi cuenta», que es similar a la que sostienen los clientes dependientes. Sin embargo, lo que diferencia a los dos trastornos es la manera de lidiar con esta creencia. Los diagnosticados con el trastorno de personalidad dependiente dan a conocer su indefensión y esperan a que alguien se ocupe de ellos, mientras que los diagnosticados con el trastorno de personalidad histriónica son más pragmáticos, ya que buscan activamente atención y aprobación para que otros se ocupen de ellos. El apartado que sigue aborda con mayor detalle las creencias centrales negativas que se dan en los trastornos de la personalidad, y también veremos cómo estas creencias conducen a suposiciones problemáticas y conductas disfuncionales.

Los trastornos de la personalidad y las creencias centrales asociadas a estos

El DSM-5 identifica diez trastornos de la personalidad diferentes, los cuales clasifica dentro de tres grupos (APA, 2013). El **grupo A** está dedicado a los trastornos que hacen que la persona se muestre extraña o excéntrica e incluye los trastornos de personalidad esquizotípica, paranoide y esquizoide. Los clientes que se encuentran en este grupo tienden a tener dificultades con las relaciones interpersonales, ya que su comportamiento se percibe como peculiar, sospechoso o distante. Por ejemplo, los que tienen el trastorno de personalidad

315

esquizotípica muestran un pensamiento mágico y se comportan de maneras que parecen extrañas o inusuales, lo cual hace que les cueste conectar con los demás. En consecuencia, pueden considerar que no son normales, creer que los demás tienen motivaciones ocultas y mostrar una ansiedad social excesiva. De manera similar, los que tienen el trastorno de personalidad paranoide pueden creer que son vulnerables y suponer que otras personas se aprovecharán de ellos. Como resultado, desconfían en exceso de los demás y reaccionan exageradamente ante lo que perciben como afrentas. Finalmente, quienes tienen el trastorno de personalidad esquizoide se ven a sí mismos como inadaptados sociales o solitarios. Ni quieren tener relaciones cercanas ni las disfrutan; suponen que están mejor solos, lo que los lleva a evitar las relaciones sociales.

Los trastornos del **grupo B**, que incluyen los trastornos límite, histriónico, antisocial y narcisista de la personalidad, se caracterizan por una conducta dramática y errática. Los clientes que han recibido uno de estos diagnósticos tienden a experimentar emociones muy intensas y muestran una diversidad de comportamientos extremos en respuesta a sus creencias disfuncionales. Por ejemplo, los clientes que tienen el trastorno límite de la personalidad creen que son defectuosos, incapaces, vulnerables y malos. No creen que puedan sobrevivir por sí mismos y suponen que serán abandonados por aquellos de quienes dependen, lo que se traduce en unas relaciones interpersonales inestables. Los que tienen el trastorno antisocial de la personalidad (o trastorno de personalidad antisocial) también creen que son vulnerables, pero suponen que los demás los lastimarán o se aprovecharán de ellos si no actúan primero. A la vez, carecen de empatía y explotan abiertamente a los demás. Los que tienen el trastorno histriónico de la personalidad (o trastorno de personalidad histriónica) creen que no dan la talla y suponen que deben ser el centro de atención para ganarse la aprobación y el afecto de los demás y que los cuiden, lo que se traduce en una variedad de comportamientos de búsqueda de la atención, como ser excesivamente dramáticos, vestirse o actuar seductoramente y entretener en exceso a los demás. Finalmente, los que tienen el trastorno narcisista de la personalidad (o trastorno de personalidad narcisista) presentan una visión inflada de sí mismos; creen que son superiores y especiales. Esta superioridad y necesidad de ser especiales se expresan como grandiosidad, preocupación por sí mismos, competitividad, exhibición de signos externos de estatus, necesidad de tener razón y solicitud de tratamiento especial por parte de los demás. Sin embargo, cuando no logran ser superiores o no son considerados especiales, se activan creencias subyacentes de inferioridad e insignificancia.

Los trastornos del **grupo C**, que incluyen los trastornos de personalidad dependiente, obsesivo-compulsiva y evitativa, se caracterizan por una sensación de ansiedad o miedo generalizados. Por ejemplo, los clientes que tienen el trastorno de personalidad dependiente creen que están desvalidos y suponen que fracasarán si confían en sí mismos. A la vez, dependen en exceso de otras personas para satisfacer sus necesidades. En contraste, los que tienen el trastorno de personalidad obsesivo-compulsiva mantienen la creencia errónea de que son competentes mientras que los demás no lo son, lo que los lleva a suponer que su mundo se saldrá de control si delegan en otras personas o si no cumplen con las expectativas que se autoimponen. En consecuencia, están obsesionados con el orden, el perfeccionismo y el control. Finalmente, los que tienen el trastorno de personalidad evitativa creen que son indignos de amor y que no dan la talla. No pueden tolerar la incomodidad y no soportan no gustar o que los rechacen. Puesto que suponen que los demás los rechazarán si llegan a saber cómo son en realidad, evitan la intimidad y las situaciones que creen que podrían llevarlos a ser objeto de críticas.

Aunque los trastornos de la personalidad se caracterizan en gran medida por creencias centrales diferentes, la comorbilidad es habitual en este tipo de trastornos, por lo que los clientes a menudo cumplen con los criterios para ser diagnosticados de uno o dos trastornos de la personalidad adicionales (APA, 2013). Además, como algunos trastornos de la personalidad presentan síntomas similares, a menudo es difícil determinar el tipo de trastorno que padece la persona si no se lleva a cabo una evaluación exhaustiva. Por ejemplo, tanto los clientes que presentan el trastorno histriónico como los que presentan el trastorno narcisista desean ser el centro de atención, pero los primeros están más dispuestos a tener una actitud sumisa para mantener la atención, mientras que los segundos sacrificarán la atención para preservar su sentimiento de superioridad. De manera similar, los que tienen el trastorno histriónico y el trastorno límite de la personalidad muestran emociones inestables y dramáticas, pero los segundos son más propensos a manifestar comportamientos autodestructivos y un malestar extremo frente a emociones intensas.

Con el fin de ilustrar cómo surgen las creencias centrales negativas, las suposiciones problemáticas y las conductas disfuncionales en el contexto de los trastornos de la personalidad, examinemos el caso de Rob, que era muy sensible al entorno desde siempre. Tuvo cólicos siendo aún un bebé, sufrió infecciones crónicas en el oído que requirieron la inserción de tubos, era sensible a cualquier ruido o luz al dormir y no le gustaba que lo dejaran solo. Rob contrastaba fuertemente con sus hermanos mayores, quienes no tenían ninguna de sus sensibilidades, dormían bajo cualquier circunstancia y estaban felices si los dejaban solos para que se entretuvieran por sí mismos. A pesar de estas diferencias, los padres de Rob lo trataban de la misma manera que a sus hermanos: lo llevaron a la guardería, lo apuntaban a actividades y dejaban que se manejase por su cuenta en los ámbitos social y académico. A él le costaba estar a la altura de estas expectativas, lo cual hizo que sus padres lo viesen como el hermano «difícil». Rob dedujo que no era una persona que valiese la pena, puesto que nadie intentaba atender sus necesidades.

La predisposición biológicamente sensible de Rob y su deseo de estar conectado con otras personas en todo momento hicieron que no encajase en una familia que valoraba la autonomía y la capacidad de hacer las cosas de forma independiente. En consecuencia, su inseguridad personal aumentó y se convenció de que era incapaz de hacer las cosas solo, lo cual reforzó aún más su sensación general de indefensión. Al no querer quedarse solo, se dejaba llevar pasivamente por lo que querían todos los demás, incluso cuando este comportamiento le causaba angustia. En lugar de expresar sus necesidades, encontró formas de manipular las situaciones: llegaba tarde o no se preparaba para lo que hubiese que hacer. Rob creía que esta era la única manera en que podía ver satisfechas sus necesidades, ya que suponía que si pedía algo directamente rechazarían su petición y lo rechazarían a él. En este ejemplo, la personalidad dependiente de Rob fue moldeada tanto por su predisposición genética a estar conectado con los demás como por sus experiencias de vida, al estar en un hogar en el que nadie más tenía sus necesidades. Su estrategia consistente en mostrarse manipulador y pasivo jugaba en su contra; hacía que estuviese permanentemente angustiado y que fuese menos capaz de desenvolverse.

COMPONENTES CLAVE DEL TRATAMIENTO

Aunque no se han realizado muchos estudios empíricos al respecto, cada vez hay más datos que muestran que la TCC puede ser eficaz para los trastornos de la personalidad (Beck et al., 2015). El objetivo del tratamiento es ayudar a los clientes a reducir su angustia e incrementar su grado de desempeño al transformar sus creencias centrales exageradas, penetrantes y negativas en ideas de sí mismos más acordes con la realidad y al cambiar sus acciones compensatorias ineficaces por comportamientos más efectivos. Los clientes con trastornos de la personalidad tienden a manifestar las mismas conductas compensatorias a las que están tan acostumbrados por más que demuestren ser ineficaces una y otra vez. Con el tratamiento, pueden aprender a desvincularse de estas estrategias y cultivar otras más efectivas. Por ejemplo, los que tienen el trastorno de personalidad histriónica pueden aprender a ser disciplinados y a tener el control en lugar de exhibirse, mientras que los que tienen el trastorno de personalidad obsesivo-compulsiva pueden aprender a ser más espontáneos en vez de limitarse a buscar el control. En todos los trastornos de la personalidad, el objetivo es ayudar a los clientes a cultivar relaciones cercanas e íntimas, aumentar la autoconfianza, mejorar la autoeficacia y la funcionalidad, y establecer un repertorio más amplio de opciones de acción efectivas.

De forma similar a la TCC estándar para la depresión y la ansiedad, la TCC para los trastornos de la personalidad es un tratamiento dirigido a la consecución de objetivos en el que se emplean técnicas estructuradas, poniéndose el acento en las tareas de autoayuda, en la recopilación de datos y en la comprobación de las hipótesis. Sin embargo, a diferencia de lo que se estila en la TCC tradicional, que defiende una relación terapéutica más colaborativa, en el tratamiento de los trastornos de la personalidad se puede acudir a la confrontación empática para provocar un cambio. En particular, una vez que se ha establecido una alianza terapéutica y se ha instalado la confianza, el terapeuta puede usar la confrontación empática para ampliar de manera más asertiva las capacidades cognitivas de los clientes en relación con sus creencias poco útiles. Por ejemplo, pongamos el caso de un cliente con trastorno de personalidad evitativa que lleva más de un año acudiendo a terapia pero que sigue diciendo que es un inútil y un fracasado a pesar de que hay muchísimos datos que indican lo contrario. En lugar de orientarlo para que examine las pruebas, como se haría en el contexto de la TCC tradicional, el terapeuta podría recordar todos los datos que se han reunido y señalar directamente que la visión que tiene de sí mismo el cliente no concuerda con los hechos.

Por último, la confrontación empática puede implicar el uso de datos obtenidos de la propia relación terapéutica para ayudar a modificar las creencias poco útiles de los clientes. Por ejemplo, si una clienta afirma que no le importa a nadie, el terapeuta puede señalar que siempre está ahí para ella, que responde a sus llamadas, que acomoda las citas en horas que le van bien a ella y que le dedica toda su atención y todas sus aptitudes en la sesión; todo ello demuestra que a él le importa la clienta, por lo que su hipótesis no puede ser totalmente cierta.

La TCC para los trastornos de la personalidad no solo difiere de la TCC tradicional en que en la primera se utiliza la confrontación empática; además, las sesiones suelen ser más largas y se da más importancia a los factores históricos pertinentes que afectan al cliente y al tratamiento. En el apartado que sigue se examinan algunos de los principales componentes del tratamiento de los trastornos de la personalidad en el marco de la TCC.

Establecer los objetivos

Unos objetivos vagos implican una terapia vaga, y esto es especialmente cierto en el tratamiento de los trastornos de la personalidad. Cuando los problemas de los clientes se vuelven crónicos, muchas esferas de su vida pueden verse afectadas, y es difícil saber en qué hay que enfocarse. Imagina a un cliente con un diagnóstico de trastorno narcisista de la personalidad que está deprimido en medio de un divorcio desagradable, a la vez que está luchando por tener acceso a sus hijos, está a prueba en el trabajo por su conducta inestable, tiene dificultades económicas y está viviendo en un hotel. Si no se definen unos objetivos claros a los que apuntar en el tratamiento, se podría pasar las sesiones quejándose de todo lo que está yendo mal en su vida. En cambio, priorizar unos objetivos claros puede ayudar a que la terapia logre en mayor medida aliviar su angustia y hacer que sea una persona más funcional. Si el terapeuta y el cliente deciden de manera colaborativa que conservar el empleo es la máxima prioridad, entonces el tratamiento podría centrarse en abordar la ira del cliente y frenar su conducta agresiva disfuncional.

Además, los clientes con trastornos de la personalidad a menudo interpretan las situaciones de manera extrema, lo que aumenta la probabilidad de que conviertan cada situación en una crisis y exhiban reacciones emocionales, conductuales y fisiológicas extremas en respuesta. Cuando esto ocurre, la terapia puede convertirse fácilmente en una serie de sesiones de emergencia centradas en apagar incendios cada vez que viene el cliente. Esto es especialmente habitual al trabajar con aquellos que tienen el trastorno límite de la personalidad; para estas personas, la terapia puede derivar en una conversación sobre las injusticias, los abusos, los abandonos o los fracasos experimentados cada semana en lugar de ser una ocasión en la que desarrollar habilidades y cultivar un autoconcepto más saludable. Definir cuál es el problema más apremiante para el cliente en la jerarquía de preocupaciones puede ayudar a establecer unos objetivos claros y permitir un aprendizaje acumulativo.

En el caso de los clientes que tienen el trastorno límite de la personalidad, el miedo al abandono podría estar en la parte superior de su lista de problemas, porque este miedo les ha permitido permanecer en una relación abusiva, les ha impedido obtener apoyo externo y ha reforzado su idea de que no son amados. Una vez que han identificado la superación del miedo al abandono como un objetivo del tratamiento, el terapeuta puede vincular este objetivo con otras áreas de interés, como pueden ser evaluar si tiene sentido permanecer en la relación de pareja actual, mitigar el miedo a conectar con otras personas y cultivar una visión más positiva y razonable de sí mismos. Aunque puede que no sea posible inducir un cambio en un objetivo sin trabajar en los demás, ahora está claro dónde hay que concentrar los esfuerzos en cualquier sesión dada.

En las etapas iniciales del tratamiento, la principal área de interés debe ser la reducción de los síntomas y el desarrollo de las habilidades de afrontamiento, sobre todo si el cliente presenta problemas comórbidos más agudos, como el TEPT, depresión o ansiedad. Por ejemplo, un cliente con trastorno de la personalidad dependiente y TEPT como trastorno comórbido podría necesitar abordar los recuerdos traumáticos invasivos y la evitación antes de trabajar con las creencias centrales de indefensión y dependencia. De manera similar, un cliente con trastorno narcisista de la personalidad y depresión podría necesitar activación conductual si no tiene ánimo para ir al trabajo o participar en actividades sociales. Y con trastorno de personalidad evitativa, ansiedad social y trastorno de pánico podría tener que abordar el miedo a sufrir daño físico antes de lidiar con su auto-concepto o la evitación social. Una vez que los clientes han abordado los síntomas más intensos pueden trabajar en intervenciones de TCC más dirigidas a los problemas que presentan relacionados con su tras-torno de la personalidad. Identificar una lista clara de problemas y un conjunto de objetivos específicos asegura la progresión terapéutica.

Cuando se hayan atenuado los síntomas, es necesario que los clientes modifiquen sus creencias centrales negativas para avanzar ha-cia la recuperación. Esto implica que hay que identificar la etiqueta de inseguridad a partir de la lista de problemas. El siguiente paso es asegurarse de que tengan una comprensión clara de su conceptuali-zación de la inseguridad, lo que significa que saben exactamente cuál es su etiqueta de inseguridad, cuáles son los factores que contribu-yen al desarrollo de esta y qué papel tiene en la perpetuación de sus acciones compensatorias ineficaces. Puedes utilizar el «Modelo de conceptualización de inseguridades» del capítulo dos (página 53) para obtener una comprensión integral de la formulación de las inse-guridades del cliente.

Aumentar la motivación y alentar el compromiso

Una vez que has trabajado para descubrir cómo las experiencias de vida del cliente han dado forma al desarrollo de sus etiquetas de inse-guridad, a sus reglas o suposiciones operativas y a sus acciones com-pensatorias ineficaces, el siguiente paso es abordar la motivación para el cambio. Muchos clientes temen el cambio, pues por más que estén sufriendo, el sufrimiento es algo que conocen, mientras que el cam-bio es desconocido y aterrador. Tómate tiempo para apreciar la ansie-dad que experimentan las personas cuando su sentido de la identidad queda en entredicho.

Con el fin de estimular la motivación para el cambio, una es-trategia consiste en pedir a los clientes que consideren las ventajas y los inconvenientes de modificar su etiqueta de inseguridad frente a no cambiarla. Completar este análisis de costos y beneficios ayuda a obtener argumentos a favor del trabajo en pos del cambio. Es de esperar que los beneficios del cambio y los costos de no cambiar superen cualquier argumento favorable a mantener la etiqueta de inseguridad. Para poner un ejemplo, examinemos el caso de Ali, una clienta con trastorno de personalidad evitativa que teme que le hagan daño y la rechacen. La creencia de Ali de que no es una persona importante alimenta su miedo y perpetúa su evitación de las situaciones sociales, en las que piensa que podrían juzgarla. Aunque está afligida a causa de su soledad, no está dispuesta a exponerse y afrontar el rechazo. Antes de que pueda producirse cualquier cambio de conducta, tiene que estar dispuesta a trabajar en cambiar su creencia de que no es una persona importante; de otro modo, el miedo prevalecerá y la evitación continuará.

Ventajas de cambiar mi etiqueta de inseguridad	Inconvenientes de cambiar mi etiqueta de inseguridad
1. Ir tras lo que quiero. 2. Potenciar mi autoestima. 3. Satisfacer mis necesidades. 4. Tener el valor de decir «no». 5. Dejar de temer el rechazo.	1. Podría experimentar ansiedad. 2. Alguien podría enfadarse. 3. No tendré ninguna excusa para no cuidar de mí misma.
Ventajas de conservar mi etiqueta de inseguridad	**Inconvenientes de conservar mi etiqueta de inseguridad**
1. No tener que hacer frente a la ansiedad. 2. Evitaría que los demás se enfadasen conmigo.	1. Nunca tendré las cosas que quiero. 2. Nunca dejaré de sentirme mal conmigo misma. 3. Nunca veré satisfechas mis necesidades. 4. Nunca seré capaz de decir «no». 5. Viviré con miedo al rechazo y al abandono.

En el cuadro anterior se expone el análisis de costos y beneficios de Ali en relación con trabajar para modificar la etiqueta de inseguridad «no soy importante».

A menudo, los inconvenientes del cambio son imaginarios o exagerados y se pueden abordar mediante preguntas objetivas y pertinentes. Por lo tanto, una vez que los clientes han enumerado los pros y los contras del cambio, el siguiente paso es examinar y replantear los inconvenientes para reducir al mínimo su ansiedad y para que se comprometan de manera consistente con el cambio. Trabaja con ellos para llegar a una conclusión general sobre lo importante que es cambiar. Por ejemplo, volviendo al ejemplo de Ali y la etiqueta de inseguridad «no soy importante», el replanteamiento y la conclusión correspondiente podrían quedar así:

Inconvenientes de cambiar mi etiqueta de inseguridad	Replanteamiento
1. Podría experimentar ansiedad.	1. Podría experimentar ansiedad, pero solo temporalmente.
2. Alguien podría enfadarse.	2. Lo más probable es que nadie se enfade, pero si alguien se enfada, ¿qué más da?
3. No tendré ninguna excusa para no cuidar de mí misma.	3. Es hora de que me ocupe de mí misma.

Conclusión general: aunque el cambio pueda ser incómodo, trabajar para modificar mi etiqueta de inseguridad será ventajoso a largo plazo.

La página siguiente contiene una hoja de trabajo que puedes utilizar con tus clientes para realizar un análisis de los costos y beneficios con respecto a las ventajas y los inconvenientes que presenta modificar o no su etiqueta de inseguridad.

Hoja de trabajo para el cliente

ANÁLISIS DE COSTOS Y BENEFICIOS DE CAMBIAR MI ETIQUETA DE INSEGURIDAD

• • • • • •

Puede ser difícil que te plantees realizar cambios en tu vida, aunque sepas que dichos cambios podrían ser muy beneficiosos para ti. Usa esta hoja de trabajo para examinar los costos y beneficios de cambiar tu etiqueta de inseguridad en comparación con no hacerlo. Cuando hayas identificado cualquier inconveniente asociado a la modificación de tu etiqueta de inseguridad, reformula estas desventajas como declaraciones más realistas para poder llegar a una conclusión más equilibrada sobre la importancia del cambio.

Ventajas de cambiar mi etiqueta de inseguridad	Inconvenientes de cambiar mi etiqueta de inseguridad

Ventajas de conservar mi etiqueta de inseguridad	Inconvenientes de conservar mi etiqueta de inseguridad

Una vez que hayas identificado los pros y los contras de trabajar para modificar tu etiqueta de inseguridad, reformula estos inconvenientes como declaraciones más realistas.

Inconvenientes de cambiar mi etiqueta de inseguridad	Replanteamiento
1. _____ →	1. _____
2. _____ →	2. _____
3. _____ →	3. _____
4. _____ →	4. _____
5. _____ →	5. _____

¿Cuál es tu conclusión general en cuanto a trabajar para lograr un cambio? _____

Desarrollar una percepción positiva de uno mismo

Examinar los datos

Tanto si los clientes albergan una sola creencia central negativa como si mantienen varias, todas estas creencias son hipótesis y no hechos. Procura tener en cuenta que estas creencias fueron alimentadas por la manera en que percibían su historia los clientes, no por la historia en sí. Por lo tanto, para que puedan forjar su autoconfianza hay que ayudarlos a reconocer que las creencias negativas que albergan sobre sí mismos nunca son verdaderas al cien por cien, ni son verdaderas en todo momento. A veces, la creencia es completamente falsa (por ejemplo, «soy un fracasado») y lo contrario es cierto (por ejemplo, «tengo éxito»). Lo más habitual es que la creencia que mejor se corresponde con la realidad sea menos extrema (por ejemplo, «no soy un fracasado total» o «estoy bien»). Ayudar a los clientes a examinar los datos que apoyan y que contradicen su etiqueta de inseguridad es el paso más crucial para que puedan desarrollar una visión de sí mismos nueva y más positiva, que se corresponda mejor con la realidad (Sokol y Fox, 2009).

Se pueden utilizar datos tanto actuales como históricos para poner a prueba la hipótesis de inseguridad de los clientes, pero lo más fácil es empezar con información actual que respalde una nueva creencia más positiva. También puedes recopilar datos que a primera vista parecen respaldar su antigua creencia y manifestar que hay una forma alternativa, tal vez más acertada, de contemplar estos datos. Pongamos como ejemplo el caso de Deja, que tiene trastorno de personalidad obsesivo-compulsiva. Se ve a sí misma como responsable de todo y de todos, y cree que tiene que hacer todo a la perfección. Ve los errores, los defectos y las carencias como catastróficos y como señales de que la vida ha escapado a su control. Incapaz de estar a la altura de sus criterios poco razonables, nunca alcanza su ideal, lo que la lleva a pensar que es una mala persona. En terapia, Deja ha estado evaluando la creencia negativa de que es una «mala persona» y ha estado trabajando en desarrollar la nueva creencia de que es una «persona decente». El cuadro que sigue incluye las pruebas que ha reunido para apoyar la nueva creencia, y el siguiente la nueva perspectiva que ha adoptado con respecto a los datos que parecían respaldar la vieja creencia.

Pruebas que respaldan la nueva creencia de Deja
1. Mi amiga me pidió que cuidara de su hijo pequeño mientras estaba fuera para ir al médico.
2. Me ofrecí como voluntaria para ayudar a mi hermana con la fiesta de cumpleaños de su hija a pesar de sentirme exhausta.
3. No le guardé rencor a mi amiga por no contarme su secreto.
4. Me ofrecí para ayudar a mi amiga con su jardín.

Pruebas que respaldan la antigua creencia de Deja, bajo una nueva perspectiva
1. Quiero volver a trabajar en lugar de quedarme en casa con mi bebé, pero esto no significa que sea mala. Significa que quiero trabajar fuera de casa, y es razonable que una mujer haga esto. Mi marido nunca se planteó la posibilidad de no trabajar.
2. Le dije a mi amiga que estaba demasiado ocupada para almorzar con ella, porque realmente lo estaba, y lo entendió. Además, tendremos otras oportunidades para vernos. Hace mucho tiempo que somos amigas y hemos salido muchas veces.
3. Tuve una opinión negativa sobre el atuendo de mi amiga, y me la callé. Opinar sobre moda no me convierte en una mala persona.
4. Cometí un error en mis documentos en el trabajo, pero eso no me hace ser una mala persona. Solo me hace humana, ya que las personas cometen errores. Y la verdad es que no hubo consecuencias graves.

Utiliza la siguiente hoja de trabajo para ayudar a los clientes a recopilar datos a favor de su nueva creencia y a reformular los argumentos que apoyaban su antigua creencia. Comenzad siempre abordando este trabajo juntos en el contexto de la sesión y después pídeles que sigan reuniendo datos por su cuenta.

INCORPORA UNA CREENCIA QUE DENOTE AUTOCONFIANZA

• • • • • •

No dejes que la inseguridad personal te defina. Utiliza esta hoja de trabajo para construir una visión de ti mismo que exprese mayor autoconfianza reuniendo datos que respalden una visión más positiva, acertada y realista de ti mismo. Enumera cualquier característica, rasgo, cumplido, comentario por parte de los demás, rol y cualidad que respalde la nueva versión segura de ti mismo. Además, enumera cualquier prueba que aún parezca respaldar la antigua creencia, pero reformúlala a partir de una comprensión más correcta y objetiva. A continuación se proporcionan varios ejemplos, seguidos de algunos espacios en blanco para que los completes con tus propias respuestas.

Pruebas que respaldan la nueva creencia, que expresa autoconfianza, de que «puedo gustar a los demás»:

1. Sam y Zach me mandaron mensajes de texto.
2. Dylan me pidió jugar al *pickleball*.*
3. Liv me pidió participar en su proyecto grupal.
4. Algunos de mis amigos me incluyeron en sus planes para este fin de semana.

Pruebas que parecen respaldar la antigua creencia de que «no puedo gustar a los demás»:

1. Me sentí incómodo al entablar una conversación con alguien a quien conocí en la cafetería, pero esto no significa que no sirva para las relaciones. Solo significa que soy tímido.

---

* N. del T: El *pickleball* es un deporte de raqueta que combina elementos del bádminton, el pádel, el tenis de mesa y el tenis tradicional.

2. Me he puesto colorado cuando mi jefe me ha preguntado por qué he llegado tarde esta mañana, pero esto indica que soy humano, no un impresentable.

3. He mandado un mensaje de texto inoportuno sobre los planes para este fin de semana, pero parece que nadie lo ha notado, y en cualquier caso no ha impedido que los planes se ejecutaran.

Pruebas que respaldan la nueva creencia, que expresa autoconfianza, de que _____:

1. _____

2. _____

3. _____

4. _____

Pruebas que parecen respaldar la antigua creencia de que _____ _____, pero bajo una nueva perspectiva:

1. _____

2. _____

3. _____

4. _____

También puedes ayudar a los clientes a obtener una perspectiva más acertada sobre sus creencias negativas sesgadas señalando las marcadas diferencias existentes entre sus conclusiones extremas y los hechos. Por ejemplo, Jen tiene trastorno de personalidad dependiente y cree que es una incompetente, como madre sobre todo. Piensa que necesita apoyo las veinticuatro horas para criar a sus hijos, ya que cree que no podría hacerlo sola. En este caso, la necesidad de Jen proviene de su incapacidad para reconocer cuántas cosas maneja de manera efectiva. Como terapeuta, puedes ayudarla a obtener una nueva perspectiva iniciando una conversación sobre aquello que hace que una madre sea incompetente: lo sería, por ejemplo, una madre que privase a sus hijos de alimentos, un hogar y ropa para poder mantener el hábito de consumir drogas, o que permitiese que sus hijos fuesen objeto de abusos sexuales para tener dinero para drogas, o, en un grado no tan extremo, que no pudiese comprar, cocinar ni proporcionar transporte para sus hijos. También puedes pedirle a Jen que se evalúe según las características de una madre competente (por ejemplo, una madre que cuida de sus hijos, los pone en primer lugar y satisface todas sus necesidades) para ayudarla a reconocer que reúne estas características.

Al mismo tiempo, puedes trabajar con ella para que acepte que no es perfecta, lo que significa que ocasionalmente puede perder la paciencia y gritarles a sus hijos, o decidir sentarse en el sofá en lugar de jugar con ellos a veces, lo cual no hace que deje de ser una madre competente. Y lo más importante es que puede aprender a reconocer que no necesita ayuda todo el tiempo si cree en su propia competencia. Contemplar los comportamientos a lo largo de un continuo permite a los clientes evaluarse de manera más razonable, lo que contribuye a aumentar su autoconfianza. A continuación, se muestra la que podría ser la tarjeta de afrontamiento de Jen, en la que reformula sus creencias sobre sí misma a lo largo de un continuo.

Tarjeta de afrontamiento de Jen
Puedo ser perezosa en ocasiones y seguir siendo una persona competente. Puedo carecer de paciencia a veces y seguir siendo una persona competente. Soy una persona competente incluso si no alcanzo la perfección. Tengo permiso para no ser perfecta. Puedo aceptar ayuda cuando se me ofrece y seguir siendo competente.

Estos recordatorios evitan que Jen crea que es una persona incompetente cada vez que se irrita con sus hijos, cada vez que es más impaciente de lo que le gustaría o cada vez que no maneja el estrés tan bien como querría. Como tarea, podrías indicarle que se recuerde a sí misma estas nuevas conclusiones y que elija nuevas conductas coherentes con la autoconfianza que ha adquirido.

Tareas de Jen
1. Decirme a mí misma: «Soy una persona competente, pero no soy perfecta». 2. Aceptar que puedo estar de mal humor y seguir siendo una persona competente; de todos modos, puedo trabajar en la mejora de mi humor gestionando mejor mi estrés, lo cual puedo hacer de estas maneras: • Aceptando ayuda con el cuidado de los niños en ocasiones, reconociendo que no la necesito todo el tiempo. • Trabajando menos horas. • Asistiendo a terapia.

Cerebro frente a entrañas

No es raro que los clientes digan que entienden intelectualmente la nueva creencia, si bien esta nueva visión de sí mismos no les parece verdadera. Esto es comprensible, puesto que se han pasado la mayor parte de la vida filtrando datos para respaldar la visión negativa de sí mismos e ignorando, distorsionando o infravalorando los datos que apuntan en sentido contrario. Aceptar los aspectos positivos de uno mismo requiere mucho tiempo y práctica. La clave es que los clientes pongan su cerebro racional al mando, en lugar de dejar que sus senti-mientos viscerales, que son subjetivos, tengan el control. Por lo tanto, una vez que hayas trabajado con ellos para reunir datos que respal-den la visión más positiva de sí mismos, haz que practiquen el diálogo con sus entrañas, a las que deben replicar. Para este ejercicio, es útil que hablen tanto en nombre del cerebro como de las entrañas; si se quedan bloqueados, puedes hacer sugerencias para ayudar al cerebro. Aquí tienes un ejemplo de diálogo en el que una clienta replica a las entrañas con el cerebro:

Cerebro:	«No soy una fracasada».
Entrañas:	«Pero tengo problemas para concebir otro hijo».
Cerebro:	«Quedar embarazada no es la definición de éxito ni de fracaso. No soy una fracasada; tengo un buen trabajo».
Entrañas:	«Pero no terminé la universidad».
Cerebro:	«Es cierto que no terminé una carrera universitaria de cuatro años, pero completé un programa de dos años y ahora tengo un buen trabajo, gano bastante dinero y soy muy respetada en mi posición».
Entrañas:	«Pero no tengo tanto éxito como mi hermana».
Cerebro:	«Tal vez ella esté ganando más dinero que yo, pero yo tengo más éxito que ella en el ámbito doméstico. Soy una buena madre, una buena esposa y una buena hija. Mis padres están orgullosos de mí, la gente dice cosas agradables de mí y recibo muchos más comentarios positivos que mi hermana triunfadora, que se está di-vorciando».
Entrañas:	«Pero tengo ansiedad, y esto hace que sea una fraca-sada».
Cerebro:	«No es de extrañar que tenga ansiedad con la pesadilla que sufrí cuando estuve viviendo con mi abuela enfer-ma. Además, estoy manejando mi ansiedad en lugar de huir de ella».

Conclusión: «Son mis entrañas, muy emocionales y nada confiables,
(del cerebro) las que me dicen que soy una fracasada y que soy frágil.
El cerebro me dice que esto no es cierto. Hay montones de pruebas que demuestran lo contrario. Tengo que empezar a reconocer y aceptar las pruebas que indican que no soy una fracasada sino que, de hecho, soy una triunfadora en muchas sentidos».

Revisión histórica de las pruebas

En ocasiones, un examen de las pruebas actuales no es suficiente para modificar la inseguridad del cliente. En estos casos, es necesario examinar las pruebas históricas. Ten en cuenta que muchas de las conclusiones a las que han llegado los clientes sobre sí mismos son el resultado de personalizar y malinterpretar datos históricos para que respalden su inseguridad personal. Dado que los trastornos de personalidad se definen por su carácter crónico y porque impregnan toda la identidad del individuo, comprender el impacto que han tenido en estos clientes ciertas experiencias tempranas es crucial al trabajar con ellos. Imagina a una madre que pega a su hijo y le dice que no sirve para nada, o a un padre que abandona a su hijo y a su esposa para crear una nueva familia en otro estado u otro país. Cuando los niños se toman este tipo de situaciones de manera personal, tienden a creer que indican algo acerca de ellos. El niño cuya madre le pegó y le dijo que no servía para nada acaba por creer que es un inútil. También puede adoptar la agresividad y la falta de consideración hacia los demás como estrategias razonables y plantar así la semilla del trastorno de personalidad antisocial. De manera similar, el niño cuyo padre lo abandonó por otra familia termina por creer que no es amado ni deseado. Temiendo el rechazo, evita acercarse a los demás o pedir lo que quiere, lo que refuerza su creencia de que no es deseado ni amado, y así va desarrollando un trastorno de personalidad evitativa.

La terapia puede ayudar a los clientes a ver estos eventos desde otra perspectiva, a menudo más acertada. Tal vez la madre que pegaba a su hijo tenía una enfermedad mental grave y su paranoia la llevaba a pensar que su hijo mentía, por lo que reaccionaba con miedo. Quizá el padre tenía una relación codependiente no saludable con su esposa, y la única manera en que pudo protegerse fue mudarse, aunque ello implicó abandonar a su hijo. En ambos casos, tener en cuenta la perspectiva alternativa puede ayudar a los clientes a concebir la situación como algo externo, a lo que no conviene atribuir un significado tan personal. Al arrojar una nueva mirada sobre los datos históricos, pueden formular nuevas conclusiones sobre el impacto de su historia en su autoimagen.

Se pueden examinar las pruebas históricas correspondientes a cualquier momento, pero es útil preguntar a los clientes acerca de los recuerdos más tempranos que albergan vinculados a su inseguridad y avanzar sistemáticamente en el tiempo, recopilando todos los eventos históricos vinculados a la visión que tienen de sí mismos. Echar un segundo vistazo a estos eventos significa examinar las pruebas que parecen respaldar su hipótesis negativa y encontrar un punto de vista alternativo que les ayude a llegar a una conclusión más realista. También implica señalar cualquier dato que contradiga directamente la hipótesis negativa.

Tomemos el ejemplo de Harlow, quien sostenía la creencia de que era «mala» porque su padre siempre le gritaba, la insultaba y la maltrataba físicamente, mientras que nunca maltrataba a su hermana pequeña. Su madre nunca la protegía ni se ponía de su parte. Harlow también dijo que sufría acoso en la escuela y que tenía pocos amigos verdaderos, tal vez ninguno. Por otro lado, era una buena estudiante que cuidaba con primor de su hermana pequeña, parecía ser muy querida por sus maestros, ayudaba en casa haciendo gran parte de las tareas de cocina y limpieza, y era en general una niña estupenda.

Al revisar su historia, Harlow pudo ver que la conducta de su padre no tenía que ver con ella, sino que derivaba del problema que tenía con el alcohol y la violencia asociada a este. Su madre no era capaz de protegerla porque tenía suficiente trabajo con protegerse a sí misma, ya que sufría ansiedad. Su padre no maltrataba a su hermana menor porque ni la veía y, por lo tanto, pasaba de ella. Era cierto que los niños de la escuela solían burlarse de Harlow, pero esto se debía a que ella los rechazaba. Tenía miedo de dejar que alguien se acercara a su hogar debido a la ira de su padre, así que mantenía a los demás alejados y rechazaba invitaciones. Tras revisar todas las pruebas, Harlow se dio cuenta de que su creencia de que era una mala persona no tenía ningún fundamento, ya que los datos indicaban que era y siempre había sido una persona excepcionalmente buena y responsable. De hecho, era tan excesivamente responsable que manifestaba síntomas del trastorno de personalidad obsesivo-compulsiva.

Utiliza la hoja de trabajo que se incluye a continuación para ayudar a tus clientes a evaluar las interpretaciones que hacen de su historia. Pídeles que enumeren todas las pruebas históricas en que se han basado para confirmar su etiqueta de inseguridad y oriéntalos para que contemplen las pruebas desde otra perspectiva. ¿Qué conclusiones alternativas pueden formular?

REGISTRA INTERPRETACIONES DE TU HISTORIA

● ● ● ● ● ●

Nuestra historia no nos define necesariamente; es más bien la interpretación que hacemos de esa historia lo que nos define, porque así lo permitimos. Piensa en sucesos de tu vida de los que conservas recuerdos vívidos o en acontecimientos que crees que tuvieron un papel significativo en tu vida, y examina si puedes vincular estos eventos al desarrollo de tu inseguridad.

1. ¿Cuál es tu etiqueta de inseguridad? (Esta etiqueta refleja la creencia o las creencias negativas fundamentales que albergas sobre ti mismo).

_____

_____

_____

2. ¿Cuáles son las pruebas históricas que respaldan esta creencia? (Estas pruebas pueden incluir recuerdos traumáticos, mensajes que recibiste, conflictos interpersonales, dificultades con la vivienda o económicas, problemas con los hermanos, tensiones en el hogar, rechazos, etc.).

_____

_____

_____

3. ¿Cuáles son las pruebas históricas que contradicen esta creencia? (Piensa en las diversas áreas de tu vida en las que se ponen de manifiesto tus aptitudes, logros, intereses, metas alcanzadas, mensajes positivos recibidos, etc.).

_____

_____

_____

4. ¿Qué explicaciones alternativas puedes dar para las pruebas que has encontrado a favor de la creencia negativa? (Examina cada prueba que has ofrecido en el punto 2 y toma en consideración otras formas de contemplar estos datos históricos. Piensa en ello desde una perspectiva más madura: cómo podría interpretar los datos otra persona, qué implican los hechos objetivos, etc.).

_____

_____

_____

5. ¿A qué conclusión puedes llegar que respalde una imagen más positiva de ti mismo? (Teniendo en cuenta todos los datos, ¿cuál es la perspectiva más positiva y realista?).

_____

_____

_____

Modificar creencias negativas a través de la visualización

Una vez que hayas trabajado con los clientes para contemplar desde una perspectiva más saludable las pruebas que parecían respaldar su creencia negativa, una técnica avanzada consiste en modificar el evento histórico a través de la visualización. Para aplicarla, lleva a los clientes de vuelta a un momento en que un recuerdo o imagen suscitó la creencia negativa. Pídeles que cierren los ojos y describan el recuerdo con tanto detalle como sea posible para que puedan revivir la experiencia. Se trata de que salgan a la luz las emociones, los pensamientos automáticos y las creencias centrales desencadenados por esa situación. Mientras los clientes permanecen con el recuerdo, facilita la reestructuración cognitiva indicándoles que mantengan un diálogo con otra persona que ingrese en la imagen. Puede entrar en escena una versión de sí mismos de más edad o un aliado externo, como puede ser un terapeuta o un amigo. Se presenta a continuación un ejemplo de esta dinámica; como puede apreciarse, el terapeuta ayuda a la clienta a obtener una visión nueva de sí misma, en la que manifiesta una mayor autoconfianza, al introducir una versión de más edad de la propia clienta en el recuerdo.

Terapeuta:	«¿Puedes evocar el recuerdo de una situación en la que sentiste que eras una niña mala e insignificante?».
Clienta:	«Recuerdo que siendo una niña pequeña, de cinco o seis años, estaba jugando con mi muñeca favorita en mi habitación cuando entró el amigo de mi hermano mayor».
Terapeuta:	«¿Qué pasó?».
Clienta:	«Me empujó dentro del armario y cerró la puerta. Estaba tan oscuro que no podía ver, y empezó a aplastarme. No podía respirar. Me estaba lastimando».
Terapeuta:	«¿Qué estás pensando?».
Clienta:	«Soy una niña mala. Soy mala. Doy asco. No valgo nada».

340

Terapeuta:	«Ahora imagina que la versión grande de ti entra en la habitación. Abre la puerta del armario y te ve. ¿Qué hace?».
Clienta:	«La versión grande de mí agarra al niño, lo aparta de mí y lo empuja fuera de la habitación».
Terapeuta:	«Imagina que la estás ayudando a empujarlo fuera de la habitación y diciéndole que se vaya de ahí. Grita: "¡Lárgate!"».
Clienta:	«¡Lárgate!».
Terapeuta:	«Más fuerte».
Clienta:	«¡¡Lárgate!!».
Terapeuta:	«Parece que se está alejando corriendo. ¿Quiere la versión grande de ti reconfortar a la versión pequeña de ti?».
Clienta:	«Sí».
Terapeuta:	«¿Por qué no haces que la versión grande de ti abrace a la versión pequeña de ti? ¿Qué quiere decirle la versión grande a la versión pequeña?».
Clienta:	«No eres una niña mala. No das asco. No eres insignificante. Él es el niño malo. Es más grande y más fuerte que tú y ha podido contigo. Tú eres una niña buena; él es un niño malo».
Terapeuta:	«¿Eres una niña buena? ¿Eres valiosa?».
Clienta:	«¡Soy una niña buena y soy valiosa!».

Si llevas a cabo la reestructuración cognitiva a través de la imaginación, asegúrate de haber preparado a los clientes examinando y replanteando primero los argumentos favorables a su creencia negativa hablando con ellos. De esta manera, cuando se enfrenten a la escena estarán preparados para contemplar la conclusión alternativa, más acorde con la realidad. Además, es importante que el ejercicio de visualización culmine de manera adecuada. Con este fin, asegúrate de que lleguen al final de la escena, para que puedan incorporar un nuevo aprendizaje y se den cuenta de que ya no están en peligro. Procesar completamente el recuerdo les permite reconocer las distorsiones inherentes a sus creencias negativas y refuerza sus nuevas creencias positivas.

Alimentar la nueva creencia

Para que los clientes continúen cultivando su autoconfianza y eviten que sus inseguridades influyan en la manera en que procesan la información, es importante que presten atención a los datos que respaldan su nueva autoimagen más realista (Sokol y Fox, 2009). Puedes ayudarlos a confirmar sus nuevas creencias basadas en la autoconfianza haciendo que retiren los filtros negativos, busquen nuevos datos confirmadores y ensayen el mensaje positivo. La siguiente hoja informativa proporciona diversas maneras en que los clientes pueden recopilar datos que confirmen una autoimagen más segura y positiva en cuanto a su competencia y lo aceptables que son socialmente.

DATOS PARA ALIMENTAR LA NUEVA CREENCIA

● ● ● ● ● ●

Para seguir cultivando y manteniendo tu autoconfianza, debes aprender a prestar atención a la información confirmadora que respalda tu nueva creencia realista y positiva. Utiliza este material para reunir datos que confirmen tu competencia y que eres aceptable socialmente.

Haz lo siguiente para confirmar las nuevas creencias sobre tu competencia:

1. Evalúa objetivamente tu desempeño en el ámbito de los estudios, el trabajo o el ocio, y registra los hechos (por ejemplo, comentarios verbales o escritos, bonificaciones laborales, responsabilidades asignadas, ascensos, solicitud de tu conocimiento).
2. Registra cualquier cumplido, agradecimiento o elogio que hayas recibido hace poco.
3. Pregúntate si se han presentado quejas en tu contra o si has recibido alguna reprimenda recientemente; en caso de ser así, valora si alguna de estas acciones ha sido el resultado de factores externos.
4. Pregúntate si has lidiado con algún factor estresante, problema o tarea difícil en fechas recientes.
5. Pregúntate cuánto has logrado hacer hoy y si has tenido que realizar varias tareas al mismo tiempo en algunos momentos.
6. Pregúntate qué responsabilidades, tareas o quehaceres has atendido hoy o esta semana.

Haz lo siguiente para confirmar las nuevas creencias sobre el grado en que eres aceptable socialmente:

1. Anota cualquier cumplido, elogio o agradecimiento que hayas recibido por estar ahí para otra persona.
2. Pregúntate si tienes planes con amigos o familiares, o si has sido invitado a un encuentro próximo.
3. Registra si alguien te ha llamado, te ha enviado mensajes de texto, te ha mandado un correo electrónico o te ha enviado un mensaje a través de la aplicación Snapchat.
4. Pregúntate si recientemente has sido un buen amigo al mostrarte considerado, amable, generoso, atento o afectuoso.
5. Anota si te has puesto en contacto con un amigo o familiar y señala cómo ha respondido o reaccionado.
6. Pregúntate qué cualidades te gustan en otras personas y si tú mismo posees algunas de estas cualidades.

Los registros de autoconfianza

Los registros de autoconfianza son otra herramienta con la que cuentan los clientes para reunir datos que potencien la seguridad en sí mismos. Los registros de autoconfianza son anotaciones diarias de experiencias y comentarios que respaldan la nueva autoimagen del cliente, más realista. El propósito de estos registros es filtrar la información positiva y hacer que los clientes dejen de enfocarse en los datos negativos que respaldan su antigua etiqueta de inseguridad. Se pueden completar hojas de registro más generales para hacer un seguimiento de las pruebas que hacen que se sientan bien consigo mismos, u hojas de registro más específicas para hacer un seguimiento de las pruebas que respaldan una nueva creencia (como «soy fuerte», «soy capaz», «soy aceptable»...).

Pongamos como ejemplo el caso de una clienta que tiene trastorno de personalidad evitativa y que está trabajando en aceptar la nueva creencia de que tiene «cualidades positivas y atractivas». Primero, el terapeuta y la clienta podrían trabajar juntos para pensar términos descriptivos coherentes con tener cualidades positivas y atractivas (por ejemplo, ser leal, práctico, divertido, considerado, generoso, etc.). Después de echar un vistazo a esta lista, la clienta podría concluir que tiene muchas de estas cualidades y que se ajusta a la idea que tiene de una persona que puede gustar a los demás. Como tarea, podría completar una hoja de registro titulada «Tengo cualidades positivas y atractivas», en la que registraría a diario datos que respaldasen esta creencia, especialmente los que apoyasen su idea de cómo tiene que ser una persona para gustar a los demás. Se presenta a continuación, a modo de ejemplo, lo que podría anotar esta clienta en su hoja de registro.

Registro para «Tengo cualidades positivas y atractivas»

Día 1
1. El vecino me ha invitado a una comida informal en su casa.
2. Unas personas me han pedido que me uniera a su mesa en la noche de orientación para padres.*
3. Dos personas se han reído con mi chiste.
4. He compartido mi almuerzo con una amiga que ha olvidado el suyo.

Día 2
1. Me he ofrecido a cubrir el turno de trabajo de un compañero para que pudiera asistir al partido de su hijo.
2. He invitado a una vecina y a su hijo a una sesión de juegos y ella ha aceptado la invitación.
3. Una vecina me ha llamado y me ha preguntado si quería unirme a su club de lectura.
4. Un desconocido me ha sonreído y me ha saludado efusivamente.

En la página 348 encontrarás una hoja de registro de autoconfianza que puedes dar a los clientes para que reúnan datos que respalden su nueva autoimagen más positiva. Si quieres elaborar con tu cliente una hoja de registro adaptada a su diagnóstico, se ofrecen a continuación algunas sugerencias que podrías tener en cuenta para el título de la hoja.

---

* N. del T.: En referencia a lo que en inglés es *back-to-school night*, una noche especial en la que los padres y maestros se reúnen en la escuela para conocerse y hablar del plan de estudios y otros asuntos relacionados con el nuevo año escolar.

Grupo A	Grupo B	Grupo C
Personalidad paranoide • Soy resistente. • Soy resiliente. • Estoy a salvo. • Estoy bien. • Soy capaz. • Soy fuerte.	**Personalidad antisocial** • No soy invencible. • Puedo ser considerado. • Puedo ser empático. • Puedo mostrar que me preocupo. • Puedo seguir las reglas.	**Personalidad evitativa** • Soy competente. • La gente quiere estar conmigo. • Soy genial. • Gusto a los demás. • Merezco que me quieran. • Tengo habilidades sociales. • Soy fuerte.
Personalidad esquizoide • Puedo estar entre la gente. • Puedo ser un jugador de equipo. • Puedo compartir. • Puedo unirme (a un grupo o actividad).	**Personalidad límite** • Cuento con apoyo. • Tengo el control. • No hay nada anormal en mí. • Merezco ser amado. • No soy mala persona. • No estoy indefenso. • Soy resiliente.	**Personalidad dependiente** • Soy fuerte. • Soy capaz. • Soy competente. • Soy independiente. • No soy un inútil. • Soy poderoso.
Personalidad esquizotípica • Estoy a salvo. • Soy real. • Soy fuerte. • Soy resiliente. • Soy como cualquier otra persona.	**Personalidad histriónica** • Puedo dominarlo. • Tengo el control. • Gusto a los demás. • Soy querido aunque no haga bromas o no me muestre glamuroso.	**Personalidad obsesivo-compulsiva** • Soy responsable. • Soy poderoso. • Soy capaz. • No tengo que ser perfecto. • No tengo que tener el control total.
	Personalidad narcisista • Importo. • Cuidan de mí. • Estoy bien y esto está bien. • No soy superior o inferior a nadie, sino que estoy bien tal como soy. • Soy capaz de sentir empatía.	

Hoja de trabajo para el cliente

REGISTRO DE AUTOCONFIANZA

● ● ● ● ● ●

Con el fin de alimentar tu nueva autoconfianza, lleva un registro diario de pruebas que confirmen tu nueva autoimagen más positiva y realista. Para empezar, ponle un título a tu hoja de registro. Puede ser un título general sobre el desarrollo de un autoconcepto más positivo (por ejemplo, «Mi registro de sentimientos positivos») o puede ser más específico (por ejemplo, «Registro de lo _____ [capaz/competente/fuerte/ amable/etc.] que soy»). A continuación, enumera varias cosas cada día que fortalezcan tu autoconfianza. Lo más importante es que revises regularmente todos los datos que vayas recopilando para que tu nuevo autoconcepto arraigue.

Registro de _____
Día 1
1. _____
2. _____
3. _____
4. _____

Día 2

1. _____

2. _____

3. _____

4. _____

Día 3

1. _____

2. _____

3. _____

4. _____

Tarjetas para desarrollar la autoconfianza

Las tarjetas para desarrollar la autoconfianza, que contienen afirmaciones de afrontamiento que recuerdan a los clientes las pruebas que respaldan su nueva autoimagen, son otra forma de potenciar la seguridad en uno mismo. Al tener las afirmaciones escritas en una tarjeta o en una pantalla digital, a los clientes les resulta muy fácil echar un vistazo a los hechos, lo que evita que su mente distorsione la información en favor de un punto de vista sesgado. A continuación se presentan algunas estrategias que les ayudarán a sacar el máximo partido a sus tarjetas de desarrollo de la autoconfianza, y a continuación algunas afirmaciones de muestra para cada trastorno de la personalidad.

1. Pueden colocar la tarjeta en su baño (por ejemplo, pegada en el espejo o junto al lavabo) y repasar su contenido mientras se cepillan los dientes por la mañana.
2. Pueden llevar la tarjeta en su billetera, bolso o bolsillo trasero y sacarla siempre que estén en una situación de espera.
3. Pueden utilizar las afirmaciones como protector de pantalla en su ordenador.
4. Pueden escribir las afirmaciones en la sección de notas de su teléfono.
5. Pueden enviarse un mensaje de texto con una o varias afirmaciones para consultarlas siempre que necesiten recordarse que les conviene potenciar su autoconfianza.
6. Pueden guardar las afirmaciones en un archivo en su ordenador.
7. Pueden escribir las afirmaciones en notas adhesivas y colocarlas por todas partes.
8. Pueden poner las tarjetas destinadas a desarrollar la autoconfianza en varios cajones de su hogar y su despacho para tener muchas oportunidades de consultarlas.
9. Pueden dejarse un mensaje de voz en su teléfono o en su contestador automático y escucharlo cada vez que revisen los mensajes.

Ampliar la zona de confort

Finalmente, otra manera de alimentar la autoconfianza es hacer que los clientes se desafíen a hacer cosas que han estado temiendo o evitando. Por ejemplo, los que tienen trastorno de personalidad evitativa podrían aceptar invitaciones sociales aunque les resultase incómodo. Los que tienen trastorno de personalidad dependiente podrían comer solos en un restaurante, presentarse para un empleo que requiera mucho tiempo de desplazamiento o tomar el transporte público solos. Los que tienen trastorno de personalidad obsesivo-compulsiva podrían hacer algo menos que perfecto a propósito, aceptar una invitación espontánea o dejar que otra persona tenga el control de un proyecto o un evento. Los que tienen trastorno de personalidad paranoide podrían probar a confiar en un familiar u optar por el proveedor de seguros de salud que han estado evitando por no fiarse de su política de privacidad. Los que tienen trastorno de personalidad narcisista podrían dejar de lado sus necesidades y cenar con alguien en un momento que no es el más idóneo para ellos.

Cuando los clientes amplían su zona de confort, persiguen sus metas y conquistan sus miedos, su autoconfianza se refuerza. Recuérdales que alcanzar las metas es menos importante que ir en pos de ellas. Al no tener una bola de cristal y al haber variables que escapan a su control, a menudo el resultado no está garantizado. Sin embargo, cuando el esfuerzo y la acción dirigida hacia la meta se ven recompensados, el éxito es más probable.

Abrazar la individualidad

Aunque fomentar nuevas creencias que indiquen autoconfianza es fundamental para ayudar a los clientes a superar las estrategias conductuales que manifiestan de resultas de la inadaptación, no es necesario que cambien todo lo que piensan de sí mismos. A veces se cuelgan etiquetas que no deben cuestionar, sino aprender a aceptar. Pueden autodenominarse raros, estrafalarios, tímidos, frikis,

AFIRMACIONES PARA DESARROLLAR LA AUTOCONFIANZA

Grupo A	Grupo B	Grupo C
Personalidad paranoide	**Personalidad antisocial**	**Personalidad evitativa**
• Puedo confiar en algunas personas, especialmente si las conozco desde hace mucho tiempo y nunca me han traicionado. • Estoy a salvo. Puedo acordarme de todas las cosas que me protegen y de todas las pesonas que están pendientes de mí. • Soy más fuerte de lo que percibo. Puedo salir y participar en lo que quiera.	• Puedo seguir las reglas sin que esto signifique que soy un ingenuo, especialmente si eso me acerca a lo que realmente quiero. • No soy invencible. Si rompo las reglas, las consecuencias pueden ser más graves de lo que puedo manejar. • Puedo intentar ser considerado y mostrar empatía. Aunque no obtenga resultados inmediatos, tendré la satisfacción de saber que tengo el control de mí mismo.	• Soy una persona interesante incluso si alguien no quiere salir conmigo, me engaña o no está interesado en llevar la relación tan lejos como yo querría. • Puedo tolerar la angustia. Soy más fuerte de lo que advierto. Aunque sienta que no puedo soportar los sentimientos desagradables, sí puedo hacerlo. • ¿Y qué si me rechazan? Sobreviviré, y la única forma de tener la oportunidad de conseguir lo que quiero es exponerme. ¡Adelante! • Soy lo suficientemente bueno tal como soy.
Personalidad esquizoide	**Personalidad límite**	**Personalidad dependiente**
• Me uniré a grupos de gente. Podría valer la pena, y podría obtener de la experiencia más de lo que creo. • Intentaré ser un jugador de equipo, ya que esto podría hacer que las cosas fuesen más fáciles para mí. • No tengo que unirme completamente para participar. Puedo ir y estar allí con todos.	• El hecho de que alguien no esté físicamente presente para mí no significa que me haya abandonado. • Cuento con apoyo, aunque no sea durante las veinticuatro horas de los siete días de la semana. Además, puedo desenvolverme solo en muchos momentos. • No todas las personas son dignas de confianza, pero algunas sí lo son. • Puedo cometer errores y seguir siendo una buena persona, especialmente si reconozco que me he equivocado y estoy dispuesto a trabajar para mejorar las cosas. • Nunca es tarde para reparar un daño. • No soy un inútil, pero si sigo con mis conductas de evitación, nunca lo creeré.	• Puedo hacer cosas por mí mismo. • Me parece difícil, pero esto no significa que no pueda hacerlo. • Soy más capaz de lo que creo. • Puedo intentarlo y abordarlo, y si no puedo conseguir el resultado que deseo, siempre podré pedir ayuda más adelante. • Si dependo de otras personas, es posible que nunca alcance mis metas ni logre hacer las cosas que quiero.

Grupo A

Personalidad esquizotípica

- Aunque sienta que no soy real, debo recordarme que lo soy.
- Estoy a salvo a menos que haya un peligro real que pueda identificar.
- Soy como todos los demás, aunque sienta que soy totalmente diferente.
- No hay dos personas iguales, y ser diferente es la definición de ser humano.

Grupo B

Personalidad histriónica

- No tengo que mostrarme gracioso o dramático todo el tiempo para gustar a los demás. A las personas les gusto tal como soy, sin todo este despliegue.
- Puedo desinhibirme de vez en cuando, pero no todo el tiempo.
- Tener dignidad y mantener el control me hace sentir más fuerte y poderoso.
- Puedo contar con las personas que se preocupan por mí, aunque no las esté divirtiendo todo el tiempo.

Personalidad narcisista

- No puedo ser la persona más importante para todos todo el tiempo, aunque sea esto lo que quiero.
- Los demás también tienen necesidades, y el hecho de que reconozca esto no significa que yo no importe.
- Importo a otras personas incluso si no me dan todo lo que quiero.
- No tengo que tomarme todo de forma tan personal. A veces lo que sucede no tiene nada que ver conmigo, a veces tiene poco que ver conmigo y a veces tiene mucho que ver conmigo. En cualquier caso, no tengo por qué reaccionar exageradamente. Puedo pensar en lo que quiero a largo plazo.

Grupo C

Personalidad obsesivo-compulsiva

- No pasa nada porque alguien no haga algo exactamente como quiero en el plazo que quiero. No convertiré eso en un problema si no lo es.
- No tengo que controlar todo, cada detalle.
- Mostrarme espontáneo a veces no significa que no sea responsable o que las cosas se vayan a desmoronar.
- Puedo salir de la rutina y decir «sí» a oportunidades para conseguir las conexiones sociales que estoy buscando. Las personas responsables no tienen por qué ser perfectas.

compulsivos, no convencionales, excéntricos, peculiares o extraños. Podemos ayudarlos no a tratar de encontrar datos para refutar su etiqueta, sino a aceptarse a sí mismos y no permitir que la etiqueta sea un obstáculo. No se trata de que juzguen la etiqueta o supongan que significa que son no deseables o incapaces en algún sentido. Más bien se trata de fomentar que lleven su singularidad con orgullo. Recuerda que nadie es promedio u ordinario; cada uno de nosotros es singularmente especial. Puedes utilizar esta tarjeta de afrontamiento para recordar a los clientes que conviene que abracen su individualidad:

Tarjeta de afrontamiento

ABRAZO MI INDIVIDUALIDAD

Soy único y lo acepto. Llevo mi individualidad con orgullo y nunca permito que signifique que soy menos que nadie. Puedo perseguir lo que quiero y sé que mi individualidad me ayudará a conseguirlo.

Modificar las acciones ineficaces

Al tratar a clientes con trastornos de la personalidad, trabajar para desarrollar la autoimagen de una persona más segura de sí misma es parte del proceso. Otro componente importante del tratamiento implica abordar las acciones compensatorias ineficaces que realizan estos clientes en respuesta a sus creencias negativas. Sus estrategias hiperdesarrolladas les impiden alcanzar sus metas y, en muchos casos, derivan para ellos en perjuicios en los ámbitos social, laboral o personal. Generalmente, cuando la estrategia hiperdesarrollada no funciona, los clientes que tienen un trastorno de la personalidad siguen manteniendo su conducta ineficaz en lugar de cambiar de estrategia. Incluso pueden aumentar la intensidad o frecuencia con la que manifiestan los comportamientos ineficaces, creyendo que así obtendrán resultados.

Además, los clientes con trastornos de la personalidad no han desarrollado estrategias conductuales alternativas, por lo que su capacidad para considerar otras opciones no siempre es evidente. Pensemos en el cliente que tiene trastorno de personalidad narcisista, que compite con todos en todas las situaciones y nunca anima a nadie, pero luego se pregunta por qué no tiene el apoyo de los demás y por qué la multitud no lo aplaude. O pensemos en una adolescente que tiene trastorno límite de la personalidad, a quien sus padres le han dicho que no es bienvenida en el hogar si sigue cortándose, rompiendo cosas o insultando a los demás, y aun así continúa manifestando todos estos comportamientos. Ayudar a los clientes a advertir cuándo sus estrategias conductuales son autodestructivas y enseñarles estrategias alternativas más efectivas es fundamental para que puedan desenvolverse mejor.

Pongamos como ejemplo el caso de Jansen, que ha recibido el diagnóstico de trastorno de personalidad narcisista y acaba de regresar a su club de campo después de muchos meses de ausencia. Al entrar en la sala de póquer, en la que se hacen apuestas elevadas, nadie deja de jugar para saludarlo o preguntarle cómo está. Jansen piensa: «No soy especial; a nadie le importa que haya vuelto. Si fuera especial, armarían un alboroto. —Y concluye—: No soy importante. No les importo. No soy lo suficientemente bueno para ellos. No los necesito». Aunque anhela la amistad de esas personas y gozar de popularidad, planea no volver a dirigirles la palabra y las critica verbalmente. En este ejemplo, las conclusiones sesgadas de Jansen lo llevan a realizar acciones compensatorias ineficaces y a alejar a todos. Sin embargo, el aislamiento tiene el efecto contrario al que desea, y solo alimenta aún más su creencia central negativa de que no es alguien importante. Si sigue manifestando estos comportamientos ineficaces, nunca gozará de las conexiones interpersonales que desea.

En este caso, la reestructuración cognitiva puede ayudar a Jansen a darse cuenta de que no todo tiene que ver con él. Los demás no siempre nos dan lo que queremos, pero eso no significa que no les importemos. No es posible hacer realidad el deseo de ser la persona más importante para todos todo el tiempo, y aprender a aceptarlo es clave. En lugar de lanzarse al ataque y cortar relaciones cuando los demás no le dan prioridad o no hacen lo que él quiere, Jansen puede contemplar la situación desde la perspectiva de aquellos y considerar posibles razones por las que no pudo ser recibido. El tratamiento también puede enseñarle a enfocarse en el panorama general y a recordar situaciones pasadas en las que sus amigos estuvieron allí para él y lo incluyeron. En lugar de reaccionar impulsivamente, puede centrarse en lo que desea a largo plazo y aceptar que las personas no siempre hacen lo que queremos, lo cual no significa que seamos irrelevantes o que no les importemos. A la vez, Jansen puede aprender a dejar de reaccionar exageradamente con una ira explosiva y, en lugar de ello, mantener la calma y aceptar el mundo tal como es. Estos comportamientos nuevos y más efectivos pueden ayudarle a conservar sus amistades, que es lo que desea realmente.

Para poner otro ejemplo, examinemos el caso de Harper, como exponente del trastorno de personalidad obsesivo-compulsiva. Aunque destaca en la escuela secundaria, saca siempre unas notas impecables y obtiene unos resultados excepcionales en los exámenes estandarizados, renuncia a actividades extracurriculares y a tener vida social para hacer de sus estudios su única prioridad. En consecuencia, se siente aislada de sus amigos y experimenta ansiedad en relación con el futuro. Para Harper, estos comportamientos ineficaces son impulsados por sus creencias negativas de que será una persona «irresponsable» y «perezosa» si no se dedica por completo a sus estudios. Aunque desea llevar una vida más equilibrada, sus creencias negativas le impiden priorizar cualquier cosa que no sean sus tareas escolares.

Una forma en que el tratamiento podría ayudarle a superar sus creencias rígidas es indicarle que haga el seguimiento de sus actividades diarias y el estado de ánimo asociado a estas en una hoja de registro de actividades. Así podría darse cuenta de que su estado de ánimo es mejor cuando socializa con sus amigos y peor cuando está estudiando. Además, la exposición interoceptiva podría ayudarle a advertir que su ansiedad por quedar atrás en los estudios es peor que el hecho de dejarlos de lado realmente. Los síntomas de la ansiedad (como la sudoración, el hormigueo y las palpitaciones) no son nada que deba temer, y desaparecerán sin perjudicarla incluso si no hace nada para abordarlos.

Para que Harper logre llevar una vida más equilibrada, el tratamiento también contemplaría el objetivo de reducir la rigidez y aumentar la espontaneidad. Por ejemplo, podría idear un plan para incorporar una hora de tiempo para la diversión en su día a día y limitar el estudio innecesario. Como terapeuta, también deberías trabajar con ella para que se dé permiso para descansar del estudio, ya que sabe que es una persona excepcionalmente responsable y preparada, y en absoluto perezosa. Con este fin, sería importante enseñarle cómo contrarrestar los pensamientos que intentan desviarla de su plan (del estilo «no puedo permitirme el lujo de tomarme tiempo libre» y «haré todos los deberes primero y luego podré divertirme») y reemplazarlos por pensamientos positivos (como podrían ser «la verdad es que puedo tomarme tiempo libre, ya que estoy más que preparada» y «si no hago algo divertido ahora, ya no lo haré»). En última instancia, el objetivo no es que Harper deje de tener el control y de ser rigurosa, sino que añada espontaneidad, impulsividad y flexibilidad a la mezcla.

Reduce las estrategias hiperdesarrolladas e incrementa las estrategias infradesarrolladas

Grupo A

Personalidad paranoide

Estrategias hiperdesarrolladas
- Alerta
- Desconfianza
- Sospecha
- Cautela

Estrategias infradesarrolladas
- Confianza
- Satisfacción
- Relajación
- Creer

Personalidad esquizoide

Estrategias hiperdesarrolladas
- Retraimiento
- Independencia
- Aislamiento

Estrategias infradesarrolladas
- Intimidad
- Reciprocidad

Grupo B

Personalidad antisocial

Estrategias hiperdesarrolladas
- Atacar
- Privar a los demás
- Explotación

Estrategias infradesarrolladas
- Empatía
- Ser prosocial
- Reciprocidad

Personalidad límite

Estrategias hiperdesarrolladas
- Dependencia
- Egocentrismo
- Evitar el abandono
- Comportamientos extremos
- Rigidez
- Escaso control sobre las emociones

Estrategias infradesarrolladas
- Control de las emociones y los comportamientos
- Autosuficiencia
- Reciprocidad social
- Flexibilidad
- Preocupación por los demás

Grupo C

Personalidad evitativa

Estrategias hiperdesarrolladas
- Evitación
- Inhibición
- Sensibilidad al rechazo

Estrategias infradesarrolladas
- Proyección positiva
- Asertividad
- Apertura

Personalidad dependiente

Estrategias hiperdesarrolladas
- Búsqueda de ayuda
- Aferramiento
- Excesiva dependencia de los demás

Estrategias infradesarrolladas
- Autonomía
- Autosuficiencia
- Movilidad

358

Grupo A

Personalidad esquizotípica

Estrategias hiperdesarrolladas
• Pensamiento mágico
• Parecer raro
• Suponer motivos ocultos

Estrategias infradesarrolladas
• Pensamiento racional
• Adecuación social
• Satisfacción

Grupo B

Personalidad histriónica

Estrategias hiperdesarrolladas
• Ser demasiado dramático
• Vestir, actuar y hablar seductoramente
• Entretener a los demás todo el tiempo
• Buscar la adulación

Estrategias infradesarrolladas
• Estar callado y mostrarse sumiso
• Adecuación social
• Comportamientos menos extremos
• Mantener unas expectativas razonables en cuanto a los comportamientos de los demás hacia ellos

Personalidad narcisista

Estrategias hiperdesarrolladas
• Competitividad
• Egocentrismo exagerado
• Señales externas de estatus
• Exigir un trato especial

Estrategias infradesarrolladas
• Empatía
• Solidaridad
• Compasión

Grupo C

Personalidad obsesivo-compulsiva

Estrategias hiperdesarrolladas
• Control
• Responsabilidad
• Sistematización

Estrategias infradesarrolladas
• Flexibilidad
• Espontaneidad
• Impulsividad

Al tratar a clientes con trastornos de la personalidad, recuerda que las conductas que manifiestan pueden ser estrategias razonables que no están funcionando en un momento dado (como en el caso de Harper) o pueden ser comportamientos tóxicos que nunca funcionarán o que conllevarán un costo significativo. Por ejemplo, los clientes que tienen trastorno de personalidad evitativa pueden mostrar una postergación muy importante y evitar oportunidades que impulsarían su recuperación, a la vez que pueden recurrir al alcohol y la marihuana para automedicarse. De manera similar, los que tienen trastorno de personalidad narcisista pueden amenazar, atacar y cortar relaciones frecuentemente en respuesta a sus creencias de inferioridad.

Quizá las acciones más tóxicas e ineficaces que pueden realizar los clientes son las que tienen que ver con el daño autoinfligido, como las autolesiones, el consumo de sustancias y los intentos de suicidio. Esto es especialmente así en el caso de aquellos con trastorno límite de la personalidad, que manifiestan impulsividad y desesperanza, las cuales, combinadas, incrementan el riesgo de que se hagan daño a sí mismos; especialmente, alimentan las tendencias suicidas. Los que tienen trastorno límite de la personalidad presentan determinadas orientaciones egocéntricas («tengo derecho a», «te necesito»), y su impulsividad los lleva a presentar comportamientos extremos orientados a la acción (por ejemplo, buscar certezas, consumir drogas, vengarse, producirse autolesiones, suicidarse...). Sus ansias de tener este tipo de comportamientos están impulsadas por imperativos exigentes («tengo que», «debo»...) y creencias permisivas (por ejemplo, «está bien que actúe de esta manera porque lo necesito desesperadamente / porque tengo derecho a hacerlo / porque esta persona merece un castigo»). También creen que no pueden controlarse, y su orientación hacia el «ahora» los lleva a centrarse en lo que les importa en el momento, sin tener en cuenta las consecuencias futuras o pasadas. El apartado que sigue aborda con cierto detalle el daño autoinfligido como estrategia compensatoria ineficaz y presenta intervenciones para el tratamiento de este y las tendencias suicidas.

EL DAÑO AUTOINFLIGIDO

El modelo cognitivo del daño autoinfligido

Infligirse daño a uno mismo es una acción compensatoria ineficaz que se lleva a cabo para hacer frente a la angustia. Este tipo de comportamientos son estrategias de afrontamiento inútiles a las que no acuden aquellos que tienen trastornos de la personalidad solamente, ya que cualquier cliente que experimente malestar psicológico o esté desesperado por satisfacer sus necesidades puede hacerse daño a sí mismo, suicidarse incluso. Sin embargo, es más probable que quienes sufren trastornos de la personalidad acudan regularmente a estas estrategias disfuncionales, mientras que los que presentan otros síndromes clínicos (como depresión o ansiedad) es muy posible que solo recurran a estas estrategias extremas cuando lo están pasando especialmente mal. En cualquier caso, el modelo cognitivo que hay detrás del ciclo del daño autoinfligido es siempre el mismo. El proceso es el siguiente: un estímulo desencadenante activa una creencia negativa subyacente, lo que lleva a los clientes a interpretar el estímulo en forma de pensamientos automáticos negativos. Estos pensamientos automáticos negativos dan lugar a una diversidad de emociones desagradables, que desencadenan el impulso de autoagredirse, y los clientes acaban por ceder a estos impulsos cuando hacen caso a creencias permisivas que justifican la autoagresión de alguna manera.

Los desencadenantes de la autoagresión pueden presentarse en forma de estímulos externos o internos que activan la creencia negativa subyacente. Los desencadenantes externos pueden incluir romper con la pareja, perder un empleo, no conseguir un trabajo, no ser seleccionado para un equipo o ser invitado a una fiesta. Los desencadenantes internos pueden incluir emociones intensas (como desesperación, soledad, tristeza, miedo o enojo) o sensaciones fisiológicas (como sudoración, taquicardia o disociación). Estos desencadenantes no suscitan angustia por sí mismos, sino que ofrecen oportunidades para que salga a la superficie la inseguridad subyacente. Por ejemplo, los clientes que experimentan una ruptura pueden interpretar el rechazo como una prueba de que no merecen ser amados o de que son defectuosos. O bien pueden percibir la ruptura como un acto de abandono, lo que activa en ellos creencias sobre lo indefensos que están y lo incapaces que son de sobrevivir sin la otra persona. Cualquier estímulo desencadenante puede activar la inseguridad personal, pero puede ocurrirles con mayor facilidad a los clientes con trastornos de la personalidad, ya que sus inseguridades están siempre presentes.

Cuando se activan sus creencias negativas relacionadas con sus inseguridades, esto los lleva a experimentar pensamientos distorsionados, sesgados o exagerados sobre el evento desencadenante. Por ejemplo, en respuesta a una ruptura, los que creen que no son dignos de ser amados o que están indefensos podrían pensar «nadie me querrá nunca; estaré solo para siempre» o «no puedo sobrevivir por mi cuenta; no puedo manejar esto». A la vez, es probable que experimenten sentimientos asociados de desesperación, desesperanza y miedo, lo que hace que tengan más ganas de infligirse daño. Los clientes ven la autoagresión como una estrategia razonable en respuesta a estas emociones desagradables cuando escuchan las creencias permisivas que justifican el comportamiento disfuncional (por ejemplo, «hacerme cortes es la única manera que tengo de lidiar con el malestar»; «si me autolesiono, mi pareja se quedará conmigo»; «todo el mundo se hace cortes de vez en cuando; no es para tanto»). Si se permite que las creencias permisivas lleven la voz cantante, el daño autoinfligido será la consecuencia.

Examinemos a modo de ejemplo el caso de Kali, que es una estudiante de último año en la escuela secundaria y vive en casa con su padre. Su madre falleció unos años atrás y su hermana mayor se fue a vivir bastante lejos en fechas recientes. Ha estado lidiando con problemas emocionales y deseos de autolesionarse y le ha suplicado a su padre que pase más tiempo en casa con ella y menos tiempo en la casa de su nueva novia, a lo cual ha accedido. Sin embargo, el primer viernes por la noche después de que su padre hiciera su nueva promesa, Kali llegó a casa a la hora acordada y la encontró vacía (estímulo desencadenante), lo que activó la creencia «no soy amada; estoy indefensa» (creencia negativa). Y pensó: «Mi vida no va bien. Mi situación familiar es horrible. Papá debería estar aquí. Extraño a mamá. Solo mamá se preocupaba por mí, pero está muerta. Todos me han abandonado» (pensamientos automáticos negativos). Se sintió frustrada, enojada, impotente y angustiada (emociones desagradables), lo que activó en ella el impulso de hacerse cortes (incremento del deseo de autoagresión). Creyendo que no había otra opción («si siento el impulso, entonces tengo que hacerlo») (creencia permisiva), tomó un cuchillo y se hizo cortes (comportamiento de autoagresión). Aunque experimentó una sensación de alivio momentáneamente, al final se sintió peor y fue ingresada en un pabellón psiquiátrico.

Cuando se trabaja con clientes que han mostrado comportamientos de autoagresión, es útil explorar qué los ha llevado ahí poco después de que el comportamiento haya tenido lugar, examinar episodios anteriores de autoagresión y analizar los desencadenantes futuros que podrían hacer que estén en riesgo de tener más comportamientos de este tipo. Una vez que se tiene claro cuál es el camino que conduce a la autoagresión, queda claro cuál debe ser la intervención. En el apartado que sigue se explora en mayor detalle el modelo cognitivo de la autoagresión y se exponen puntos de intervención a lo largo del camino.

Intervención

Tanto si la autoagresión está impulsada por una patología de la personalidad como si hay detrás otros problemas clínicos, las intervenciones para abordar esta estrategia disfuncional son siempre las mismas.

El primer paso para abordar la autoagresión, más específicamente la autolesión, implica ayudar a los clientes a adoptar el objetivo de acabar con estos comportamientos. Sin embargo, los clientes que se autolesionan a menudo no ven el comportamiento como problemático y, por lo tanto, pueden no estar interesados en cambiarlo. Por ejemplo, las personas que se cortan suelen ver esta práctica como la única forma que tienen de aliviar el dolor emocional, controlarlo, reenfocarlo o demostrar a los demás que están sufriendo. Por lo tanto, no es raro que quienes se autolesionan quiten importancia a los riesgos asociados, ya que creen que lo que hacen «no es para tanto». Debes ayudarlos a ver lo problemático que es el daño autoinfligido para que deseen con mayor fuerza poner fin a esta conducta.

Para ayudar a los clientes a evaluar de manera más precisa el riesgo de autoagresión, puedes utilizar la reestructuración cognitiva para que puedan llegar a conclusiones más acertadas sobre las consecuencias de estos comportamientos. Por ejemplo, el uso de preguntas guía puede hacer que se den cuenta de que el hecho de cortarse destruye su piel y les deja cicatrices de por vida, además de que podría resultar, accidentalmente, en daños graves o la muerte. Además, el hecho de cortarse también puede atraer una atención no deseada o ponerlos en una posición incómoda al tener que responder a personas que sienten curiosidad acerca de sus cicatrices. De manera similar, la reestructuración cognitiva puede hacer que vean que la autolesión es un obstáculo para poner en práctica estrategias de afrontamiento más saludables y no hace más que reforzar el mal hábito. También les impide aprovechar oportunidades (por ejemplo, en los ámbitos laboral, escolar y de las relaciones) y podría llevarlos a una situación que están tratando de evitar (como la hospitalización o unas condiciones de vida diferentes). Volviendo al ejemplo de Kali, la reestructuración cognitiva le ayudó a reconocer que la autolesión era una elección negativa que tenía unas consecuencias contrarias a lo que quería. En lugar de sentirse mejor y estar más tiempo con su padre, se sentía peor, y sus acciones hacían que ella y su padre se distanciasen todavía más. También adquirió esta comprensión: «Estaba muy angustiada y no tenía respuestas en ese momento, por lo que sentía el impulso de hacer algo al respecto. Sé que fue una mala elección y quiero trabajar en ello».

Una vez que los clientes reconocen los problemas asociados a la autoagresión, pasan a estar más receptivos a la sugerencia de trabajar para manifestar cada vez menos esta conducta, hasta ponerle fin. Con este objetivo, puedes servirte del conocimiento que tienes del proceso que sigue el cliente para llegar a la autoagresión a modo de brújula, ya que cada punto de comprensión que hay a lo largo del camino ofrece una posibilidad de intervención. El estímulo desencadenante representa el primer paso en el camino, pero no es posible predecir todos los estímulos externos e internos que podrían activar la inseguridad. La clave es ayudar a los clientes a tomar conciencia de qué será lo que activará sus creencias negativas con toda probabilidad y, lo que es más importante, utilizar la reestructuración cognitiva para evaluar y modificar directamente estas creencias y los pensamientos automáticos que las acompañan. Ayúdalos a desarrollar autoconfianza pidiéndoles que reúnan pruebas que contradigan sus creencias negativas subyacentes relacionadas con la inseguridad personal, así como datos que respalden una visión más positiva de sí mismos.

Volviendo al ejemplo de Kali, llegar a casa y encontrarla vacía no fue un desencadenante que ella pudiera haber predicho, ya que su padre le había asegurado que estaría allí. Sin embargo, si hubiera sido consciente de que el hecho de que no hubiese nadie en casa para ella activaría sus inseguridades, podría haber intervenido en lugar de reaccionar. Por ejemplo, podría haber ido a una cafetería cercana donde no se sintiera sola o haber llamado a una amiga para que fuera a su casa. Con el tiempo, la terapia puede ayudar a Kali a abordar la creencia negativa subyacente de que no es amada y a evaluar la validez de sus pensamientos automáticos (como «solo mamá se preocupaba por mí» o «todos me han abandonado») recopilando datos que indiquen lo contrario. Por ejemplo, la terapia puede ayudarle a ver que sí le importa a su padre, si bien está tan atrapado en su propio dolor que no puede estar allí para ella. Además, puede reconocer que sus amigos también se preocupan y quieren apoyarla, ya que se disgustaron cuando no se acercó a ellos en busca de ayuda. A partir de estos hechos, Kali puede aceptar que no es posible en un cien por cien que no sea digna de amor, y que incluso es posible que sea amada.

Además de abordar las creencias negativas subyacentes y los pensamientos automáticos, el tratamiento para la autoagresión implica ayudar a los clientes a adoptar comportamientos alternativos cuando experimenten el impulso de hacerse daño. Algunos ejemplos de alternativas conductuales son las técnicas de relajación (como la respiración profunda, el mindfulness o la relajación muscular progresiva) o las técnicas de distracción (como hacer ejercicio, cocinar, leer, hacer punto, navegar por Internet o ver la televisión). También puedes fomentar comportamientos alternativos de tipo social; en este sentido, puedes pedir a los clientes, por ejemplo, que conecten con otras personas, que escuchen la grabación de una sesión de terapia o que miren objetos que les recuerden que son personas dignas de amor o competentes (por ejemplo, un regalo de un ser querido, un trofeo que hayan ganado, un diploma que obtuvieron...). En el proceso de acabar con las prácticas de autoagresión, también puedes pedirles que, temporalmente, acudan a estrategias alternativas que simulen lo que obtienen de estas acciones pero que no sean físicamente perjudiciales. Por ejemplo, en lugar de cortarse, pueden romper huevos crudos en su cuerpo o escribir con un rotulador rojo grueso en su piel. Con el tiempo, trabaja con ellos para reducir su reactividad enseñándoles habilidades de gestión emocional que les permitan calmar sus emociones y utilizar de manera efectiva estrategias de resolución de problemas.

Ayudar a los clientes a identificar sus creencias permisivas (y a reemplazarlas por creencias más válidas y racionales) también es un punto de intervención fundamental, ya que estas creencias justifican el impulso de expresar el comportamiento de autoagresión. Trabaja con ellos para elaborar respuestas a sus creencias permisivas y pídeles que lean estas respuestas a diario. Por ejemplo, Kali creía que si tenía algún pensamiento de autolesión debía hacerle caso. Además, como muchas otras personas que se autolesionan, creía que estos comportamientos eran la única forma que tenía de hacer desaparecer su angustia. El tratamiento podía ayudarle a comprender que estas creencias eran hipótesis que debían ser probadas, no hechos. Por ejemplo, podía ver que es posible tener un impulso y no dejarse llevar por él, como cuando estaba en la escuela y podía resistir el impulso pintándose las uñas, dibujando o atándose los zapatos. Kali descubrió que podía mitigar su angustia de otras maneras y fue capaz de refutar así su hipótesis relativa al daño.

En última instancia, el objetivo es reemplazar el daño autoinfligido por estrategias de afrontamiento saludables. Con este fin, puedes pedir a los clientes que hagan una lista de todas las opciones de prácticas alternativas a la autoagresión de las que hayáis hablado a lo largo del tratamiento (como la relajación, la distracción y la autorregulación emocional). A continuación, pídeles que practiquen estas estrategias alternativas y que anoten cuándo pudieron resistir con éxito el impulso de hacerse daño (al menos temporalmente), así como las ocasiones en que se encontraron con obstáculos. Por ejemplo, Kali reemplazó la práctica de hacerse cortes por la conexión con amigos y la lectura de sus tarjetas de afrontamiento terapéuticas.

Identificar las consecuencias del comportamiento autolesivo puede llevar a que los clientes se comprometan más a ir prescindiendo de este tipo de conducta en el futuro. La hospitalización, el encarcelamiento, el desalojo o la pérdida de la custodia de un hijo dejan claro lo peligrosa y disfuncional que es la autoagresión. Además, las consecuencias no solo alejan a los clientes de sus objetivos, sino que pueden evitar que sean la persona que quieren ser para sí mismos y para los demás. El comportamiento de Kali consistente en cortarse resultó en una desagradable estancia en el hospital y en que sus amigos se molestaron con ella. Su motivación de no volver nunca a la unidad

psiquiátrica de un hospital y su inversión en sus amistades fueron elementos disuasorios fuertes de las prácticas autolesivas; los apuntó y, a
partir de ahí, los consultó con regularidad.

Sírvete de la hoja de trabajo de la página siguiente para identificar el proceso que sigue tu cliente para llegar al comportamiento de
autoagresión, así como las intervenciones cognitivas y conductuales
que puedes practicar en cada punto del camino.

EL CAMINO QUE LLEVA A LA AUTOAGRESIÓN

• • • • • •

Trabaja con tu cliente para determinar cuál es, en su caso, el proceso que lo lleva a hacerse daño a sí mismo. Seguidamente, en cada fase del proceso registra cualquier intervención que pueda ayudarle a tomar un camino alternativo.

1. Estímulo desencadenante: _____
_____

Intervención: _____
_____
_____

2. Etiqueta de inseguridad: _____
_____

Intervención: _____
_____
_____

3. Pensamientos automáticos negativos: _____

_____

Intervención: _____

_____

_____

4. Emociones desagradables: _____

_____

Intervención: _____

_____

_____

5. Incremento del deseo de infligirse daño: _____

_____

Intervención: _____

_____

_____

6. Creencias permisivas: _____

_____

Intervención: _____

_____

_____

7. Daño autoinfligido: _____

_____

Intervención: _____

_____

_____

8. Consecuencia:_____

_____

Intervención: _____

_____

_____

LAS TENDENCIAS SUICIDAS

La desesperanza, definida como un conjunto general de expectativas negativas sobre uno mismo y el futuro, es uno de los factores que permiten predecir con mayor fiabilidad el riesgo de suicidio (Beck, 1986; Weishaar y Beck, 1992). Cuando los clientes perciben que están sufriendo un dolor psicológico interminable y sienten que no hay solución, el suicidio es la respuesta que concibe su mente. El riesgo de suicidio es particularmente pronunciado entre aquellos con trastornos de la personalidad, especialmente el trastorno límite de la personalidad, ya que los problemas permanentes y dominantes que experimentan estos individuos hacen que estén especialmente expuestos a la depresión y la desesperanza. Este riesgo se ve exacerbado por la impulsividad y la orientación al presente que caracterizan a muchos de los trastornos de la personalidad, que hacen que las personas que los sufren sean incapaces de tomar en consideración las consecuencias pasadas que tuvieron sus actos de autoagresión y las que podrían tener futuros actos de este tipo (Beck, Davis y Freeman, 2015).

El objetivo principal al trabajar con los clientes que presentan riesgo de suicidio es asegurar que no incurran en este acto, para lo cual hay diversas intervenciones que pueden ser eficaces, como la terapia ambulatoria intensiva, la medicación o la hospitalización. El próximo apartado se centra en las intervenciones de tipo ambulatorio, aunque esta no es siempre la opción de tratamiento preferible (esto debe decidirlo el profesional de la salud mental según lo que sea mejor para el cliente).

Intervención

Realizar una evaluación del riesgo de suicidio

El primer nivel de intervención al trabajar con clientes que podrían tener tendencias suicidas es realizar una evaluación exhaustiva del riesgo de suicidio (Weishaar y Beck, 1992). Además de la desesperanza, algunos factores de riesgo de suicidio son antecedentes familiares de enfermedad mental o suicidio, abuso del alcohol o las drogas, acceso a armas de fuego, una enfermedad física y la pérdida de un progenitor o una figura significativa en la infancia. Los clientes también están en mayor riesgo de suicidarse si son hombres mayores de cuarenta y cinco años que viven solos, si están separados o divorciados, son viudos, si están en el paro o jubilados, o si han intentado suicidarse previamente (Wenzel, Brown y Beck, 2009). Puedes utilizar diversas herramientas para realizar una evaluación del riesgo de suicidio, como la escala de ideación suicida (Beck, Kovacs y Weissman, 1979), la escala Columbia para evaluar la seriedad de la ideación suicida (Posner, Brown y Stanley, 2011) o la evaluación y triaje del suicidio en cinco pasos (SAFE-T) (Fochtmann y Jacobs, 2015).

Además, dado el vínculo existente entre el suicidio y la desesperanza, puedes evaluar específicamente la gravedad de la desesperanza percibida por los clientes empleando la escala de desesperanza de Beck, que es una herramienta psicométrica válida para evaluar este estado del ánimo (Beck et al., 1974). Esta escala evalúa los sentimientos sobre el futuro, la pérdida de motivación y las expectativas. La escala de desesperanza de Beck es considerada un indicador sensible del potencial de suicidio, ya que pudo identificar a dieciséis de diecisiete pacientes que acabaron por suicidarse (el 94,2%) en un estudio en el que participaron 1.958 pacientes ambulatorios utilizando una puntuación de corte de nueve o superior (Beck, Brown, Berchick, Stewart y Steer, 1990).

Elaborar un plan de seguridad para prevenir el suicidio

En las fases iniciales del tratamiento, elabora un plan de seguridad en colaboración con los clientes, que contenga una serie de pasos escalonados que deben seguir estos si comienzan a experimentar el deseo de hacerse daño o si atraviesan una crisis suicida aguda (Wenzel, Brown y Beck, 2009). El plan de intervención de seguridad (SPI, por sus siglas en inglés; Stanley y Brown, 2012) es una herramienta que puede ayudar a detener las crisis suicidas, evitar que se intensifiquen o ayudar a los clientes a superar el momento. Tanto el Suicide Prevention Resource Center ('centro de recursos para la prevención del suicidio', https://sprc.org) como la American Foundation for Suicide Prevention ('fundación estadounidense para la prevención del suicidio', https://afsp.org) consideran que el SPI es una práctica muy buena.

El primer paso en el SPI consiste en identificar los pensamientos, las escenas imaginadas, el estado de ánimo y los comportamientos que constituyen señales de advertencia de la tendencia suicida. Ayudar a los clientes a identificar las primeras señales de advertencia hace que tengan la oportunidad de intervenir cuando comienzan a tener pensamientos suicidas. En particular, estas señales de advertencia presentan oportunidades de intervención al mitigar la desesperanza y el riesgo. Una vez que la crisis ha remitido también existe la oportunidad de reunir señales de advertencia que habían pasado inadvertidas y que desencadenaron la ideación suicida. Algunas de estas señales de advertencia son las siguientes:

1. Hacer comentarios vagos sobre no estar presente.
2. Regalar pertenencias.
3. Hablar sobre sentimientos de desesperanza o sentirse atrapado.
4. Aumento del consumo de sustancias.
5. Retirarse de los amigos y las actividades sociales.
6. Escribir notas de despedida.
7. Poner en orden las finanzas y asuntos de negocios.
8. Cancelar sesiones.
9. Dedicarse etiquetas de inseguridad negativas.

Pongamos como ejemplo el caso de un cliente que reconoce que está en peligro de suicidarse cuando se siente exhausto y, además, piensa que él es lo que expresan sus etiquetas de inseguridad (por ejemplo, que es un individuo fracasado, débil y defectuoso), se queda en la cama, ignora su teléfono y rechaza todas las invitaciones. Este cliente puede implementar el primer paso de su plan de seguridad y acudir a los principios de la activación conductual para actuar cada vez que surjan estas señales de advertencia. Puede anteponer la acción a la motivación: puede levantarse, vestirse y abordar el objetivo de almorzar con su hermana y encontrarse con un amigo en el cine. También podría decirse a sí mismo que su etiqueta negativa es la voz de la depresión y que este tipo de etiquetas no se corresponden con la realidad al cien por cien (y que probablemente no se corresponden con la realidad en absoluto).

El segundo paso en un plan de seguridad completo para el suicidio incluye una lista de estrategias de afrontamiento internas que los clientes puedan usar por su cuenta cuando comiencen a experimentar estas señales de advertencia. La finalidad es que se distraigan hasta que disminuya el deseo de hacerle caso al impulso suicida. La distracción hace que les resulte más difícil pensar en el suicidio y es la forma más efectiva que tienen de sortear una crisis (comunicación personal con G. Brown, 9 de mayo de 2019). Por lo tanto, trabaja en colaboración con ellos para elaborar una lista de estrategias de afrontamiento internas a las que puedan recurrir si experimentan una crisis suicida. Son ejemplos de estrategias de este tipo darse una ducha con agua caliente, hacer ejercicio, dar un paseo, jugar a videojuegos, escuchar música, ver una película o un programa de televisión, jugar con una mascota, hacer un crucigrama, leer, practicar yoga o preparar una comida. Además, trabaja con los clientes para prever, abordar y eliminar cualquier obstáculo que pueda interponerse en la ejecución de estas estrategias de afrontamiento. Por otro lado, aunque el objetivo de estas actividades es distraerlos de su ideación suicida, también son útiles para proporcionarles una sensación de logro y placer. Cuando los clientes lidian con el problema por sí mismos, creen más en sus propias capacidades y se empoderan para tomar el control de sus tendencias suicidas (Stanley y Brown, 2012).

Es posible que estas estrategias internas eviten que la ideación suicida se intensifique. De hecho, se trata de alentar a los clientes a que sean sus propios terapeutas e intenten abordar sus inclinaciones suicidas por sí mismos en primer lugar. Sin embargo, si la acción interna no es suficiente, pasarían a los pasos tercero y cuarto de su plan, en los que buscarían el apoyo de recursos externos (Stanley y Brown, 2012). En el tercer paso pueden hacer una lista de familiares, amigos o conocidos que puedan proporcionarles distracción ante la crisis o acudir a entornos sociales en los que puedan estar con otras personas (por ejemplo, una reunión de Alcohólicos Anónimos, un gimnasio, un lugar de culto, un supermercado o un centro comercial). En el cuarto paso pueden buscar un apoyo activo o pedir ayuda. Asegúrate de que incluyan números de teléfono y otra información de contacto en el plan de seguridad para que puedan acceder a ellos fácilmente en momentos de crisis.

Si la asistencia externa no es útil o los clientes no pueden acceder a ella, el quinto paso en el plan de seguridad consiste en elaborar una lista de recursos profesionales a los que puedan acudir si están pensando en suicidarse. Esta lista debe incluir nombres de profesionales de la salud mental (tú incluido, puesto que eres su terapeuta), así como departamentos de emergencia locales o teléfonos de emergencia nacionales de prevención del suicidio. Asegúrate de que incluyan en su plan de seguridad las direcciones y los números de teléfono correspondientes a estos recursos.

El sexto paso en un plan de seguridad completo para el suicidio es asegurarse de que el entorno sea seguro. Con el fin de reducir la posibilidad de que los clientes tengan acceso a medios letales, puedes preguntarles qué procedimiento tomarían en consideración durante una crisis suicida; asegúrate de preguntarles específicamente si tienen acceso a un arma de fuego. Puede ser útil decirle al cliente que haga algo para que le resulte imposible o muy difícil acceder a estos procedimientos o que identifique, en colaboración con una persona responsable, formas en que esta persona puede protegerlo o limitar su acceso al procedimiento letal. También puedes pedirle que obtenga la ayuda de familiares o compañeros de habitación para asegurarse de que no haya objetos con potencial lesivo en la casa o que estén guardados en lugares a los que el cliente no pueda acceder. Indícale que haga constar este acuerdo en su plan de seguridad.

En la página siguiente se incluye un esquema que puedes utilizar con los clientes para elaborar un plan de seguridad en relación con sus ideas suicidas.

PLAN DE SEGURIDAD

• • • • • •

Paso 1. Señales de advertencia

1. _____
2. _____
3. _____

Paso 2. Estrategias de afrontamiento internas – Cosas que puedo hacer para apartar mi mente de mis problemas sin contactar con otra persona

1. _____
2. _____
3. _____

Paso 3. Personas y entornos sociales que pueden proporcionar distracción

1. Nombre _____ Teléfono _____
2. Nombre _____ Teléfono _____
3. Lugar _____
4. Lugar _____

Paso 4. Personas a las que puedo pedir ayuda

1. Nombre _____ Teléfono _____
2. Nombre _____ Teléfono _____
3. Nombre _____ Teléfono _____

Paso 5. Profesionales o agencias con los que puedo contactar durante una crisis

1. Nombre del profesional o de la agencia _____
   Teléfono _____
   Página del profesional o contacto de emergencia _____
2. Nombre del profesional o de la agencia _____
   Teléfono _____
   Página del profesional o contacto de emergencia _____
3. Servicio local de emergencias _____
   Dirección del servicio de emergencias _____
   Teléfono del servicio de emergencias _____
4. Teléfono de prevención del suicidio _____
5. Otros: _____

Paso 6. Hacer que el entorno sea seguro

1. _____
2. _____

Paso 7 (opcional). Razones para vivir – Las cosas que son más importantes para mí y por las que vale la pena vivir

1. _____
2. _____
3. _____
4. _____
5. _____
6. _____

Reproducido con permiso (@ 2008, 2012, 2016 Barbara Stanley, PhD y Gregory K. Brown, PhD).

Identificar razones para vivir

Después de completar el plan de seguridad en la fase aguda del tratamiento de la ideación suicida, puedes pasar a abordar directamente la desesperanza asociada al riesgo de suicidio. Una estrategia de tratamiento que se ha utilizado para potenciar la esperanza es indicar a los clientes que enumeren todas las razones que tienen para vivir. Esta puede ser una tarea difícil para los que ya han intentado suicidarse, puesto que a menudo empiezan a seguir el tratamiento sin querer vivir. Da crédito a su experiencia interna y, al mismo tiempo, potencia su disposición a trabajar en seguir vivos. Es posible que no quisieran vivir en el pasado y es posible que no quieran vivir en el momento presente, pero la mayoría reconocerán que tienen el deseo de querer vivir en general, y este es un punto de partida sólido.

El objetivo de vivir se fortalece cuando puedes ayudar a los clientes a ver las razones por las que seguir viviendo. Trabaja con ellos en la elaboración de una lista de motivos por los que vivir, ya que pueden no ser evidentes para ellos cuando están angustiados. Ayúdalos a examinar todas las esferas de su vida (la social, la laboral, la personal, la académica, la romántica…) que les proporcionan motivaciones para vivir. Busca elementos de su vida que les recuerden a las personas, los lugares y las cosas que les importan. Por ejemplo, puedes recordarles que tiene sentido vivir ayudándolos a reconocer que hay seres que les importan, a la vez que ellos importan a estos seres (familiares, amigos, mascotas…); que hay cosas que quieren hacer ahora y en el futuro, y que hay cosas que disfrutan y les aportan una sensación de logro. Utiliza la hoja de trabajo de la página siguiente para ayudarlos a identificar algunas de estas razones por las que vivir.

RAZONES PARA VIVIR

● ● ● ● ● ●

Enumera todas las razones por las que tiene sentido luchar para seguir vivo. Se presentan a renglón seguido algunas que podrían tener sentido para ti; a continuación, encontrarás espacio para escribir las tuyas.

1. Nadie amará a mis mascotas ni las cuidará tan bien como yo. Me necesitan.
2. Si me suicido, nunca tendré la oportunidad de tener las cosas que quiero, como una pareja, un hogar o un trabajo.
3. Hay personas a las que importo y que me importan. Quiero estar ahí para ellas.
4. Mi terapeuta cree que puedo superar esto, y si abandono ahora, nunca sabré si tiene razón.

¿Cuáles son algunas de tus razones para vivir?

1. _____

2. _____

3. _____

4. _____

5. _____

El uso de tarjetas de afrontamiento es otra estrategia útil para potenciar el deseo de vivir y contrarrestar la intención suicida. Las tarjetas de afrontamiento contienen afirmaciones que reconocen la angustia, fomentan la aceptación de esta y señalan que es un estado temporal; recuerdan a los clientes los recursos internos y externos con los que cuentan; especifican acciones constructivas, y expresan lo que podrían decirle a alguien a quien aprecian que se encontrase en su situación. Se exponen a continuación algunas tarjetas de afrontamiento de muestra que pueden usar los clientes para superar un momento angustiante.

Tarjeta de afrontamiento

OBJETIVO: VIVIR

Proclamo que mi meta es querer vivir. Quiero tener un propósito en mi vida, tener vida social, sentir alegría y esperar con ilusión el momento de realizar ciertas actividades. Me he sentido mejor en el pasado, y no hay ninguna razón para que no vuelva a sentirme mejor. Pensar en estas cosas hace que quiera seguir estando por aquí.

Tarjeta de afrontamiento

NO ME JUZGO

Cuando la desesperación me abate, puedo reconocerla sin dejar que se apodere de mí. Puedo aceptarla sin darle más importancia de la que tiene. Es temporal; pasará. Puedo hacer algo para distraerme o hablar con alguien para superarla. Puedo recordarme que mi desesperanza proviene de mi pensamiento depresivo

---

sesgado, por lo que es probable que sea irracional y que los hechos no la justifiquen. Si mi amiga estuviera pensando en suicidarse, le diría que no lo haga porque es demasiado importante para demasiadas personas, y la verdad es que sé que esto también es cierto en mi caso.

Tarjeta de afrontamiento

ELIJO VIVIR

Cuando aparece un pensamiento suicida, puedo reconocerlo, independientemente de que me parezca atractivo, de que permanezca ahí o de que esté de paso. En cualquiera de los casos, le diré «no». Es posible que siempre esté ahí en algún nivel, pero eso no significa que tenga que estar ahí. Puedo recordar todas las razones que tengo para seguir en este mundo. Quizá haya alguna posibilidad de que me aguarde un futuro aceptable. Importo a personas y elegiré vivir.

Redefinir las creencias que apoyan el suicidio

No podemos pasar por alto el hecho de que los clientes tienen razones para morir, pero a menudo estas razones derivan de distorsiones de la realidad, ya que lo más probable es que su pensamiento esté afectado negativamente por la depresión. Por lo tanto, abordar la ideación suicida también implica trabajar con ellos para modificar los motivos que tienen para morir y ayudarlos a ver los errores de pensamiento que hay detrás de sus creencias favorables al suicidio (Wenzel et al., 2009). Los que presentan tendencias suicidas tienen varias razones para creer que morir tiene sentido, y nuestra tarea como terapeutas es ayudarlos a ver que tal vez estas creencias no se correspondan (bien) con la realidad. A menudo, la desesperanza que hay detrás de estas creencias puede estar asociada a pensamientos automáticos más específicos (por ejemplo, «nunca aprobaré este examen») o puede derivar de creencias subyacentes más generales (por ejemplo, «la vida no mejorará» o «no hay nada que me ilusione»).

Reconoce el malestar que están experimentando los clientes sin validar estas creencias distorsionadas. Por ejemplo, hazles saber que comprendes lo mal que lo han pasado o cuánto dolor parecen estar sintiendo. Al mismo tiempo, evita dar por buena su falta de esperanza. Por ejemplo, podrías decir: «¡Qué situación tan horrible has tenido que vivir! Solo puedo imaginar lo terrible que fue. No es de extrañar que quieras rendirte, pero estás aquí porque no quieres hacerlo, y podemos encontrar formas de hacer que tu vida sea como deseas».

En lugar de aceptar que las creencias de los clientes reflejan la realidad, trabaja con ellos para que cuestionen los errores implícitos en su forma de pensar y tomen en consideración una visión alternativa. La muerte no es una solución sino una escapatoria, y la mejor alternativa es trabajar en soluciones viables. Se presentan a continuación algunos ejemplos de redefiniciones de creencias favorables al suicidio que es habitual encontrar en los clientes:

1. «No le importo a nadie, por lo que sería mejor que estuviese muerto».
   Redefinición: «Aunque pueda tener la impresión de que no le importo a nadie, la verdad es que hay muchas personas que se preocupan por mí. Mis padres me dicen que les importo y que quieren que esté con ellos. Mis amigos y familiares se verían muy afectados emocionalmente por mi muerte, mi hermana sobre todo, porque todos ellos se preocupan por mí».
2. «No hay nada que espere con ilusión. Nunca tendré lo que quiero; entonces, ¿qué sentido tiene para mí vivir?».
   Redefinición: «Siento que nunca tendré lo que quiero, pero eso no quiere decir que no pueda llegar a tenerlo. Estoy trabajando

en formas de gestionar mis emociones y tengo el valor de probar cosas nuevas, así que si persevero es posible que algún día tenga lo que deseo».

3. «Soy una carga para los demás y estaría mejor muerto».
   Redefinición: «El solo hecho de que no pueda contribuir de la manera en que lo hice en el pasado no significa que no pueda apoyar a los demás. Tengo tiempo para escuchar a las personas y puedo proporcionar aliento a quienes me importan».

4. «Las cosas nunca mejorarán. La muerte es la única solución a mis problemas».
   Redefinición: «La muerte no es una solución. Es una escapatoria. Si quiero una solución, tengo que estar aquí para experimentarla».

5. «Merezco morir».
   Redefinición: «Nadie merece morir porque lo esté pasando mal y esté sufriendo. Merezco compasión y ayuda».

6. «Si me suicido, ciertas personas comprenderán por fin que me han ocasionado mucho dolor. Tengo que darles una lección».
   Redefinición: «Es probable que nunca lo comprendan sea lo que sea lo que diga o haga, y puedo trabajar en la aceptación de esta idea».

Usa con tus clientes la hoja de trabajo de la página siguiente para que modifiquen sus creencias favorables al suicidio y establezcan declaraciones más acertadas con respecto a las razones que creen tener para morir.

Hoja de trabajo para el cliente

RECONSIDERA LAS RAZONES QUE CREES TENER PARA MORIR

• • • • • •

Es posible que las razones que te das a ti mismo por las que deberías morir estén afectadas negativamente por sentimientos de desesperanza o depresión. Utiliza esta hoja de trabajo para enumerar tus razones para morir y después trabaja con tu terapeuta para cultivar una perspectiva alternativa más razonable. Deja que tu objetividad reemplace tu punto de vista emocional. Por ejemplo:

Creencia: «El mundo estaría mejor sin mí».

Redefinición: «Incluso las pequeñas cosas que hago suponen una diferencia. La mujer a la que sostuve la puerta, la ayuda que le presté a mi amigo y el soporte técnico que le proporcioné a mi madre les importaron. El mundo es un lugar mejor cada vez que alguien hace algo positivo, yo incluido».

Ahora te toca a ti:

Creencia: _____

_____

Redefinición: _____

_____

Creencia: _____

_____

Redefinición: _____

_____

Creencia: _____

_____

Redefinición: _____

_____

Creencia: _____

_____

Redefinición: _____

_____

Creencia: _____

_____

Redefinición: _____

_____

RESUMEN

Trabajar con trastornos de la personalidad e intervenir frente a comportamientos que ponen en peligro la vida es un desafío. De todos modos, desarrollar una conceptualización clara de tus clientes y sus problemas hará que te resulte más fácil conectar con ellos, sentir compasión por ellos y trazar un camino más definido hacia su recuperación. Ante una crisis suicida, prepárate para examinar todos los factores que contribuyeron a los sentimientos de desesperanza del cliente y lo tentaron a actuar. Si bien es importante hablar de las herramientas cognitivas y conductuales que pueden usar los clientes para mitigar crisis futuras, ten cuidado de no perder de vista los objetivos que tienen que ver con alentar las ganas de vivir. Trabaja para que conecten más socialmente y anímalos a que se comuniquen y acepten invitaciones. Ayúdalos a encontrar placer en su vida probando cosas nuevas, buscando actividades significativas y productivas, y manteniendo la mente abierta.

10

PSICOSIS

CON LA PARTICIPACIÓN DE AARON P. BRINEN

Para algunos profesionales de la salud no tendría sentido dedicar un capítulo a la aplicación de la TCC a los trastornos psicóticos. En muchas áreas del campo de la salud mental, las experiencias psicóticas se consideran puramente biológicas, y los tratamientos psicosociales son, en el mejor de los casos, paliativos. Sin embargo, hace más de veinte años que se está investigando la aplicación de la TCC a los diagnósticos de psicosis y del espectro de la esquizofrenia. La TCC que tiene esta orientación es conocida como *TCC adaptada para la psicosis* (TCCp). Aunque el objetivo principal de la TCCp es reducir la angustia asociada a los síntomas positivos de la psicosis (como las alucinaciones y los delirios), Aaron T. Beck lideró en fechas relativamente recientes a su equipo en su extensión a individuos que experimentan síntomas negativos destacados también (Brinen y Beck, 2018). Esta extensión de la TCCp se conoce como *terapia cognitiva orientada a la recuperación* (TC-R), y se centra en ayudar a los individuos afectados a recuperar la vida que desean. Este capítulo destaca la utilidad de ambas intervenciones en el tratamiento de los trastornos del espectro de la esquizofrenia y los trastornos psicóticos, y también aborda la aplicación del modelo cognitivo a la psicosis.

LOS TRASTORNOS PSICÓTICOS

Los trastornos del espectro de la esquizofrenia y los trastornos psicóticos se caracterizan por la presencia de, al menos, una de las anormalidades siguientes: alucinaciones (por ejemplo, alteraciones perceptuales auditivas y visuales), delirios (por ejemplo, creencias fijas de naturaleza extraña), trastorno del pensamiento (por ejemplo, discurso desorganizado; esta desorganización incluye tangencialidad* e incoherencia), comportamiento motor desorganizado (por ejemplo, catatonia) y síntomas negativos (por ejemplo, falta de emoción, abulia o asocialidad) (APA, 2013). Aunque la psicosis es la característica definitoria de la esquizofrenia, también puede haber síntomas psicóticos en el contexto del estado maníaco del trastorno bipolar, la abstinencia respecto del etanol, la intoxicación psicodélica, el abuso de la cocaína o las metanfetaminas, el trastorno de estrés postraumático y las lesiones cerebrales traumáticas. Es importante señalar que la etiología, el inicio y el curso de los síntomas psicóticos que resultan del consumo de sustancias o de un problema de salud subyacente difieren de los que se dan en los trastornos psicóticos primarios. En el primer caso, los síntomas suelen remitir cuando cesa el consumo de la sustancia problemática o se resuelve el problema de salud subyacente (APA, 2013); de todos modos, la persona podría mantener preocupaciones o estrategias compensatorias establecidas durante el episodio psicótico, como se expone en el modelo cognitivo de la psicosis, que se presenta a continuación.

EL MODELO COGNITIVO DE LA PSICOSIS

La idea de que el pensamiento influye en las emociones y las conductas se encuentra en el centro del modelo cognitivo y también es aplicable a los síntomas psicóticos. En particular, los diagnósticos del

---

* N. del T.: En el contexto psiquiátrico, la tangencialidad hace referencia a un patrón de discurso en el que el individuo se aparta del tema principal y divaga hacia ideas periféricas o irrelevantes. Este fenómeno puede dificultar una comunicación efectiva y revelar desconexión entre el pensamiento del paciente y su realidad circundante.

espectro de la esquizofrenia están asociados a un conjunto central de creencias que influyen en la manera en que las personas experimentan el mundo y responden a él. En términos generales, estas creencias implican cierto tipo de suposiciones: que el mundo es peligroso (los demás tienen comportamientos de rechazo, amenazadores o dominantes), que el yo no da la talla (es defectuoso, está indefenso o es vulnerable) y que el futuro contiene más de lo mismo (Beck, Stolar, Rector y Grant, 2009). Las creencias que tienen que ver con que el mundo es peligroso y la persona es incompetente también se encuentran en los trastornos de ansiedad, pero son más intensas en la psicosis y los diagnósticos del espectro de la esquizofrenia.

Los individuos psicóticos perciben que los demás los rechazan y, como respuesta, captan datos del entorno que les hacen ver el mundo como amenazador y dominante (por ejemplo, buscan el rechazo e interpretan exageradamente los comportamientos de las otras personas). Además, así como quienes tienen trastornos de ansiedad creen que la solución es la evitación, los que sufren psicosis creen que el peligro está siempre al acecho, lo que los mantiene en un estado de alerta extrema constantemente. Cuando el sistema de detección de amenazas está siempre activo de esta manera, se resienten los recursos cognitivos de los clientes (como la atención, la memoria o la planificación) y estos interpretan que pequeños factores estresantes constituyen grandes problemas. A la vez, adoptan diversas estrategias compensatorias en respuesta a estos factores estresantes, por lo general con la idea de autoprotegerse.

Por ejemplo, evitan las situaciones que temen y manifiestan comportamientos destinados a neutralizar el peligro asociado a la situación temida (como rituales y medidas de protección). Además, incorporan un exceso de información en su intento de responder al peligro con mayor prontitud, lo cual hace que perciban muchos peligros donde no los hay. Este podría ser el caso de un cliente que cree que el FBI está vigilando todos sus movimientos y decide no salir de casa para evitar que lo asesinen o secuestren. En consecuencia, está extremadamente atento a los sonidos e imagina, con ansiedad, que esta agencia lo secuestra, lo que confirma su temor de que el FBI está conspirando contra él y de que no está a salvo.

Además de ver el mundo como rechazador y peligroso, los clientes psicóticos también se ven a sí mismos como derrotados. A estos clientes, las experiencias de vida les han demostrado que sacarán muy poco provecho de intentar acometer tareas, pues es muy probable que fracasen. Esta creencia está asociada a la falta de implicación con las tareas, que conduce realmente al fracaso y refuerza la creencia en la propia derrota. Con el tiempo, se ven a sí mismos como defectuosos, indefensos o vulnerables, lo que hace que realicen menos actividades vinculadas a un sentimiento de propósito o que conecten menos con otras personas en el terreno social. Esta reducción de la actividad hace que tengan menos oportunidades de reunir nuevos datos y que dispongan de más tiempo para enfocarse en experiencias aberrantes. Con el tiempo, el estrés y la atención, estas experiencias extrañas van cristalizando en lo que se conoce como psicosis. Según el modelo cognitivo, los síntomas asociados a los diagnósticos del espectro de la esquizofrenia surgen de esta formulación básica, y el modelo cognitivo puede explicar mejor los síntomas psicóticos que la genética y la biología (Bentall, 2009).

INTERVENCIONES PARA LA PSICOSIS

Si bien los medicamentos antipsicóticos son considerados el tratamiento de primera línea para las personas con esquizofrenia, parece que la medicación por sí sola no puede mejorar el desempeño social o vocacional. Los datos indican que es necesario usar medicamentos conjuntamente con las intervenciones cognitivas oportunas para producir cambios duraderos en los síntomas positivos y abordar de manera más directa los síntomas negativos (Grant, Huh, Perivoliotis, Stolar y Beck, 2012; van der Gaag, Valmaggia y Smit, 2014; Wykes, Everitt, Steel y Tarrier, 2008). Incluso hay estudios que concluyen que la TCC para la psicosis puede ser efectiva sin el uso de medicación (Morrison *et al.*, 2014). Las intervenciones de base cognitiva son especialmente útiles porque ayudan a los clientes a aprender patrones de pensamiento más correctos tras corregir las falsas suposiciones asociadas a sus síntomas, y también les ayudan a planificar rutinas conductuales incompatibles con el mantenimiento de los síntomas.

En el tratamiento de la psicosis dentro del marco de la TCC, el objetivo no es acabar con las alucinaciones o los delirios, sino mitigar la angustia que generan y su impacto limitante en la vida diaria. Se enseña a las personas a evaluar las reacciones cognitivas, emocionales y conductuales que tienen en respuesta a sus alucinaciones y delirios —y a corregir estos patrones de respuesta—, lo que reduce el impacto y la relevancia de estos. En la TCC es fundamental enseñar al cliente a contextualizar la experiencia de estos síntomas, más que buscar una cura. En la psicosis, el problema no son los síntomas, sino las consecuencias emocionales y conductuales de estos (Beck *et al.*, 2009).

La clave para tratar los síntomas psicóticos es el aprendizaje activo y experiencial. En el tratamiento se deben poner a prueba expresamente las creencias fundamentales del cliente en el contexto de la vida que desea. Al consistir en un tratamiento centrado en lograr la vida deseada, los clientes aumentan la cantidad de tiempo que pasan realizando actividades productivas durante el día, lo cual les deja menos tiempo para prestar atención a alucinaciones o dar vueltas a contenidos delirantes (Grant *et al.*, 2012). Además, el hecho de realizar actividades placenteras, sociales y que requieren poner en práctica destrezas les proporciona datos que contradicen las creencias centrales subyacentes con las que lidian de formas inadecuadas, es decir, a través de delirios u otras estrategias compensatorias.

A medida que trabajan para tener la vida que desean, las alucinaciones y los delirios se van viendo eclipsados por sus aspiraciones y la relevancia e intensidad de estos síntomas disminuyen. Llegados a este punto, el tratamiento puede enfocarse en establecer rutinas y desarrollar habilidades que hagan que las alucinaciones y los delirios sean menos amenazadores, al alterar el significado que les otorga el cliente. En el caso de los delirios, se utiliza un estilo suave, colaborativo y socrático para debilitar las conductas y creencias que los alimentan. En el caso de las alucinaciones, el objetivo es que los clientes corrijan cualquier creencia perjudicial que alberguen en cuanto a las voces o visiones y que modifiquen cualquier comportamiento que fortalezca o sostenga la experiencia de la alucinación. Este protocolo de tratamiento básico aborda inherentemente los síntomas negativos subyacentes que también acompañan a los trastornos del espectro de la esquizofrenia. Sin embargo, si los síntomas negativos persisten, el terapeuta puede practicar un análisis funcional con el fin de determinar qué creencias o suposiciones están manteniendo los síntomas y llevar a cabo una serie de experimentos conductuales para corregirlas y promover un nuevo patrón de conducta, más activo.

En el próximo apartado veremos con mayor detalle algunos de los principios básicos de la TC-R aplicados al tratamiento de los síntomas negativos, así como los que subyacen a la TCCp en relación con el tratamiento de las alucinaciones y delirios.

Los síntomas negativos

Las creencias centrales asociadas a síntomas negativos (por ejemplo, «no sirve de nada que pase tiempo con otras personas», «los demás no están interesados en lo que tengo que decir» o «los demás me rechazarán») y los comportamientos asociados a estos síntomas (como pueden ser la falta de conexión, la evitación y un discurso pobre) constituyen un obstáculo fundamental que dificulta la puesta en marcha del tratamiento. Además, disponen un entorno propicio para el desarrollo de otros síntomas psicóticos, ya que los clientes que evitan interactuar con los demás y pasan la mayor parte del tiempo inactivos disponen de múltiples oportunidades para escuchar voces. Por lo tanto, la conformación de una relación terapéutica es fundamental para el tratamiento de los síntomas negativos, ya que el solo hecho de conectar contigo como terapeuta muestra los beneficios que presenta la conexión social y contrarresta algunas de las creencias centrales a las que nos referíamos al principio de este párrafo.

El trabajo cognitivo centrado en los síntomas negativos debería empezar con experimentos en torno a la energía, la conexión, el disfrute y el éxito a través de experiencias humanas que preparen al cliente para considerar posibilidades alternativas. El solo hecho de dar un paseo con un cliente puede proporcionarle datos que contradigan su idea de que tiene poca energía —por lo que considera que debe preservarla moviéndose lo mínimo posible— o su idea de que nada puede proporcionarle placer si te sirves del empirismo colaborativo para dirigirlo hacia nuevas conclusiones. Por ejemplo, podrías ayudarlo a llegar a una nueva conclusión diciéndole esto: «Después de este largo paseo, tienes más energía y estás bien. ¿No te parece raro? ¿No deberías tener menos energía? Deberíamos examinar esta cuestión».

A partir de estos experimentos iniciales se puede definir un horario de actividades que se utilice para ayudar a los clientes a estar más activos y recuperar su vida. A medida que modifican sus creencias relativas a la motivación y la conexión social, puedes trabajar con ellos para que conciban aspiraciones para el futuro y explorar conjuntamente cómo los síntomas negativos se oponen a la acción dirigida a estos objetivos. Después podéis seguir incorporando actividades a su horario diario que aumenten las probabilidades que tienen de alcanzar sus metas. Ten en cuenta que el objetivo general es hacer que los clientes se puedan desenvolver mejor en la vida y, por extensión, que experimenten menos angustia.

Las alucinaciones

Cuando los clientes tienen alucinaciones, conciben determinadas creencias en relación con estas alucinaciones y manifiestan varias estrategias compensatorias disfuncionales que refuerzan esas creencias. Más que las alucinaciones en sí, son las creencias que albergan sobre ellas lo que está asociado a la disfunción. Por lo tanto, el objetivo del tratamiento es hacer que las alucinaciones sean menos amenazadoras logrando que los clientes pasen a atribuir otro significado a las voces o las visiones. Se presentan a continuación las tres categorías generales de creencias que mantienen los clientes con respecto a sus alucinaciones, así como los comportamientos compensatorios que manifiestan asociados a estas creencias:

1. **Control.** Los clientes creen que las alucinaciones deciden cuándo aparecer y desaparecer. En consecuencia, se aíslan por miedo a experimentar alucinaciones auditivas o visuales en público (que los harán parecer tipos raros o, incluso, provocarán que los ingresen en algún centro psiquiátrico). Sin embargo, el aislamiento incrementa la probabilidad de que experimenten alucinaciones, porque eleva su ansiedad y hace que perciban más amenazas. Cuando finalmente oyen voces o tienen visiones, pasan a estar aún más convencidos de que las alucinaciones tienen el control («si hubiera salido, las voces habrían venido y habría sido terrible»). Esto hace que se aíslen todavía más. Las creencias relacionadas con el control están muy asociadas a la disfunción.

2. **Credibilidad.** Los clientes creen que las alucinaciones son veraces, por lo que están alerta todo el rato para no perderse lo que puedan decir. A la vez, esta monitorización hace que sea más probable que experimenten alucinaciones auditivas. Habitualmente, no oyen nada que no esperasen oír. Cuando finalmente oyen una voz, establecen esta conclusión: «Si me hubiera perdido el mensaje, habría sido terrible, así que debo estar atento». Los clientes que albergan este tipo de creencias no tienen motivos para dudar de la veracidad del mensaje, por lo que no la comprueban.

3. **Poder.** El contenido de las alucinaciones auditivas puede ser aterrador, amenazador o imperativo. Estas voces solo son preocupantes si los clientes creen que tienen el poder de

cumplir sus amenazas. En estos casos, o bien hacen lo que la voz les exige, o bien practican un ritual para neutralizar la amenaza y evitar las consecuencias. Por ejemplo, si un cliente oye una voz que le dice «si sales de casa, mataré a tus amigos», elegirá una de dos opciones. Podría quedarse en casa y, al saber que no les ha pasado nada a sus amigos, concluir que la poderosa voz los habría matado en caso de haber salido. La otra opción consiste en intentar neutralizar la amenaza mediante la ejecución de un ritual, como rezar. Cuando los clientes rezan repetidamente, es menos probable que oigan voces, lo que los lleva a concluir, erróneamente, que sus oraciones contuvieron el peligro.

La creencia de que las voces son externas no se ha relacionado con la disfuncionalidad, pero suele ser la primera que abordan los profesionales de la salud mental. Ahora bien, apuntar a esta creencia es poco útil, y es probable que aleje a los clientes. Lo más efectivo es abordar las creencias relacionadas con el control, el poder o la credibilidad, y llevar a cabo experimentos conductuales es fundamental para poner a prueba estas creencias. Pero como estas creencias están profundamente arraigadas, es preciso ir reuniendo pruebas concretas, poco a poco, para que los clientes lleguen a cambiar su perspectiva. Una forma de ir recabando datos es hacer que realicen actividades aunque las voces puedan estar presentes, ya que esto irá erosionando las creencias relativas al control, el poder o la credibilidad. Por ejemplo, en el caso de un cliente que esté experimentando una alucinación auditiva, el solo hecho de hablar contigo en el consultorio hará, probablemente, que el volumen de esta voz baje, y aquí tendrá una primera prueba de que puede influir en el volumen de las voces. Mientras habláis en la sesión, puedes señalar que el solo hecho de conversar ha provocado que oiga menos la voz correspondiente a la alucinación auditiva. Pregúntale qué habría pasado si no hubieseis hablado y qué indica esto en cuanto a quién controla el volumen de la voz. El cliente podría concluir que tiene cierto control sobre el volumen de las voces, y a partir de aquí podrías configurar más experimentos con el fin de poner a prueba esta hipótesis.

Con el tiempo, trabaja con los clientes para empezar a evaluar también la credibilidad que merecen las voces o el poder que tienen estas. Por ejemplo, un cliente podría oír una voz que le dice «no salgas de casa o te haré daño», de modo que siente miedo y evita salir de casa, y consolida así su creencia. Cuando finalmente sale de casa, siente dolor en la pierna y así confirma que la voz tiene poder. En este caso, la voz en sí no es el problema; lo es cómo interpreta la voz el cliente. Si lo ayudas a darse cuenta de todas las razones por las que tiene sentido que salga de casa (por ejemplo, hacerlo es coherente con su objetivo de llevar la vida que desea), puede estar dispuesto a salir a pesar de las advertencias de la voz. Desaparezca o no el dolor de la pierna, el cliente puede asumir que no tiene que dejar que la voz le impida hacer lo que quiere. Con el tiempo, podría concluir que el dolor de la pierna se debía a la rigidez motivada por la falta de ejercicio; y si el dolor persiste, puede aprender a no dejar que se interponga en su camino, consciente de que lo beneficia salir a pesar del dolor. En consecuencia, la voz pierde poder.

Después de que los clientes hayan realizado algunos experimentos que hayan erosionado lo suficiente sus creencias contraproducentes, puedes reforzar su nueva perspectiva indicándoles que programen actividades incompatibles con oír voces o tener visiones. En particular, pídeles que programen actividades estructuradas para todo un día y que no programen ninguna actividad en concreto para otro día. El día estructurado debe contener una lista de actividades diversas, centradas en la puesta en práctica de destrezas, en el placer y en la conexión social. Los clientes deberán tomar nota de los momentos en que las alucinaciones se presentan menos o pierden intensidad a lo largo de los dos días y deberán apuntar qué indica esto sobre la capacidad que tienen (o no) de controlarlas. Se trata de que concluyan que sus alucinaciones se presentan menos o se mitigan cuando están más activos, lo cual hace que se sientan menos angustiados en esos momentos. Una vez que han alcanzado esta comprensión, pueden comenzar a planificar una rutina que les ayude a inmunizarse contra los síntomas. Las páginas siguientes contienen horarios de actividades que puedes usar con los clientes en relación con este ejercicio.

Hoja de trabajo para el cliente

RECOPILA DATOS

• • • • • •

Utiliza esta hoja de trabajo para reunir datos siguiendo dos pasos:

1. En primer lugar, registra dos días de actividad de la semana anterior; un día que incluyó muchas actividades estructuradas y otro día en el que esencialmente improvisaste sobre la marcha.
2. Seguidamente, planea un día lleno de actividades programadas y otro día en el que no realizarás actividades decididas de antemano.

Al final de ambos días, evalúa cómo te has sentido y toma nota de la intensidad y la frecuencia de cualquier experiencia auditiva o visual que hayas tenido.

	Día estructurado	Día no estructurado
6-7 a. m.		
7-8 a. m.		
8-9 a. m.		
9-10 a. m.		
10-11 a. m.		
11-12 m.		
12-1 p. m.		
1-2 p. m.		

2-3 p. m.		
3-4 p. m.		
4-5 p. m.		
5-6 p. m.		
6-7 p. m.		
7-8 p. m.		
8-9 p. m.		
9-10 p. m.		
10-11 p. m.		
11-12 a. m.		
12-6 a. m.		
¿Cómo te has sentido?		
¿En qué grado ha sido satisfactorio el día? (0 = *nada satisfactorio*, 10 = *muy satisfactorio*)		

¿En cuál de los dos días han sido más intensas las experiencias auditivas o visuales? _____

¿En cuál de los dos días han sido más frecuentes las experiencias auditivas o visuales? _____

Hoja de trabajo para el cliente

DISEÑA UNA SEMANA MEJOR

• • • • •

Basándote en los datos recopilados en la hoja de trabajo anterior, planifica algunas actividades que puedas realizar de manera rutinaria para mejorar tu estado de ánimo y tener menos experiencias auditivas o visuales o hacer que sean menos intensas.

	Lunes	Martes	Miércoles	Jueves	Viernes	Sábado	Domingo
Mañana							
Tarde							
Anochecer							
Noche							

Replantear las alucinaciones

Como hemos visto, no son las alucinaciones en sí lo que suscita angustia, alerta, comportamientos de seguridad y evitación. La causa de todo esto son las evaluaciones que efectúan los clientes sobre la capacidad de control y el poder que tienen las alucinaciones y sobre la credibilidad que merecen.

Una forma de poner a prueba estas creencias es pedirles que efectúen un análisis funcional en cadena, el cual les permitirá identificar los factores que potencian o mitigan sus alucinaciones. Por ejemplo, un joven estaba dando un paseo con su padre cuando vio un grupo de demonios dispuestos a atacarlo. Se asustó y volvieron a casa. Al hablar de la situación con su terapeuta, el joven afirma que vio a los demonios en el límite del bosque. Cuando el terapeuta le pide que evoque el recuerdo con todo detalle, relata esta cadena de eventos:

- Estaba caminando con su padre.
- Su padre estaba hablando sobre personas del trabajo.
- Le costaba entender lo que decía su padre y su corazón empezó a latir aceleradamente.
- Empezó a oír murmullos.
- Conectó su angustia con los murmullos y concluyó que debían de producirlos demonios.
- Vio el límite del bosque y la oscuridad. Su ansiedad aumentó.
- Miró hacia abajo, al suelo, para evitar a los «demonios».
- Tenía una imagen mental de la presencia de demonios en el límite del bosque.
- Regresaron a casa.

Al seguir la cadena funcional, este cliente puede darse cuenta de que, hubiese demonios o no, no pasaba mucho tiempo con su padre, y esa ocasión se había ido al traste. Además, reconoce que el hecho de mirar hacia abajo le impidió evaluar la situación y se quedó con sus miedos internos relacionados con los demonios. El cliente acepta dar otro paseo cerca del bosque con su padre, y en este contexto le enseña algunas técnicas de mindfulness que le ha enseñado el terapeuta. El hecho de enseñar y practicar la atención plena es incompatible con el discurso demasiado rápido del padre y la sensación de agobio del cliente. Además, enseñarle a su padre esta nueva habilidad le sirve para reforzar su creencia subyacente de que es alguien capaz y valioso, que es opuesta a sus creencias de incompetencia e insignificancia que se activaron durante el primer paseo y lo llevaron a ensimismarse y a interrumpir la interacción. A medida que ambos practican la atención plena y caminan juntos, el cliente va recopilando más datos del entorno, lo que reduce su estrés y le permite mantener la interacción con su padre.

Después de este experimento conductual, el trabajo de reestructuración cognitiva llevado a cabo en las sesiones con el terapeuta le ayudó a darse cuenta de que podía soportar esa ansiedad situacional y de que en realidad prestaba mucho apoyo tanto a su padre como a otras personas. También advirtió que su estrés solía tener su origen en percepciones de amenaza injustificadas y que su razonamiento emocional exacerbaba aún más esta angustia. Con el tiempo, fue acumulando más experiencias con su padre, y el bosque comenzó a parecerle bastante irrelevante. Fortalecido por la idea de que no estaba en peligro sino que, de hecho, estaba a salvo, comenzó a exponerse a las alucinaciones en las sesiones para demostrarse que podía manipularlas. Por ejemplo, imaginó la última vez que vio a los demonios vívidamente y a continuación mantuvo la calma durante treinta segundos. Esta exposición le permitió darse cuenta de que él mismo podía dar fuerza a las alucinaciones o bien debilitarlas, lo que mitigó su percepción de que ellas estaban al mando. Con el tiempo, pudo concluir que no valía la pena temer las alucinaciones, dado que podía controlarlas.

Como terapeuta, también puedes ayudar a los clientes a efectuar evaluaciones más acertadas y útiles usando el diálogo socrático. A través de este proceso, pueden reconocer que sus alucinaciones no son dignas de confianza, por más que puedan resultarles familiares y parecerles útiles. Este era el caso de un estudiante universitario que a menudo oía voces que le decían cosas aterradoras (por ejemplo, que la policía estaba en camino y que todos lo odiaban). Distraído por las voces, no podía concentrarse en clase y a menudo pasaba tiempo escuchándolas y preparándose para afrontar los peligros que anunciaban. Sentado en el consultorio, el terapeuta le preguntó sobre las personas que supuestamente lo odiaban. Como le costaba encontrar ejemplos, el terapeuta lo instó a dar el nombre de una persona por lo menos. El cliente continuó esforzándose. Finalmente, el terapeuta le preguntó cómo se sentía (y qué hacía) cada vez que «esas personas» (las voces) le decían que todos lo odiaban. El hombre dijo que se sentía triste y paranoico, y que respondía aislándose. El terapeuta adoptó un enfoque socrático firme al observar que «esas personas» no paraban de decirle al cliente que todo el mundo lo odiaba, lo que influía muy negativamente en su ánimo y lo llevaba a aislarse. Pero lo mejor de todo era que entre el terapeuta y el cliente no pudieron encontrar ni a una sola persona que odiase a este último.

—¿Qué indica esto de estas personas? —preguntó el terapeuta, refiriéndose a las voces.

—Que deben de ser estúpidas —respondió el cliente.

—¿Tal vez mentirosas?

Ambos concluyeron que, fuesen o no reales esas voces, no merecían que el hombre les dedicase tiempo y comenzaron a elaborar un plan para que dejase de prestarles atención.

Creencias negativas y alucinaciones

Hemos visto que los clientes pueden creer que sus alucinaciones tienen el control, que tienen poder o que merecen credibilidad. Además, las alucinaciones auditivas pueden reflejar las creencias negativas relacionadas con sus inseguridades o sus pensamientos automáticos. Por ejemplo, pongamos el caso hipotético de un estudiante universitario que carece de autoconfianza y duda de que pueda ser aceptado por los demás. Las voces le dicen que otras personas le están poniendo nombres desagradables y están haciendo burla de su sexualidad, lo cual le produce enojo y ansiedad, ya que teme convertirse en un paria social. Responde evitando a los demás estudiantes, permaneciendo cerca de las paredes para tratar de pasar desapercibido y sentándose en la última fila de la clase. Sin embargo, esta conducta tiene la virtud de hacer que las voces hablen aún más fuerte, ya que al estar sentado en la última fila obtiene información más dudosa sobre las señales sociales (por ejemplo, solo puede ver la parte posterior de la cabeza de sus compañeros), y su ansiedad se incrementa. Intenta hacer que las voces se detengan rogándoselo internamente, pero al no conseguirlo grita a los alumnos que paren. Los guardias de seguridad del campus lo sacan del aula, lo que hace que aún quede más aislado socialmente.

La terapia puede estimular la autoconfianza de este estudiante al ayudarlo a comprender que las inseguridades sociales son una experiencia normal que puede verse agravada por el estrés experimentado en la universidad. Además, el tratamiento puede evaluar la utilidad de sus comportamientos de seguridad y demostrar que son perjudiciales, ya que perpetúan las voces. A través de experimentos conductuales, este cliente puede darse cuenta de que cuando está en un aula pequeña y se lo anima a participar se siente mejor. Además, establece un plan para abandonar sus comportamientos de seguridad y relacionarse con personas dentro y fuera del aula. También pasa a contemplar su ansiedad social desde otro prisma: «Sea lo que sea lo que piensen los demás, preocuparme por ello no va a mejorar la situación, así que debo concentrarme en las personas con las que experimente una conexión». A partir de esta reevaluación, puede identificar posibles personas con las que conectar o prestar atención a conocidos a los que no estaba haciendo caso. El hecho de desarrollar su autoconfianza no solo atenúa el volumen de las voces y hace que den otros mensajes, sino que también lo fortalece contra las voces y deja de temer los juicios de los demás.

Los delirios

Los delirios son el resultado de sesgos en el procesamiento de la información que se producen al dar una respuesta a creencias amenazadoras que se albergan sobre el mundo (Beck *et al.*, 2009). Específicamente, cuando los clientes se encuentran con ciertas informaciones irrelevantes (como gente riendo, susurros, latidos rápidos del corazón...), atribuyen un significado personal a esos sucesos (*sesgo autorreferencial*) y construyen una explicación en torno a ellos según la cual las acciones de los demás son intencionadas y malévolas (*sesgo de intención*). Finalmente, el individuo toma el suceso y lo atribuye a una causa externa (*sesgo de externalización*).

Combinados, estos tres sesgos distorsionan la información y la realidad, lo que conduce al delirio. Una vez establecido este, la creencia se mantiene de la misma manera que otros síntomas: a través del sesgo de confirmación. En particular, los clientes acumulan pruebas a favor del delirio y pasan por alto las pruebas que no lo confirman o les quitan importancia considerando que se trata de casualidades. Por ejemplo, un estudiante está sentado en clase y oye que otros alumnos se comunican susurrando (*sesgo autorreferencial*), de lo cual deduce que todos los alumnos de la clase lo están juzgando (*sesgo de intención*) porque tiene antecedentes de ser poseído por demonios (*sesgo de externalización*). A la vez, se mantiene apartado y mira los apuntes en lugar de interactuar con sus compañeros (*comportamiento de seguridad*). Se angustia cuando los demás no le hablan y concluye que todos los que están en el aula lo odian, lo cual exacerba sus pensamientos de que es rechazado y de que es poseído por demonios (*sesgo de confirmación*).

Sin embargo, se puede intentar exponer las creencias delirantes a la luz de la razón y se pueden explorar mediante un estilo socrático suave, que no pueda percibirse como un interrogatorio inquisitivo. Puede haber algo de verdad en las creencias delirantes, así que ten cuidado de no llegar a tus propias conclusiones. Como ocurre con todos los trastornos, las creencias le parecen verdaderas al cliente, y, aunque no se correspondan con la realidad, confrontarlas agresivamente puede poner en jaque el tratamiento y hacer que se ponga a la defensiva. En lugar de ello, identifica los momentos específicos en los que el delirio se interpone en la acción del cliente encaminada a tener la vida que desea, ya que así podrían quedar al descubierto los pensamientos, sentimientos y conductas que sostienen su sistema de creencias. Cuando comprendas el papel que cumple el delirio, podrás concebir una estrategia centrada en los factores menores que lo sostienen que apunte a que el cliente se maneje mejor.

Por ejemplo, volviendo al estudiante que cree que los demás conocen sus antecedentes de posesión demoníaca, podrías acudir al interrogatorio socrático para ayudarlo a pensar en la utilidad que tiene su delirio (por ejemplo, empeora su estado de ánimo, hace que se sienta avergonzado en el terreno social y le impide interactuar con las personas para comprobar si es aceptado). Tras decidir que el delirio no le resulta útil, puede trazar un plan para participar en fiestas independientemente de los juicios de los demás. Con el tiempo, descubre que cae bien a la mayoría de las personas. En este ejemplo, el terapeuta no cuestiona el delirio, sino que ataca una parte de este que potencia el aislamiento. Al interactuar más socialmente, el estudiante tiene menos tiempo para dar vueltas a las creencias delirantes, lo que hace que estas pierdan fuerza.

En otros clientes, los delirios sirven para compensar una baja autoestima. En estas situaciones, debes identificar sus creencias centrales, averiguar qué necesidad está satisfaciendo el delirio y concebir una rutina diferente que permita satisfacer esta necesidad a largo plazo. Por ejemplo, supongamos que un cliente mantiene el delirio de que es el dueño del hospital donde reside. Puedes empezar haciéndole esta pregunta:

—¿Qué tiene de bueno ser el dueño del hospital?

Al preguntarle esto, no estás respaldando su creencia delirante de que es el dueño del hospital, ya que cualquier persona puede responder esta pregunta. El cliente responde:

—Tienes un papel y obtienes respeto.

Esta respuesta te proporciona dos informaciones: (1) la necesidad que se debe satisfacer y (2) una idea de cuál es la creencia central. En particular, este cliente tiene la necesidad de desempeñar un papel y experimentar respeto, lo que indica que probablemente albergue creencias centrales subyacentes que tengan que ver con que es una persona irrelevante e inútil. El delirio satisface la necesidad expresada y compensa sus creencias centrales, por más que suscite burlas en los demás.

En esta situación, el método terapéutico debe seguir una serie de pasos. Para empezar, el profesional debe establecer una relación terapéutica con el cliente para fomentar en él nuevas creencias sobre lo capaz que es y el respeto que merece (realizando actividades juntos e intercambiando ideas). Este proceso de preparación aborda la necesidad que estaba satisfaciendo el delirio y hace que el cliente deje de enfocarse tanto en él. Con el tiempo, estas interacciones sirven como ejemplos para crear rutinas que aborden la necesidad que satisfacía el delirio. Estas rutinas son incluidas en un horario de actividades para sistematizarlas, y el cliente puede modificar finalmente sus creencias relativas a la capacidad y el respeto basándose en las experiencias que obtiene de estas rutinas.

LA TCC Y LA MEDICACIÓN

Además de ayudar a abordar la sintomatología psicótica, la TCC también puede desempeñar un papel significativo en la sujeción a la medicación, ya que ayuda a los clientes a lidiar de manera constructiva con el consumo de medicamentos, a considerar los pros y los contras de distintos fármacos y a tomar decisiones informadas sobre el consumo de medicación. La TCC les ayuda a reconocer que, independientemente de si creen que necesitan medicación, el consumo asistemático de fármacos no les reportará beneficios. Al principio, los clientes podrían adoptar un plan para seguir la medicación mientras «aumentan el consumo de TCC hasta llegar a la dosis máxima de

TCC» y a continuación trabajar con su psiquiatra para ir reduciendo la dosis de la medicación. Otros podrían optar por seguir tomando fármacos indefinidamente, aunque las pruebas reunidas sobre el consumo de antipsicóticos a largo plazo indican que el beneficio de esta práctica es limitado (Harrow, Jobe y Faull, 2012).

Independientemente de si los clientes eligen tomar medicamentos a corto o largo plazo, el objetivo del tratamiento para la psicosis es ayudarles a recuperar su vida. A menudo, es necesario apoyarlos en su reintegración en el ámbito social ayudándolos a reparar relaciones dañadas, a reconectar con personas de su pasado y a establecer nuevas conexiones. La reintegración gradual en el ámbito laboral, incluso si es en forma de voluntariado, es importante para que cultiven la confianza en sus propias capacidades y tengan una sensación de logro. Al pasar por los altibajos inevitables y angustiantes de la vida, es fundamental que conecten con la alegría de vivir, retomen placeres pasados y exploren nuevas oportunidades.

REFERENCIAS

Como lector de este libro, tienes la opción de descargarte e imprimir las hojas de trabajo e informativas contenidas en esta obra en su versión original (en inglés) desde www.pesi.com/SokolFox.

American Psychiatric Association (2013). *Diagnostic and statistical manual of mental disorders* (5.ª ed.). Arlington (Virginia), EUA: American Psychiatric Publishing. [En castellano: American Psychiatric Association. (2018). *DSM-5®. Manual diagnóstico y estadístico de los trastornos mentales* (5.ª ed.). Madrid, España: Editorial Médica Panamericana].

Beck, A. T. (1964). Thinking and depression II: Theory and therapy. *Archives of General Psychiatry*, *10*(6), 561-571.

Beck, A. T. (1983). Cognitive therapy of depression: New perspectives. En P. J. Clayton y J. E. Barrett (eds.), *Treatment of depression: Old controversies and new approaches* (pp. 265-289). Nueva York, EUA: Raven Press.

Beck, A. T. (1986). Hopelessness as a predictor of eventual suicide. *Annals of the New York Academy of Science*, *487*(1), 90-96.

Beck, A. T. (1999). *Prisoners of hate: The cognitive basis of anger, hostility, and violence.* Nueva York, EUA: HarperCollins. [En español: Beck, A. T. (2003). *Prisioneros del odio: las bases de la ira, la hostilidad y la violencia.* Barcelona, España: Paidós Ibérica].

Beck, A. T., Brown, G., Berchick, R., Stewart, B. y Steer, R. (1990). Relationship between hopelessness and ultimate suicide: A replication with psychiatric outpatients. *American Journal of Psychiatry*, *147*(2), 190-195.

Beck, A. T., Butler, A., Brown, G., Dahlsgaard, K., Newman, C. y Beck, J. (2001). Dysfunctional beliefs discriminate personality disorders. *Behavior Research and Therapy*, *39*(10), 1213-1225.

Beck, A. T., Davis, D. D. y Freeman, A. (eds.) (2015). *Cognitive therapy of personality disorders* (3.ª ed.). Nueva York, EUA: Guilford. [En español: Beck, A. T., Freeman, A., Davis, D. D. y otros (1995). *Terapia cognitiva de los trastornos de personalidad.* Barcelona, España: Paidós Ibérica].

Beck, A. T. y Emery, G. (2005). *Anxiety disorders and phobias: A cognitive perspective* (edición revisada). Nueva York, EUA: Basic Books. [En español: Beck, A. T. y Emery, G.

(2014). *Trastornos de ansiedad y fobias: una perspectiva cognitiva*. Bilbao, España: Desclée de Brouwer].

Beck, A. T., Kovacs, M. y Weissman, A. (1979). Assessment of suicidal intention: The scale for suicide ideation. *Journal of Consulting and Clinical Psychology*, *47*(2), 343-352.

Beck, A. T., Rector, N. A., Stolar, N. y Grant, P. (2009). *Schizophrenia: Cognitive theory, research, and therapy*. Nueva York, EUA: Guilford.

Beck, A. T., Rush, A., Shaw, B. y Emery, G. (1987). *Cognitive therapy of depression*. Nueva York, EUA: Guilford. [En español: Beck, A. T., Rush, A. J., Shaw, B. F. y Emery, G. (2012). *Terapia cognitiva de la depresión* (20.ª ed.). Bilbao, España: Desclée de Brouwer].

Beck, A. T. y Steer, R. A. (1993a). *Manual for the Beck Anxiety Inventory*. San Antonio (Texas), EUA: Psychological Corporation.

_____(1993b). *Manual for the Beck Hopeless Scale*. San Antonio (Texas), EUA: Psychological Corporation.

Beck, A. T., Steer, R. A. y Brown, G. K. (1996). *Manual for the Beck Depression Inventory-II*. San Antonio (Texas), EUA: Psychological Corporation.

Beck, A. T., Weissman, A., Lester, D. y Trexler, L. (1974). The measurement of pessimism: The Hopelessness Scale. *Journal of Consulting and Clinical Psychology*, *42*(6), 861-865.

Beck, A. T., Wright, F. D., Newman, C. F. y Liese, B. S. (1993). *Cognitive therapy of substance abuse*. Nueva York, EUA: Guilford.

Beck, J. S. (2011). *Cognitive behavior therapy: Basics and beyond* (2.ª ed.). Nueva York, EUA: Guilford Press.

Bentall, R. P. (2009). *Doctoring the mind*. Nueva York, EUA: New York University Press. [En español: Bentall, R. P. (2011). *Medicalizar la mente*. Barcelona, España: Herder].

Brinen, A. P. y Beck, A. T. (2016). Cognitive Behavior Therapy for Psychosis (CBTp) and Recovery-Oriented Cognitive Therapy (CT-R): What is the difference?. Beck Institute for Cognitive Therapy. Recuperado de https://beckinstitute.org/cbtp-ct-r-whats-difference/.

Burns, D. D. (1995). *Therapist's toolkit: Comprehensive treatment and assessment tools for the mental health professional*. Filadelfia (Pensilvania), EUA: Autor.

Clark, D. M. (1986). A cognitive approach to panic. *Behavior Research and Therapy*, *24*(4), 461-470.

Clark, D. A. y Beck, A. T. (2010). *Cognitive therapy of anxiety disorders*. Nueva York, EUA: Guilford. [En español: Clark, D. A. y Beck, A. T. (2012). *Terapia cognitiva para trastornos de ansiedad*. Bilbao, España: Desclée de Brouwer].

Clark, D. M. y Ehlers, A. (2004). Posttraumatic stress disorder: From theory to therapy. En R. L. Leahy (ed.), *Contemporary cognitive therapy: Theory, research, and practice* (pp. 141-160). Nueva York, EUA: Guilford Press.

Daley, D. C. y Marlatt, G. A. (1992). Relapse prevention: Cognitive and behavioral interventions. En J. Lowinson, R. Ruiz, R. Millman y J. Langrod (eds.), *Substance abuse: A comprehensive textbook* (2.ª ed., pp. 533-542). Baltimore (Maryland), EUA: Williams & Wilkins.

Dobson, K. S. (2012). *Cognitive therapy*. Washington, D. C. (EUA): APA Books.

Ellis, A. (1962). *Reason and emotion in psychotherapy*. Nueva York, EUA: Lyle Stuart. [En español: Ellis, A. (2009). *Razón y emoción en psicoterapia* (7.ª ed.). Bilbao, España: Desclée de Brouwer].

Foa, E. B., Hembree, E. A. y Rothbaum, B. O. (2007). *Prolonged exposure therapy for PTSD: Emotional processing of traumatic experiences*. Nueva York, EUA: Oxford University Press.

Fochtmann, L. J. y Jacobs, D. G. (2015). Suicide risk assessment and management in practice: The quintessential clinical activity. *Academic Psychiatry*, *39*(4) 490-491.

Grant, P. M., Huh, G. A., Perivoliotis, D., Stolar, N. M. y Beck, A. T. (2012). Randomized trial to evaluate the efficacy of cognitive therapy for low-functioning clients with schizophrenia. *Archives of General Psychiatry*, *69*(2), 121-127.

Harrow, M., Jobe, T. H. y Faull, R. N. (2012). Do all schizophrenia clients need antipsychotic treatment continuously throughout their lifetime? A 20-year longitudinal study. *Psychological Medicine*, *42*(10), 2145-2155.

Kagan, J. (1989). Temperamental contributions to social behavior. *American Psychologist*, *44*(4), 668-674.

Kingdon, D. G. y Turkington, D. (1994). *Cognitive-behavioral therapy of schizophrenia*. Nueva York, EUA: Guilford.

Liese, B. S. y Franz, R. A. (1996). Treating substance use disorders with cognitive therapy: Lessons learned and implications for the future. En P. M. Salkovskis (ed.), *Frontiers of cognitive therapy* (pp. 470-508). Nueva York, EUA: Guilford.

McLellan, A. T., Lewis, D. C., O'Brien, C. P. y Kleber, H. D. (2000). Drug dependence, a chronic medical illness: Implications for treatment, insurance, and outcomes evaluation. *JAMA*, *284*(13), 1689-1695.

Morrison, A. P., Turkington, D., Pyle, M., Spencer, H., Brabban, A., Dunn, G., ... Hutton, P. (2014). Cognitive therapy for people with schizophrenia spectrum disorders not taking antipsychotic drugs: A single-blind randomized controlled trial. *The Lancet*, *383*(9926), 1395-1403.

Newman, C. F., Leahy, R. L., Beck, A. T., Reilly-Harrington, N. y Gyulai, L. (2001). *Bipolar disorder: A cognitive therapy approach*. Washington, DC: American Psychological Association. [En español: Newman, C. F., Leahy, R. L., Beck, A. T., Reilly-Harrington, N. y Gyulai, L. (2005). *El trastorno bipolar: una aproximación desde la terapia cognitiva*. Barcelona, España: Paidós Ibérica].

Posner, K., Brown, G. K. y Stanley, B. (2011). The Columbia-Suicide Severity Rating Scale: Initial validity and internal consistency findings from three multisite studies with adolescents and adults. *American Journal of Psychiatry*, *168*, 1266-1277.

Rector, N. y Beck, A. T. (2001). Cognitive behavior therapy for schizophrenia: An empirical review. *Journal of Nervous and Mental Disease*, *189*(5), 278-287.

Rector, N., Seeman, M. V. y Segal, Z. V. (2003). Cognitive therapy for schizophrenia: A preliminary randomized controlled trial. *Schizophrenia Research*, *63*, 1-11.

Salkovskis, P. M. (1996). Avoidance behavior is motivated by threat beliefs: A possible resolution of the cognitive-behavior debate. En P. M. Salkovskis (ed.), *Trends in cognitive and behavioral therapies* (pp. 25-41). Chichester, Reino Unido: Wiley.

Segal, Z., Kennedy, S., Gemar, M., Hood, K., Pedersen, R. y Buis, T. (2006). Cognitive reactivity to sad mood provocation and the prediction of depressive relapse. *Archives of General Psychiatry*, *63*, 749-755.

Sokol, L. y Fox, M. G. (2009). *Think confident, be confident: A four-step program to eliminate doubt and achieve lifelong self-esteem*. Nueva York, EUA: Perigee.

Stanley, B. y Brown, G. K. (2012). Safety planning intervention: A brief intervention to mitigate suicide risk. *Cognitive and Behavioral Practice*, *19*, 256-264.

Van der Gaag, M., Valmaggia, L. R. y Smit, F. (2014). The effects of individually tailored formulation-based cognitive behavioural therapy in auditory hallucinations and delusions: A meta-analysis. *Schizophrenia Research*, *156*(1), 30-37.

Weishaar, M. y Beck, A. T. (1992). Hopelessness and suicide. *International Review of Psychiatry*, *4*, 185-192.

Wenzel, A., Brown, G. K. y Beck, A. T. (2009). *Cognitive therapy for suicidal clients: Scientific and clinical applications*. Washington, DC: APA Books.

Wykes, T., Steel, C., Everitt, B. y Tarrier, N. (2008). Cognitive behavior therapy for schizophrenia: Effect sizes, clinical models, and methodological rigor. *Schizophrenia Bulletin*, *34*, 523-537.

Young, J. y Beck, A. T. (1980). *Cognitive Therapy Scale: Rating manual*. Manuscrito no publicado. Universidad de Pensilvania, Filadelfia.

Young, J. y Beck, A. T. (1988). *Revision of Cognitive Therapy Scale*. Manuscrito no publicado. Universidad de Pensilvania, Filadelfia.

Zubin, J. y Spring, B. (1977). Vulnerability: A new view on schizophrenia. *Journal of Abnormal Psychology*, *86*(2), 103-126.

SOBRE LAS AUTORAS

 **Leslie Sokol** cuenta con un doctorado en Psicológía y es una líder reconocida internacionalmente en el campo de la terapia cognitivo-conductual (TCC), con más de treinta y cinco años de experiencia en la atención al paciente y en los campos de la enseñanza y la investigación. Fue directora de Educación y una de las principales instructoras en el Beck Institute for Cognitive Behavior Therapy ('instituto Beck para la terapia cognitivo-conductual'), que, ubicado en Filadelfia, goza de prestigio internacional. Ha formado a grupos profesionales y paraprofesionales en multitud de temas del ámbito de la TCC, tanto en Estados Unidos como en otros países.

Leslie Sokol fue directora de Ciencias del Comportamiento en el Programa de Formación en Medicina Familiar del Mercy Suburban Hospital durante más de veinte años. Es miembro distinguido y fundadora, además de expresidenta, de la Academy of Cognitive and Behavioral Therapies; actualmente, preside el Comité de Acreditación de esta entidad. Es miembro de la Association for Behavioral and Cognitive Therapies (ABCT, 'asociación para terapias conductuales y cognitivas') y miembro de la junta directiva de la International Association of Cognitive Psychotherapy (IACP, 'asociación internacional de psicoterapia cognitiva'). Además, forma parte del panel Meet the Experts ('conoce a los expertos') de *Psychology Today* y es miembro invitada de las agencias de conferenciantes de *Psychology Today* y Penguin. En la actualidad, ejerce en su propio consultorio, ubicado en las afueras de Filadelfia.

Leslie Sokol es coautora de numerosos libros y capítulos de libros. Estos son los últimos en los que ha participado como coautora: *Teaching and Supervising Cognitive Behavioral Therapy* [Enseñar y supervisar la terapia cognitivo-conductual]; *Think Confident, Be Confident for Teens: A Cognitive Therapy Guide to Overcoming Self-Doubt and Creating Unshakable Self-Esteem* [Piensa con confianza, confía en ti, para adolescentes: una guía de terapia cognitiva para superar la inseguridad y desarrollar una autoestima inquebrantable]; *Think Confident, Be Confident: A Four-Step Program to Eliminate Doubt and Achieve Lifelong Self-Esteem* [Piensa con confianza, confía en ti: un programa de cuatro pasos para acabar con la inseguridad y alcanzar una autoestima duradera], y *The Think Confident, Be Confident Workbook for Teens: Activities to Help You Create Unshakable Self-Confidence and Reach Your Goals* [El cuaderno de «Piensa con confianza, confía en ti», para adolescentes: actividades para ayudarte a generar una autoconfianza inquebrantable y a alcanzar tus metas]. Para obtener más información, visita su sitio web: www.thinkconfidentbeconfident.com.

Marci G. Fox cuenta con un doctorado en Psicología y ejerce en consulta privada desde hace casi veinticinco años. Está especializada en la terapia cognitivo-conductual dirigida a adolescentes y adultos. Paralelamente, ha trabajado con el Beck Institute for Cognitive Behavior Therapy ('instituto Beck para la terapia cognitivo-conductual'), ubicado en Filadelfia. Como formadora y consultora certificada de la Academy of Cognitive and Behavioral Therapies y profesora adjunta en el Beck Institute, forma a personas en la TCC tanto en Estados Unidos como en otros países. En Estados Unidos, está implicada activamente en la formación de miles de profesionales de la salud mental para incrementar su grado de competencia en el campo de la TCC.

Marci G. Fox cuenta con una distinción como miembro fundadora de la Academy of Cognitive and Behavioral Therapies, y con una
plaza como invitada en la junta de examinadores y en el comité de
acreditación de esta entidad. Ha impartido conferencias a escala na-
cional e internacional durante años sobre terapia cognitiva, así como
sobre confianza y autoestima. Es miembro invitada de las agencias de
conferenciantes de *Psychology Today* y Penguin. Es coautora de estos libros: *Think Confident, Be Confident: A Four-Step Program to Eliminate Doubt and Achieve Lifelong Self-Esteem* [Piensa con confianza, confía en ti:
un programa de cuatro pasos para acabar con la inseguridad y alcanzar una autoestima duradera]; *Think Confident, Be Confident for Teens: A
Cognitive Therapy Guide to Overcoming Self-Doubt and Creating Unshakable
Self-Esteem* [Piensa con confianza, confía en ti, para adolescentes: una
guía de terapia cognitiva para superar la inseguridad y desarrollar una
autoestima inquebrantable], y *Teaching and Supervising Cognitive Behavioral Therapy* [Enseñar y supervisar la terapia cognitivo-conductual].
Marci G. Fox ha publicado en revistas revisadas por pares y tiene en
su haber diversas publicaciones en el área de la TCC. Ha sido entre-
vistada para artículos por parte de múltiples revistas de Estados Unidos y a menudo la entrevistan emisoras de radio estadounidenses y
de otros países. Su consultorio está ubicado en Boca Ratón (Florida).
Para obtener más información, visita su sitio web:
www.thinkconfidentbeconfident.com.